# 人口の心理学へ

## 少子高齢社会の命と心

柏木惠子・高橋惠子【編】

ちとせプレス

# はじめに

日本の人口現象——少子化、高齢化、人口減少——つまり、人間の生と死の問題が、私たちの命についての心とその表現としての行動とに深く関わっていることを明らかにしたいと、本書を企画しました。人口現象では人間の数（量）の変化に注目が集まりがちです。しかし、この量の変化に潜んでいる、あるいは、量の変化をもたらしている私たちの「命についての考え方」、つまり、質の変化こそが検討されるべきでしょう。人間がどのようにして生まれ、生まれた命をどのように扱い、どのように命を終えるかについての考え方に、革命的ともいえる重大な変化が起こっていることに注目するべきです。本書は、この変化の事実とそこに起こっている問題を明らかにし、さらに、新しい方向を見出すことを企図しています。

## 人口の減少

人口学は人口の数、分布、構造、変動などの人口現象を扱う学問です。その人口学によれば、注目すべき第一の人口転換が産業革命を契機に起こりました。出生率と死亡率がともに低下したこと、つまり、それまでの多産多死から少産少死へと変化したとされています。多産多死ではなく少産少死によって人口が一定に保たれるようになっていきました。ところがその後、出生率が「置き換え水準」（親世代と子世代が置き換わって人口が一定に保たれる水準のことで、日本では合計特殊出生率が二・〇七であることが必要）を大きく下まわり、人口の減少が地球上の広い地域で見られるようになってきました。人口学者の間では、これを第二の人口転換とよぶべきではないかとされています。

日本の人口はすでにピークをすぎ、これから人口が減少していくと予測されています。事実、二〇一五年の国勢調査は資料のある一九二〇年以来はじめて日本の人口がこの五年間に〇・七％（約九五万人）減少したことを明らかにしました。これは、出生数から死亡数を引く人口の自然減が大きくなったせいだと説明されています。つまり、超少子化になったことが人口減少の原因です。

## 人口の心理学の提案

少子化、高齢化、人口減少という人口現象を理解するために、本書では人口の心理学を提案しています。人口の心理学は人口現象、つまり、人間の命について、人々がどのように考え、感じ、どのように行動するかを扱います。人口の革命的変化の時代に生まれ、そのメンバーとしてこの時代をつくってもいる人間を問題にする人口の心理学は、私たちが知る限り類を見ないものです。

心理学は人間がじかに接する具体的・直接的な環境（例えば、家庭、学校など）を扱うことを得意としてきました。しかし、人間がその中で生活していてその影響から逃れられないことはわかってはいても、文化、時代精神、社会状況などの抽象的・間接的な環境が人間に与える影響や、人間がそれらをどう担っているかを確かめることをほとんどしてきませんでした。心理学の研究方法である実験や調査によって知ることが難しいからです。

誕生から死までの生涯にわたる人口現象をよく理解しようとすると、既存の心理学から得るものは多くはありませんでした。本書の執筆者リストが示しているように、人口学、歴史学、民俗学、文学、経済学、社会学、教育学、社会福祉学、医学など、人間の生き方や命を扱う学問や実践による知識・経験を総動員することが必要でした。人口の心理学にはこの学際性が欠かせません。本書によって、人口の心理学が扱うべき問題を提案したいと思います。

## ジェンダーの視点

本書の構成を考えるとき、私たちが特に重視したのは、性別による差別を見逃さないジェンダーの視点をしっかりと入れることです。現在でも、日本の社会全体に男女の役割分業の思想が蔓延し、ことに、命に関わる育児、家事、介護などのケアは女性の仕事だ、ケアラーは女性だと見なす誤りをいまだに克服できていないからです。つまり、日本では少子化、高齢化、人口減少の問題を女性問題であるとする勘違いがまかり通っています。命についての社会通念や政府の対策の中に、ジェンダーによる歪みがどのようにあるか、それを見逃さないように章とコラムを考え、それぞれの執筆者にお願いしました。その結果、目次のようなラインナップになりました。

## 命についての三つの問題――本書の構成

本書では、命についての心と行動を、次のような三部に分けて検討することにしました。それぞれの専門家による一一の章と、問題を理解するために必要な一七のコラムを用意しました。そして、序章では本書の問題とその背景とを、終章では本書のまとめと今後の課題を述べています。

### 第Ⅰ部　命の誕生――「授かる命」から「つくる命」へ

現在、命は「授かる」ものではなく、「つくる」ものになったといってよいでしょう。第1章、第2章では生殖補助医療、不妊治療、遺伝子診断がどのようなものか、「命の選別」に関わる問題を述べています。第3章では胎児・嬰児の命への介入についての考え方の変遷を江戸時代からたどっています。第4章では血縁のある家族が重視される日本で、血のつながらない養親と養子の親子関係が実現できる可能性を扱いました。

### 第Ⅱ部　親子関係――「少子の子ども」と「長命の親」

ここでは、選択して産まれた命が大切に扱われているか、長命になった親と子は幸せに暮らしているかを検討しています。第5章では子どもを産む理由（子どもの価値）を明らかにし、第6章では、日本社会に特有だともされる育児不安とその背景を述べています。家族を心のよりどころとし、個人ではなく、家族を単位として制度や政策が設計されている日本の親子関係の特異性を第7章で論じています。健康保険と介護保険の制度によって、介護の社会化が進みました。第8章ではその全容を述べています。高齢者の介護の諸問題は序章でも明らかにしています。

## 第Ⅲ部　命の終わり方――「長命」は「長寿」か

命を人為的に操作し始めた社会では、命が枯れて朽ちていく、すなわち、老いること、死ぬことの意味を変化させています。まず、第9章で人間の死をどう考えるかについて述べています。長命になり、第一線から退いてからの死は、葬儀の社会的意味を薄れさせ、葬儀も墓も当人が望むようにするという個人化が進んでいることを第10章で明らかにしています。第11章では、卒寿を迎えた執筆者が、社会学者として、そして、高齢の当事者として、老いと死を論じています。

本書が、命の意味や価値を再考するきっかけになれば嬉しい限りです。

二〇一六年三月

柏木惠子
高橋惠子

# 目次

# 序章　人口の心理学の視点

## ――命と死と生涯発達

●柏木惠子

少子高齢は日本の特徴だと、ことあるごとにいわれています。たしかに出生率の低さと寿命の長さは、いずれも世界一といってよいほどの日本です。この少子高齢（長命）という人口動態上の特徴は、単に命の数や長さなど数の変化で終わるものではありません。それ以上に重要なのは、これが人々の生活、そして心に多大な影響を与えていることです。それはまさに心理学の問題です。しかしこの問題は十分に認識されていません。二〇一六年、日本で開催される国際心理学会議を念頭に、日本発達心理学会が日本の発達研究の最前線を編集して公刊し、その一章に人口心理学の視点と課題が取り上げられたのがはじめてです[1]。

本書は「人口の心理学――少子長命時代の命と心」というタイトルで、少子長命という史上初の事態が日本人の生活と心の発達にどのようなインパクトを与えているかについて、心理学だけでなくさまざまな領域の研究から、具体的に展望することにしました。そしてこの問題は単に研究上の課題であるばかりではなく、日本人の生き方――家族や職場などで起こっている混乱などと密接に関わっています。そこで、本書を通じて、こうした問題を一般の方々にわかりやすく伝え、それぞれの人がどう生きるかを考えるよすがになれば、と願っています。

この序章では、ジェンダーの視点から近年の人口動態的状況がいかに人々の生活や心理に影響をもたらしているかを展望し、人口の心理学の課題を述べることにします。

## *1* 少子長命がもたらしたライフコースの変更

少子化と高齢化・長命化という状況は何よりもライフコースを激変させました。何年生き、いつ死ぬか、その間にどのような家族・仕事上のイベントを体験するかという、ライフコースの長さと内容の変更をもたらしたのです。少子も長命もほぼ世界一ということは、かつて人類が体験したことのない一生を日本人が他国の人々に先駆けて生きることになった、ということです。

それはまず女性に激震をもたらしました。いまから一〇〇年ほど前、女性の一生は、結婚して家事を担い子を産み育てることが定番でした。それで五、六〇年余の一生はほぼ終わったのでした。子どもは当人の予定や希望とはまったく無関係に次々と（平均五〜六人）生まれ、その子どもたちを育て上げて（末子が結婚）一安心する頃、その母親自身の寿命が尽きたのです（**図序―1**。詳細は第8章を参照）。そして、紙おむつも離乳食もない、洗濯機もない、調理食品も売っていない時代で、家事や育児は女性の勤労と工夫によってこなす時代でした。換言すれば、妻・母親は自分の力や知恵・工夫によって子どもも家庭もつつがなくまわっていると、誇りや自信がもてたのです。ということは、この時代、女性の一生は妻・母の役割だけで五、六〇年余の人生はほぼいっぱいだった、そしてそこに生きがいや誇りを抱くことができたので

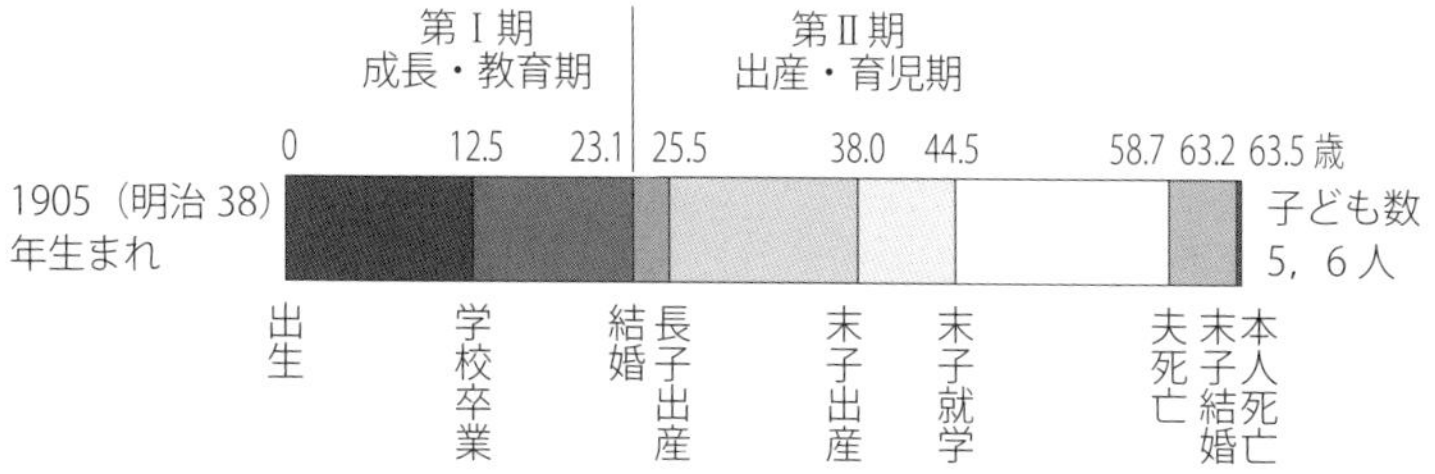


**図序 -1　100 年前の日本女性の平均的ライフコース** (2)

注：このモデルの出生年は，1928 年の平均初婚年齢から逆算して設定した。学校卒業時は初婚年齢の人が実際に進学する年の進学率を用いた。他のライフステージは婚姻時における平均値。

す。女性は妻・母の役割だけで手いっぱいだったのです。

それが一変しました。子は一人か二人、子がいないことも少なくありません（生涯結婚しない人もいまや五人に一人という時代になりました）。子を産んでもその子を育て上げた後に、長い歳月が残されることになりました。医学の進歩や衛生・栄養などの改善によって、寿命はとてつもなく長くなったのですが、その長い歳月は妻・母の役割だけでは終わらなくなった、子育てが終了した後、母以外の役割や活動なしに長い残り時間を心理的満足感をもって生きられなくなったのです。折しも労働力の女性化（機械化・コンピュータ化によって女性労働が可能となった）、産業構造の変化、とりわけサービス業の拡大、加えて高学歴化が、女性に家庭外の活動への道を拓きました。

## 育児不安は女性のアイデンティティの揺らぎ

このような事態は、女性に自分はどう生きるか、家族役割と家族役割以外の社会的活動とをどう担い統合させるかという問題を提起したのです。女性は自分の生き方と存在意義の問い直しが迫られたのです。

最近、育児期の母親に「育児不安」を訴える者が少なくありません。これは特に日本に顕著な現象です。その実態は「育児不安」という言葉では言い尽くせない、むしろ自分の生き方そのものへの不安や焦燥感が中心なのです[3]（第6章参照）。子どもはかわいい、育児は大事と思いつつも、育児（だけ）している自分の現在と未来への不安・不満、焦燥感であり、さらに夫への不満も含まれています。「育児不安」は育児や子どもそのものへの不安というよりも、自分の生き方や将来についての不安や焦燥感、まさにアイデンティティの揺らぎといえるでしょう。

「育児不安」は母親が無職であること、換言すれば〝母の手で〟を実践している人、そして父親（夫）の育児不在、つまり夫は仕事人間で育児は自分だけでという場合に強いのです。ここには自分と夫との不公平感も底在しているのです（第6章参照）。

医学の進歩がもたらした「少子にして長命」が、これまでの女性のライフコースの激変をもたらし、アイデンティティの再構築を迫っているのです。かつての女性は五、六人の子どもを育て上げると、ほどなく自分の寿命が尽きるものでした。女性の人生時間は妻・母だけでいっぱいだったのです。それが、いま、育児が終わった後に、長大な（余りの）時間が生じたのです。

こうした女性のライフコースの変化は自然現象ではありません。科学・医学の進歩がもたらしたものです。特に、いまや子どもは「授かる」ものではなくなりました。それは生殖についての詳細な研究が進み、それが生殖技術として広まった結果です。子の有無、数、時期を親は任意に決めて子を「つくる」ことができるようになりました。その結果が、少子そして長命という事態をもたらしたのです。子を「つくる」か否かは、子が女性にとってどのような価値をもっているかに左右されることになったからです。子どもや育児は絶対的な価値をもつものではなくなり、その価値は、女性がどう生きるか、何を重視するか、何をもって自分の生きる軸にするかによって変化する相対的なものとなったのです（第5章参照）。

少子長命となった事態が男性にどう作用しているかについては、これまで正面から取り上げられることはありませんでした。しかし少子の影響は女性ほど大きくはないものの、長命の影響は男性の一生に対してけっして小さくなく無視することはできません。それどころか長命＝老後の生活については、男性では女性よりある意味ずっと深刻です。かつての男性は、結婚しようが子が産まれようが働き続けて昇進し、やがて定年になるとどっさり退職金をもらって退職するものでした。職場を退いて家族のもとに返った夫は、家族から「ご苦労さま」と労われ、しばらくは安泰な隠居生活が送れたものでした。しかしその頃はその期間はそれほど長くはありませんでした。定年を待たずにまた子が成人する前に亡くなってしまうことも少なくなかったのです。

長命となった今日、男性の一生は前述のようにはいかなくなりました。定年はかつてより延長されたものの、六五歳くらいでの退職が通常でしょう。そして退職後は、かつてのように歓迎されて安楽な隠居生活を送ることは、望むべくもなくなりました。それまで生活の大部分を占め生きがいの中心でもあった仕事から離れる退職後に、長い老後が残されることになったのです。それまで家事や育児、近隣とのつき合いなどはいっさいを妻に委ねてきた男性は、家事能力もなく気軽に近隣の人とつき合うのも苦手。粗大ゴミといわれもします。そしてそれまで不在だった夫が在宅していることは、妻のストレスともなっています。

長命は、男女を問わず生活上のスキルとケアの力を備えることを必須としたのです。

## 2　少子高齢化といわれるが――革命的変化が起こっている

### 命の質の変化

合計特殊出生率は二〇一四年現在、一・四二程度、一方、平均寿命は二〇一四年現在、女性が八六・八歳、男性は八〇・五歳という数値です。これを見れば、日本が世界に先駆けた「少子高齢」の社会であることは歴然です（コラム2、12参照）。

けれども、この少子・長命という数の変化以上に注目すべきことは、命の質の変化、子どもの（命の）誕生と高齢者の死の意味がかつてないものとなったことです。

子どもは卵子と精子の結合によって産まれます。これは有性動物である人間の繁殖の仕組みで、このこと自体は現在も変わりません。しかし、誰の卵子か精子か、またそれがどこでどのように結合するかは、いまや一様ではなくなりました。多様な組み合わせの妊娠・出産が現出したのです。

長らくセックスは結婚と不可分に結びついていました。婚前セックスは望ましくないとされ、「結婚―セックス―生殖（子の誕生）」という順序が定型でしたから、誕生した子の親はその夫婦に確定できました。結婚した夫婦に子は「授かり」、親はその夫婦と特定されたのでした。

人間の赤ん坊は養育なしには生き延びることができません。このひ弱な赤子の養育の責任を、「結婚―セックス」の当事者にもたせる、そのために「結婚―セックス」という順序が重要だったのです。いつの時代にも、「できちゃった子」「不義の子」などの婚外子はおり、その養育環境が不安定になりがちなことは周知の通りですが、これは養育責任をもつ親が特定できないことも一因です（第3章、コラム6、8参照）。

## 子どもを「授かる」から「つくる」へ――子どもの命の〝多様化〟

さて、子が誕生するプロセスはいまや多種多様となり、子の誕生のもとである卵子や精子は必ずしも夫婦のものとは限らない事例も出てきました。第三者の卵子や精子による妊娠、卵子あるいは精子の選択、妻以外の母胎による妊娠・出産など、子の命の出自はかつてなく多様で複雑になりました。そして子どもは「結婚―セックス」の末に「授かる」ものではなく、子を「つくる」ことになったのです。

人口学では「多産多死→少産少子」の変化を第一の人口転換とよび、さらに「超少産少死」になった――出生率が二・〇を下まわって人口置換レベルを下まわった、つまり人口減が予測される事態になったことを第二の人口転換と呼びます。しかし、本書で強調したいのは、産まれる子の数がなぜ減ったのか、その背後にある、子を「つくる」ことになったという革命的な変化です。超少子化はその結果であること強調したい、つまり数の変化以上に、「なぜ少子にしたか」、「子をつくる」ことになった事態での親の心理に注目して「人口革命」と見なしたいと思います。人口減を招くほどに「つくる」子を減らすことになったこの人口革命は、医学とりわけ生殖医療の進歩あってのことです。もちろんすべての子が「つくられる」とは限らず、「授かる」子もいれば、「できちゃった」子もいる現在です。「いろいろな」子がいる時代になったのです。このような子の出自の多様化は、今日の親たちの子への態度を決める一つの要因となっています。

子を「つくる」ことになった人口革命は生殖医療技術の進歩だけでは不可能です。妊娠の成否を当事者が決定する、つまり子を「つくる」ことをよしとする社会的合意が必要です。多産多子は女性の健康を害し生活苦にも陥らせます。この解決には、妊娠・出産をなりゆき任せにせず、子どもの数を減らし時期を決める出産計画、産児制限が必須です。アメリカ人のマーガレット・サンガー夫人が一九二二年から数回来日して、計画出産のキャンペーンを張ろうとしました。しかし時の日本政府はこの活動とそれを応援していた人々を厳しく弾圧しました。産児制限（妊娠を決定する権利）を女性に認めれば、結果的に少子に向かいます。それは「富国強兵策」、そのための「産めよ殖《ふ》やせよ」という時の政府の政策とは真っ向から対立するものだったからです。

産児制限、つまり子どもを産むか否かを決定し実現する医学的手段そのものは、当時すでに確立していました。サンガー夫人の主張への賛同者も少なくありませんでした。しかし、親が妊娠・出産の決定権をもつ産児制限という考え方が広く人々の間に浸透し、当然のこととして認められるのは容易ではない時代でした。民主主義や女性の決定権などはほど遠かった時代、当時の「産めよ殖やせよ」政策の強い圧力は広く人々の心と行動とを支配していたのでした。たくさんの子を産んだ母親は表彰され、他方、男子を産まないと「女腹」（などという言葉があった！）と蔑まれ、「子なきは去る」が女性に強いられるなど、政策が人々の心や行動を支配していたのでした（コラム4参照）。

第二次世界大戦後、長らく国民を支配してきた「産めよ殖やせよ」は消滅しました。海外からの多数の帰国者、戦争で荒廃した国土と食糧難は、多子は不要、それどころか困ったものだと見なされるようになりました。こうした状況が産児制限を禁忌ではなくしました。さらに子どもの誕生は「結婚―セックス」の必然的結果ではなくなり、子をもつか否かの親の決断が子どもの誕生を決めることになったのです

戦後、「産めよ殖やせよ」とは一八〇度転換したキャンペーン――「子ども二人で豊かな生活」「少なく産んでよく育てる」が登場しました。計画出産、産児制限は人々の間でよきこと、当然のこととして受容され、広まっていったのです。ここには当時のGHQ（連合国軍最高司令部）の働きかけも無視できません。このように子どもが「つくる」ものになるには、生殖についての価値観、文化規範の転換が重要な決め手だったのです[4]。

子どもをもつことを「つくる」と表現するのは、今日当たり前になりました[5]。「結婚―セックス―生殖（子の誕生）」という順序はいまや希薄になり、フリーセックスの時代となりました。セックスと生殖とは技術的にも考え方の上でも分離したのです。この変化には、子どもの死亡率の低下――換言すれば「つくれば必ず育つ」との確信がもてるようになったことも無視できない要因です。

さらに、夫婦間のセックスで子をつくれなければ、生殖医療技術によってつくり出すことも可能となりました。技術的には夫の精子と妻の卵子によらずとも、また妻の子宮によらずとも、子の命はつくり出せることになったのです（第1章、コラム6参照）。

## 少子そのものは人類は体験ずみ――「少子になっていってしまった」と「少子にしいた」

いま、夫婦に子どもが二人というのが平均的で、これを少子というならば人類はとうの昔にこの少子を体験しています。いまから二〇〇〇年余前、結婚した夫婦には子が次々と授かるものでした。しかし子どもの命ははかなく、誕生後間もなくの死や夭折《ようせつ》は少なくありませんでした（コラム1参照）。その結果、夫婦

に子はたった一人か二人、つまり、少子はまれなことではありませんでした。当時の医学や衛生・栄養などが子の命を守りきれなかったために、少子になってしまったのでした。「多産多死」による少子です。同じ少子でも、今日の少子が「少産少死」によるのとは大違いです。今日の少子は、「一人でいい」「二人にする」と決めた結果で、少子にしたのです。そこには、子どもは産めば必ず育つという確信と、子どもの価値は絶対的なものではなく親の諸条件によって変わる相対的なものであることがよく表れています（第5章参照）。

## 「子どもは宝」か？──社会の豊かさ、親の生活に左右される相対的なもの

日本には、子どもは宝という考え方が古くからあり、万葉集の〝子どもはどんな黄金銀にもまさる〟と謳った山上憶良の短歌は広く知られ、多くの人に共感されています。しかし、子どもというものは何ものにも勝る高い価値をもつものではありません。もしそうなら、少子化はありえないはず。子どもをたくさん産むはずで、少子化現象はありえないでしょう。このことは、子どもの価値が絶対的なものではない、最高の価値をもつものでもないことを示唆しています（第5章参照）。子どもが親にとってどのような〝宝〟か、その中身は社会的、経済的な条件によって左右される相対的なもので、絶対的な唯一の価値をもつものではないのです。

いま、政府は少子化対策に力を入れています。それは将来の労働力や社会保障制度の安定のため、つまり子どもに実用的・経済的価値を期待しての施策です。しかし、一般の人々は子どもに「生きがい」「楽しみ」など心理的な価値を期待していますが、政府が考えている実用的・経済的価値はほとんど考えてはいません。このギャップも、少子化施策が効を奏していない理由でしょう。

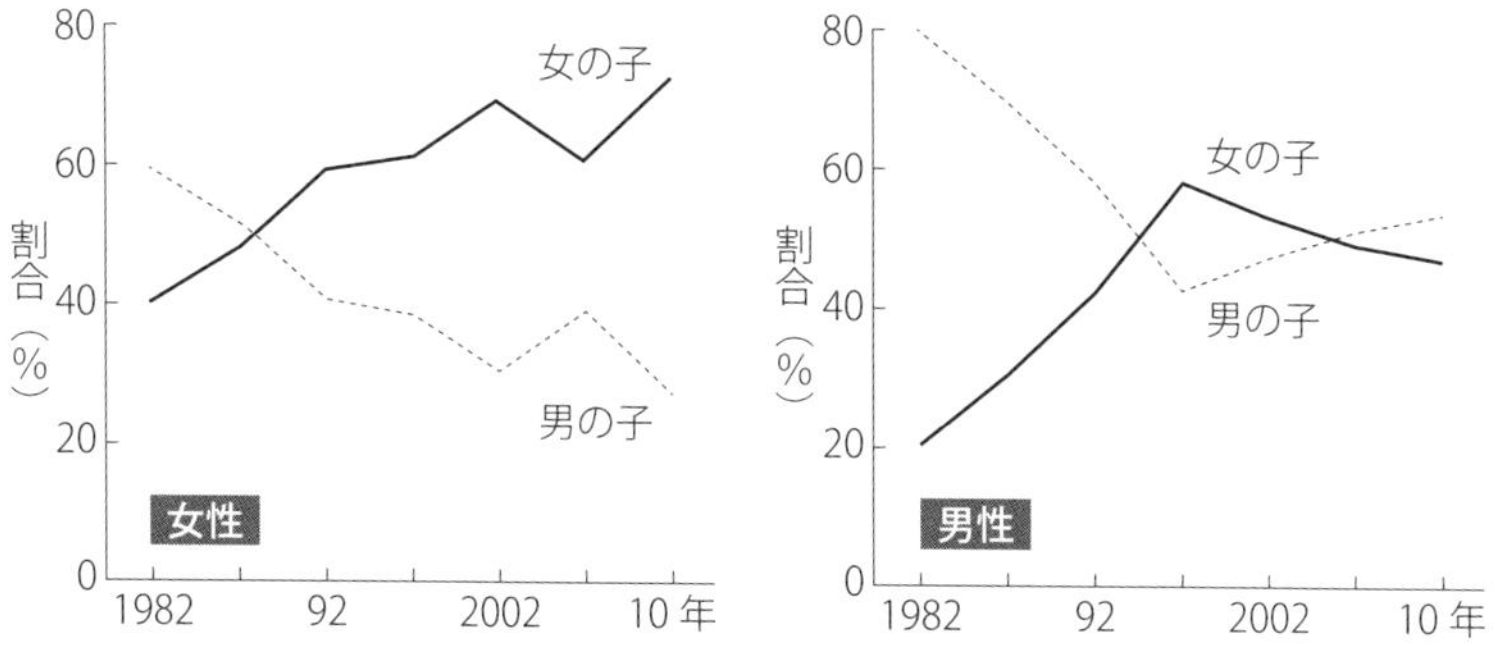


図序-2　子どもが1人の場合に希望する子どもの性別（未婚男女）[6]

## 子どもの価値にもジェンダー差——男児願望から女児願望へ

さらに、子どもの価値はジェンダーによって左右されます。日本でもかつて「相続は男子——家を継ぎ、親を扶養」という時代、男子誕生が切望され、「女腹」は蔑視されました。しかし相続上の性差別がなくなった今日、人々の間ではむしろ女子をより強く望むようになっています（図序—2）。男の子は育児にも教育にも気苦労もお金もかかる、一方、家事能力があり親のケアも担える娘の価値がクローズアップされてきました。「子どもの世話にはなりたくない」との考えが、最近強まってきたとはいえ、現実に自分が老い病んだときのケアを娘に期待する親は少なくないのが現状です。妻が先に病気になったり逝ったりした場合、「娘がいるから（大丈夫）」という夫たちの意見もよく見聞きします。つまり娘にはケアラーとしての価値を期待し、娘をもつことを望んでいるのです。

## 3 「つくった」子と親との関係

### 少子への親の教育的営為――親の「よかれ」は子の私物化の一端

つくらない選択もあるなかで、自分の決断で「つくった」子に対する親の思い入れはその少子に集中し、子どもへの教育的営為は過剰になりがちです。お誕生会、家族旅行、入学試験から入学式、卒業式、さらに就職活動など、子どもの行事への親の出番はかつてないほど多くなり、当然視されている昨今です。ものの過剰な供給、さらに各種お稽古や塾など子どもに対する親の〝教育的〟働きかけは、親の「よかれ」との思い入れとして子に降り注がれています。この「よかれ」は、子どもの意思や状況をないがしろにしがちで、子どもみずからの意思や希望、努力や工夫など、育つ力を阻害しています。この先まわり育児は親の善意のように見えて、じつは「やさしい暴力」である場合が少なくありません。また、親の希望を子どもによって実現する代理達成となっている場合もあり、親子双方の発達上の問題をはらんでいます（コラム9参照）。

### 増加する子ども虐待と子どもの貧困

子どもへの過剰な教育的関与がある一方で、育児放棄や虐待が増加しています。なぜでしょうか？　親の「よかれ」は一見、子への愛情や善意のように見えて、じつは自分の意思で「つくった」子を自分の思うような「いい」子に仕立てたいということ。それが思うようにいかない、つまり親の「よかれ」に反するような子の振る舞いがあると、親はかっとなり圧力をいっそう強めます。「言うことを聞かない」という親の常套句は、「よかれ」の強さと裏腹です。自分の決断で「つくった子」への強い思い入れの一端です（第1章、第6章、コラム10参照）。

先進工業国、経済大国といわれ貧富の差もさほど大きくはないと見なされてきた日本で、いま、子どもの「貧困」が蔓延し増加しています（コラム3参照）。とりわけ母子世帯の貧困率は高く、女性の賃金の低さ、育児責任を女性（母親）にもっぱら負わせるなどの事情が背景にあります。子どもの貧困を解消しようという政策が始まりつつあります。しかし、その一方で子や孫の教育や結婚、住宅取得のための生前贈与を大幅に優遇する制度があり、これは富、貧困の世代間伝達を奨励するものでしょう（コラム17参照）。

### 子どもの命・死への態度――「つくった」少子への親の態度

「つくった」子が親の思い通りにならない、親に不都合になるとして育児放棄が増加する一方で、産めば必ず育つと確信している「死なない」はずの子の不慮の死に対する親の怒りや攻撃、さらには裁判沙汰なども日常茶飯となりました。

かつて生まれた子が次々と死んでいった時代、親たちはもちろん嘆き悲しみましたが、哀しみながらも子の死は人間の知恵や力を超えたものの意思によって「召された」ものとして死を受容しようとしたのでした。[7] 夭折した子を葬る場で、母親はあまり悲しみ取り乱してはならない、それは子を召したものに逆らうことだと考えていました（コラム1参照）。いま、子は「つくった」親の私物となった、加えて子どもの死亡率が低くなったことは、子の命や死についての態度を変化させ、子の死の受容はきわめて難しいものとなったのではないでしょうか。

## 長期化した親子関係――成人子と親との間の新しい問題

親子関係といえば、長らく幼少期の子と親の問題が主要なものでした。親子の研究も乳幼児からせいぜい青年期までが主テーマでした。しかしいま、それではすまなくなりました。子の成人後も親は健在で経済力もある、そこで長期にわたる親と成人子との関係が現出したのです。子どもには長期にわたって親がいる「総子化」といわれる現象です。子である時期がかつてなく大幅に延長したのです。

かつては教育を終え就業した子は、次々に家を離れていったものでした。それをもって親は子を「育て上げた」と肩の荷を下し、子もそうすることを当然視していました。それが、そうではなくなったケースが多出しています。学業を終え就職した子が親の家にとどまり続け、家事を始めとする身辺の世話を親に依存しているケース、パラサイトです[8]。子が学業を修了し就職したときにも親はまだ健康であり、経済的にも子より優位にある、加えて少子という条件が、子の親への寄生、成人子への親の保護を可能としているのです。その意味で、パラサイト現象は少子にして長命という人口動態的状況の一産物です。これができる階層では、親子和気藹々《わきあいあい》の〝いい〟関係と見なされてもいます（コラム11参照）。しかし、これは、親の子への過剰な関与の極であり、子の自立と親の子どもからの自立の双方を阻んでいます。

親が子を養育するのは、人間の子が未熟・無能で誕生し、心身に多様な面での能力を身につけて「一人前」になる必要があるからです。換言すれば、「一人前」に育てる必要があるのです。教育を終えて就業することはこの「一人前」に達したこと。なのに、その後も延々と続く親の庇護、それを享受している子のパラサイト状況は、親子双方の自立不全にほかなりません。

しかしこの和気藹々はいつまでも続くわけではありません。親は年々老い衰え、やがて介護が必要になることは必須です。そのとき、パラサイトしていた子に親の介護の問題が立ちはだかり、〝介護独身〟や介護離職、さらに親の死後、親の遺産相続をめぐってきょうだい間でいざこざが生じ、裁判沙汰になるケースは少なくありません。相続＝争族となる危険性が予想されてもいます（第8章参照）。

### 親子関係・資源の流れの見直し――成人子と親との関係

延々と子の世話を続ける親がいる一方で、長期にわたる親の介護を子の責任とすることは無理、社会的制度や施設によるべきだ、との意見が大勢を占めてきています。長らく日本で美徳とされてきた「親孝行」が少子高齢化の中で終焉に向かっているのです（第8章、コラム11参照）。

となると、予想される自分の長い老後への備えが親側に求められます。子に延々と投資し続けられるものではありません。子の養育・教育の終了、そして就業し自立可能となったことを契機に、親からの子への経済的投資は打ち切り、親は自分の老後資金を確保する方向へ転換する必要があります。この「親の子への資源投資は子の自立まで」という戦略は、未熟無能で誕生する人間の養育は必須ではありますが、それは子の自立で完了する・すべきものとの視点から理にかなったものです。またかつてない長命が予測される親にとってその老後資源の確保が、かつてないほど重要なことになったことも無視できません。ところが現実には、親から少子へ延々と続く投資があり、これが親子双方の自立を阻んでいます。さらには長期化した親自身の老後に必要な経済的基盤を危うくするでしょう。少子高齢化が親子の関係と生き方の再考を促し、解決を迫っています（コラム16、17参照）。

## 4 高齢者介護の実態――「ケアの女性化」は日本の特徴

では、老親のケアは誰が担っているでしょうか。国際比較調査は、日本では男性のケア分担が最近、しだいに増加しているとはいえ、全般としては低く、圧倒的に女性が担っていることを明らかにしています（図序―3）。いま、介護離職が問題にされていますが、介護のため離職しているのはいまも女性が大半です（図序―4）。

この日本の動向は男性の家事・育児の参加に関する国際比較データ（図序―5）を見れば、歴然です。

このようにケアが妻、母、娘など女性によって担われている状況を、「ケアの女性化」といいます。前述したように、近年、親の女児願望が強い傾向は、娘を自分の老後のケアラーとして期待している事情を反映しています。しかし、結婚事情は近年大きく変化し、未婚者の増加、子なし（子をつくらない）カップル、いても少子という状況は、これまでの「ケアは女性」という構図を成り立ち難くしました。

最近、妻は夫の親を「あなたの親」というようになり、「自分の親」とは違うとの認識を強めています。そして、以前は当然視されていた嫁による舅・姑の介護は減りました。しかし、それに代わって、老親とりわけ老父の介護は娘と老いた妻に集中することになりました。妻であれ娘であれ、配偶者や親の介護という行為は無償の「愛の労働」として残り続けているのです。他方、「夫による妻の介護」は、きわめて少なく、あればそれは「よくできたご主人」という美談になるのです。[12] このように「ケアの女性化」はまだ消滅しておらず、老後の介護問題を考えるうえでジェンダー視点は欠くことができないのです。

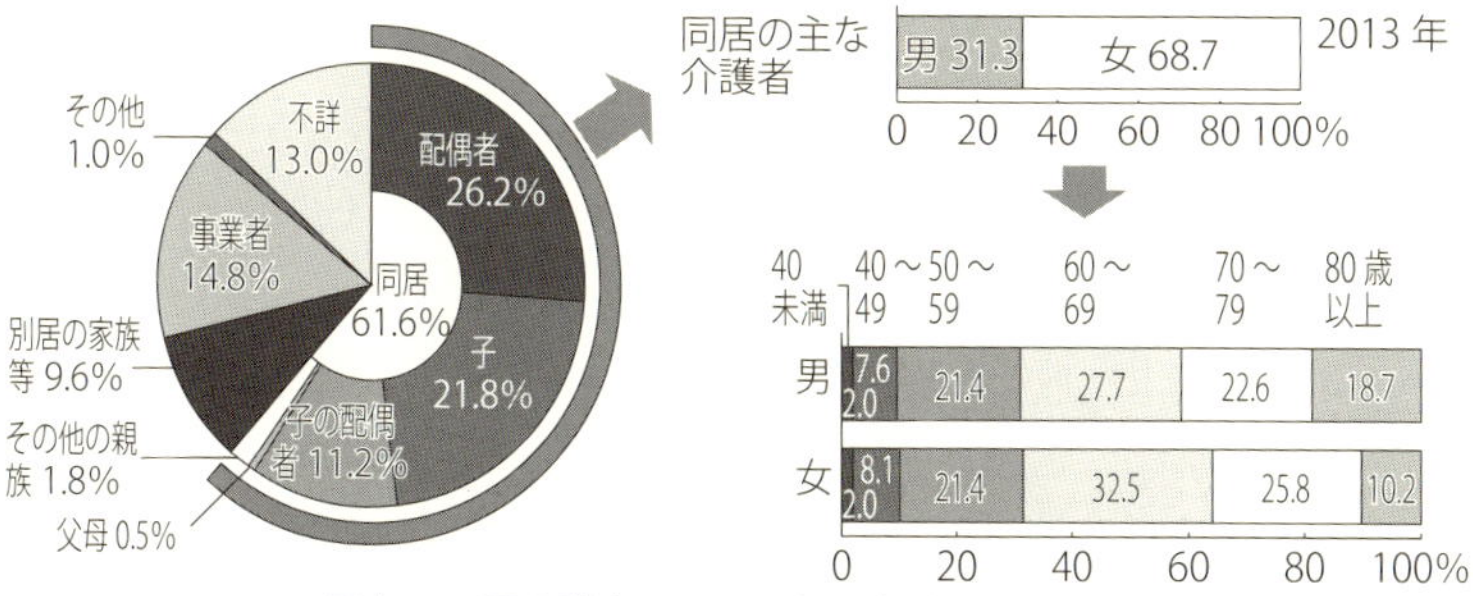


**図序 -3　要介護者から見た主な介護者の属性** (9)

注：「総数」には主な介護者の年齢不詳を含む。

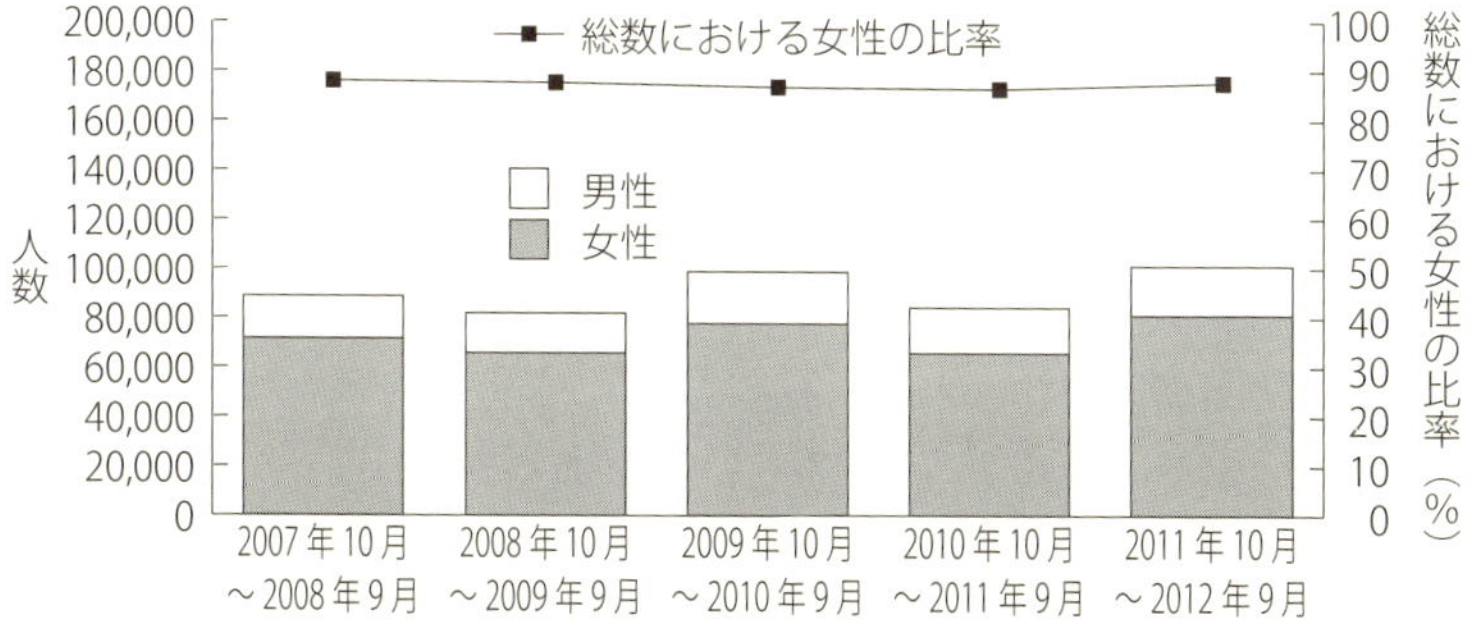


**図序 -4　介護・看護を理由に離職・転職した者** (10)

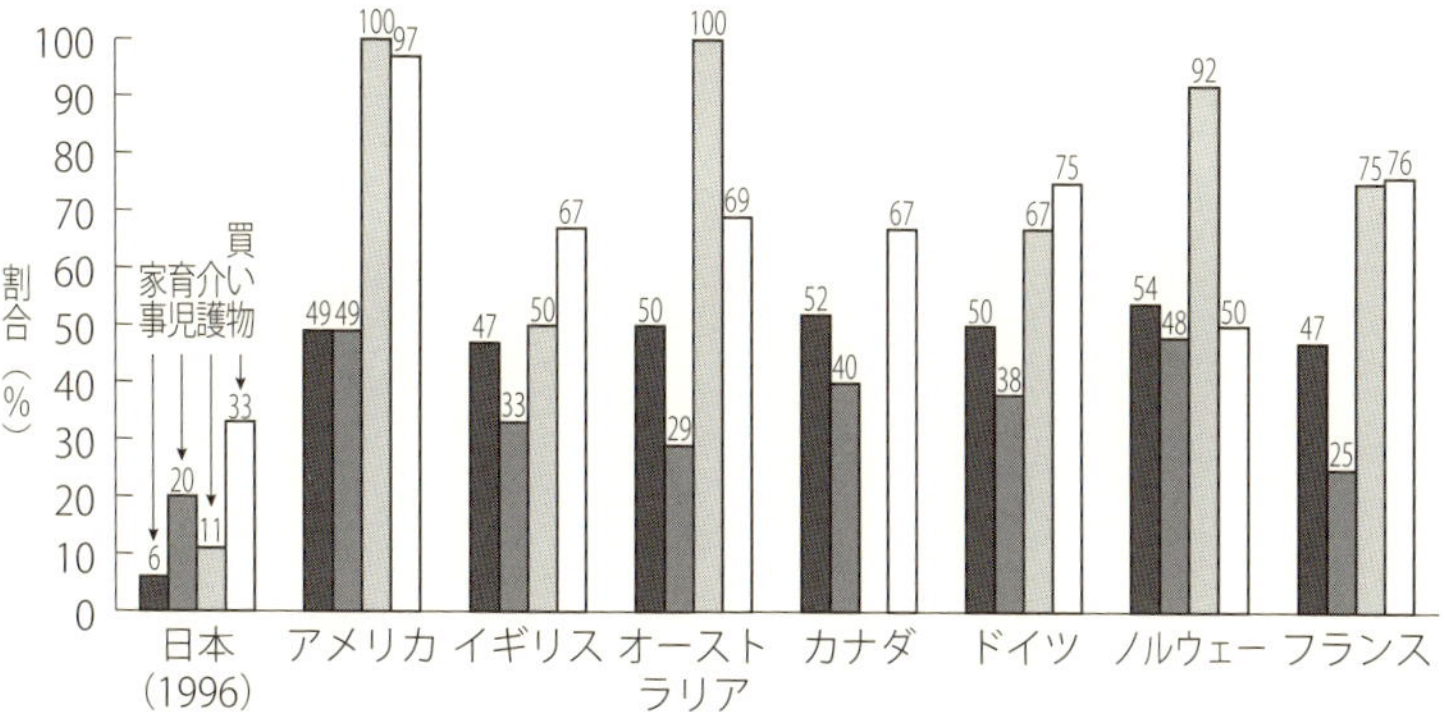


**図序 -5　男性の育児・家事・介護の担当率** (11)

## 「ケアの女性化」の破綻と男性による介護

男性もケア、介護を担わざるをえない場合が増えています。しかしそれは容易ではなく、さまざまな問題が明らかになっています。

その一つは仕事と介護の両立です。「ケアは女性」が通用していた時代には、女性が親や義親の介護のために退職することは当然視されていました。しかし、男性が介護を担わせざるをえなくなった事態となりました[13]。介護に直面した男性は、おおむね働き盛りで、それまで家事・育児は妻任せで仕事一辺倒の生活でした。それが一変し、介護と仕事の両立の困難に直面して介護離職が現出したのです。そこで、仕事と介護の両立が政策課題となったのです（第8章、コラム13、15参照）。

## ケアラーとしての心と力の発達不全――「ケアの女性化」の産物

男性の介護はなぜ困難なのか、その背景の一つは、男性が家事・育児・介護など家族内ケアをみずから実践することは少なく、もっぱらケアの受け手であったことにあります[14]。家事であれ育児であれ、また介護であれ、ケアすることは、相手のニーズや状況を汲み取りそれに寄り添った心づかいや行動が必要です。これは、仕事での「目標設定―計画立案―実行―達成」というスタイルとは異なります。このケアに必須の相手に寄り添う行動スタイルや心づかいは、職業一筋の生活では身につかない、つまりケアラーとしての心と力が発達し難いのです。そもそも幼少時から、男子は女子のようにお手伝いをする機会は少ないことも、ケアの力と心の発達を阻んでいます。

そして会社人間は概して昇進するほど、部下や妻が日常的な些事はしてくれる、その結果、「粗大ゴミ」化が進むことになります（第8章参照）。粗大ゴミとは、有料で処分してもらわければならないほど無用の長物を、再生できるゴミと区別するためにできた用語です。これが、家庭の日常生活で役に立たないどころか、家族の負担や家族生活の妨害になりかねない人を指して使われるようになったのです。

### 家族介護での虐待

「自分の家で死にたい」との願望が強く、介護は家族でという政策が進められるなか、皮肉にも家族介護での虐待が増加しています。家族が一番、家庭ケアが「いい」とされるのに、なぜ!?と思われるでしょう。その要因の一つは介護を担う人にケアの心と力が育っていないことです。

家族介護での虐待の加害者は、圧倒的に男性（夫、息子、男の孫）です。長らく、ケアされることに慣れ、今後もそう期待していた男性が、思いもかけず自分がケアの担い手になった、その意外感、そしてケアの心と力の発達不全が、虐待に走らせてしまう危険性をはらんでいるのでしょう[15]。最近、妻の間で増えている「夫在宅ストレス症候群」も、家事能力を始め男性のケア能力が発達不全＝生活自立不全であることが見逃せない原因です。

### 老親介護の重さと葛藤

いつの世にも老親の介護はありました。しかし、それが、いま、かつてないほど長期にわたるものとなりました。このことは家族介護に重苦しい課題をもたらしています。

親の介護は、就労していればおおむね働き盛り、また子育てが一段落し自分の人生を、と思っている時期に生じます。そこで、介護は自分自身の人生との両立という葛藤状況に陥らせます。これは、親は母として子どもを育て上げると、ほどなく自分の寿命が尽きた、かつての時代にはありえなかったことです。「少子にして長命」という事態がライフコースを激変させた結果です。

加えて老親介護はその長さも重さも見通しがきかないものです。今日ほど医学が進歩していなかった時代には、いかに手を尽くしても命の延長には限りがあり、介護期間はそれほど長くはありませんでした。そしてケアを担う中高年者の側も、自身の健康不安を抱えている場合が少なくありません。

母親の要求に応えたい、できるだけのことをしてやりたいと奮闘する娘が、仕事との両立、夫との生活に生じた葛藤、そして自身の健康障害などからままならない状況に陥る状況を描いた小説で、主人公に言わせた「ママいつまで生きているの!?」との言葉[16]は、今日の老親介護状況の深刻さを端的に示しています。ケアをめぐる葛藤は介護期間に限らず、親の死後にまでもち越され、相続が「争族」となるケースも少なくない今日です（コラム17参照）。

## 5　高齢者の命と死――〝長命＝長寿〟とは限らない

### 老老介護は即病病介護――夫婦間介護の問題

「子どもの世話にはなりたくない」と思う親が増加し、現実にも海外赴任など子どもに介護を期待できない親たちが増えて、老人介護施設の利用者も増加しています。しかし最も多いのは、老夫婦の二人世帯で、夫と妻が庇い合い助け合っての生活です。しかし夫妻双方とも年とともに何らかの疾病や障害を抱えていることが多く、「老老」はいわば「病病」介護ともいえる状況です。これがいかに大変か、無理があるかは想像に難くありません[17]。

長らく、妻は夫を看とるのが「妻の義務」と当然視され、事実、夫は妻に看取られて妻より先に逝くケースが多いものでした。それが近年、必ずしもそうではなくなりました。平均七歳の年齢差がある見合い結婚の夫婦では、夫が先に病み逝く確率は高く、妻は夫のケアラーとして看とることができました。それが結婚事情の変化によって、そうはいかなくなりました。恋愛結婚夫婦が増加し、その結果、夫妻の年齢差は小さくなり、夫が先に逝くとは限らなくなったのです。

長らく家事・育児を妻に一任し自分の老後のケアも妻に期待していた夫にとって、妻が先に病み逝くことは深刻な事態です。「家族もち」だが、「家族役割」はみずからせず妻に一任してきた男性・夫には、家事・介護などケアする心と力が十分備わっておらず、これが深刻な問題を提起しています。妻が先に病み介護が必要になったり妻が亡くなったりしたとき、夫がケアや家事を娘に頼るケースは少なくありません。近年、以前とは異なり息子よりも娘が望まれています。そしてそう期待する母親は、娘を「女の子らしく」育てる——優しく従順に、そして家事をしつけるなど、娘をケアラーとして有能(!?)にしているとの報告もあります(第5章参照)。このように「ケアの女性化」をいまも当然視している親は、娘の人生と将来をいったいどのように考えているのでしょうか。問われるところです。

医学の進歩や栄養・衛生の改善は、かつてない長命を可能にしました。しかし長期にわたる介護は親にも子にも葛藤や課題を残し、「長命＝長寿」とはならない現実をあらわにしています。これが日本の高齢社会の実態です。簡単に長寿などといえないでしょう。

最近、「長生きリスク」という新語が現れました。予期していた以上に自分が長命になるだろうと予測される、しかしそれに必要な財政的基盤は万全ではなくむしろあやしい、さらに老い衰えたとき、誰に・

どこでどのような介護が期待できるかなどを考えると、いずれについても楽観できず、不透明で悲観的なたくさんの問題が予測されます（コラム17参照）。

こうして、日本の「長命＝長寿」とはならない、むしろ多分に「長生きリスク」をはらむものとなっているのです。

## 変わる命と死への態度

いまから七〇年ほど前、男性の寿命は五〇歳前後でした。ということは、多くの死は職業生活の途上にあり、まだ養育しなければならない子を残しての死でした。このような一家の大黒柱の死は、残された家族にとって深刻な事態で、その死は嘆き悲しまれました。また、職場でも働きざかりの死は惜しまれるものでした。もちろん、いまも夭逝はありますが、医学がこうした若い死の悲劇を解消しようと努力した結果、長命が実現したのです。

しかし長命となった今日、長命者がすべて歓迎されているか、そして、長命者の死が惜しまれているかといえば、そうではありません。先に、命と死についての態度の変化について述べましたが、このことは子どもの場合だけではありません。先の「いつまで生きているの!?」との言葉は、親の長命による見通しのない長期介護を担う子どもの正直な気持ちの表現でしょう。超高齢社会は、「惜しまれる死」だけではなく、「待たれる死」を現出したといえるでしょう。それは介護する人だけでなく、当人にとっても「もういい」「お迎え早く」と、死は待たれるものでもある様相をあらわにしつつあります（第11章参照）。

葬送の意味や形にも変化が生じています。多かった社葬は激減し、家族葬が増えました。葬儀なしの直葬もまれではなくなった状況も、高齢化と無縁ではない現象です（第10章参照）。

## 6　おわりに――人口問題は人間発達の問い直しを迫っている

### 時代がつくる人間の発達――社会化のゴール、発達課題を見直す

人間の発達というものは不変、普遍のものではありません。変化するもの――生を受け、育つ環境によって、その発達は変化し特徴づけられるものです。それは、人間がどの動物よりも誕生後に成長・発達する部分がきわめて大きいからです。その結果、ある時代の人は他の時代の人にはない能力や特徴をもつことになります。それは、人が生を受けた時代や状況に見合った能力や資質が教育されて身につけていくことになるからです。このように、人間の発達は多分に社会の規範やしつけによって特徴づけられるもので、「社会化」の産物といえます。

社会化とは、どのような資質を育てるかという発達課題・目標によって方向づけられ、特徴づけられるプロセスです。ところで、この発達課題は長らく男性と女性とで異なるものでした。男性には知性、積極性、指導力が重要で、勉強が大事、〝いい〟学校―いい就職―昇進は本人にも家族にも目標でした。他方、女性には優しさ、素直、従順が求められ、家事・育児をまめにこなせること、仕事をもっても女性にはこれが重要とされてきました。このように、性ごとに異なった発達課題（発達期待）があり、それがしつけ・教育の内容と方向を決めてきました。それは一口でいえば、「男は仕事、女は家事・育児」という性別役割分業をうまく果たせるような資質をしつけや教育によって方向づけ、特徴づけてきたのです。性的社会化（性別しつけ）といえるものです。

かつては、結婚すると多くの子が次々と生まれ、育児や家事は人力によるほかありませんでした。他方、仕事は肉体労働が主だった時代でした。そうした場合、女性は結婚し、膨大な家事と次々誕生する子の育児に自分の力と知恵を傾注するほかありませんでした。その行為に妻・母たちは達成感と満足感を見出していたでしょう。他方、男性は女性には不可能な激しい労働をこなして家族の糧を得ることに自分の存在感や誇りを抱いていました。このような状況では、性別役割分業は最適性をもっていたのです。

けれども、少子にして長命という人口動態上の変化と労働力の女性化という社会の変化は、この体制を揺るがせました。家事にも職場にも機械化が進み、男性・女性とも両方を担える事態になりました。そしてそれまで女性に一任してきたケアを男性も担い手となる必要が生じたことは前述の通りです。また女性には、妻・母以外に職業人としての道が拓けました。すると、職業生活で必要であり有用な資質が求められることになりました。

このように変化した事態は、これまでの男女への差別的期待と性的社会化の意味を喪失させました。それどころか弊害化しました。男性に見られる粗大ゴミ化、介護虐待、女性での育児不安や夫・結婚への不満などは、いずれも大人としての発達不全現象ですが、それは性的社会化が弊害化した、その一端です[18]。

## 社会化を超える自己形成――人間ならではの能動的・自律的な発達

人間の発達というものは、環境の影響は大きいものの、環境に圧倒的に支配される受け身のものだけではありません。すべてが社会化で決定されるわけではありません。人間は、自分がいま生きている・またこれから生きていく社会を客観的・歴史的に展望し、生きる目標や「ありたい」「あるべき」自分を思い定め、それを目標に自分を変革し自分を形成していく能動的な存在です。「育てられる」だけでなく「みずから育つ」ものです。このような発達の自己制御は、とりわけ大人の発達の重要な営みです[19]。

さらに環境というものは所与のものばかりではありません。高い知性を備えた人間みずからがつくり出してもいます。そこで多様な環境が急速に現出することになります。そのために、以前はうまく機能していた社会化の内容や方向が新しい環境変化に追いつかず遅れをとる、それどころか従来の社会化が不適応をもたらす現象が生じることも少なくありません。社会化の内容や方向は一定の環境下では有効でも、環境が変わればその最適性は失われることになるのです。その代表例が性別役割分業という規範（発達課題）とそれに準拠したしつけ・教育（社会化）です。

いま、日本が直面している「少子高齢化」は、人間がつくり出した環境の最たるもの、しかも人類がはじめて遭遇した史上初の環境です。この事態に日本は世界に先駆けて直面しているのです。子どもの早逝や働き盛りの死をなくしたい、不治とされてきた病気を撲滅したいとの願いが、医学の進歩や衛生・栄養などの改善によって達成されました。その結果が少子長命です。しかし、人類がよかれと待ち望んで少子長命という事態が、人間に必ずしも幸福な生活と心理をもたらしてはいないことはすでに述べてきました。また本書の各章でさらにくわしく述べられるところです。

少子化（少子に<u>し</u><u>た</u>）、家事・育児労働に機械化・商品化が進み、他方、労働の機械化・情報化、サービス産業の拡大という社会の変化に、女性たちは敏感に反応しました。既婚有子女性労働の増加がその一つです（コラム８参照）。また育児だけの生活をしている女性たちは、社会の変化にみずから対応できない現状に対して不安・不満、さらに夫との非対称的な関係にいらだちを抱いていることを見ました（第６章参照）が、それは自分の一生を考えると社会の変化を無視することができなかったからです。換言すれば、よき妻・母であることが幸せという考えやその方向への社会化に女性たちは疑問を抱くようになったといえましょう。

## 「家族する」男性の出現

このような女性たちの変化に対して、男性ではどうでしょうか？　男性は産む性ではないことや長らく家族役割の実施から降りてきたこともあって、家族役割や出産・子育てなどに対する意識は薄く、変化は女性よりも鈍いものでした。男性がそれまで担ってきた職業労働はけっして安楽ではないものの、生きがいや自分の存在感をそこに見出し、家族内ケアには関与しないのが日本の男性の大勢でした（図序―3参照）。いまも家族内ケアの割合は日本は他国に比べて低く、増加傾向も鈍いものです。「男は仕事」規範はいまなお存続し「男らしく」育てるという幼少時からの社会化が、いまも男性の発達に作用しているといえるでしょう。

「少子にして長命」そして労働が男女双方に可能・必要となった事態は、人類がかつて経験したことがないものです。この事態は、狩猟採集生活以来、根づいてきた性別役割分業の最適性を揺るがせ破綻させつつある、つまり性別役割分業ではすまなくなり、むしろその弊害が出てきているのです。

しかし、男性にも少しずつ変化が現れています。親や自分たち夫婦の介護を誰がするかという介護意識は、高学歴層で妻有職、つまり夫妻双方が稼得役割をもっている高学歴層では変化が見られ、男性に介護者としての意識が出始めています[20]。介護のみならず、家事・育児を含む家族内ケア役割への男性の積極的・主体的関与の様相をくわしく分析した研究でも、変化が確認されています[21]。全体から見れば、意識の上でも実生活でも「仕事中心」の男性が依然として多数派ですが、仕事と家庭の両役割を「お手伝い」ではなくみずから主体的・積極的に実践している男性の存在が、調査やインタビューで確認されています。

「家族もち」という言葉にあるように、これまで男性にとっての家族は「もつ」ものでしかなかったのが、自分自身を「家族する」ものと見なし、それを実践している男性が少数派ながら確実に出現してきているのです。

この「家族する」男性たちは、従来の「男は仕事、女は家庭」というジェンダー規範や慣行、その基盤をなしてきた性的社会化がいまや最適性を喪失したことを認め、自分の生き方を問い直しての性別役割分業を前提としない発達課題を自分の目標として実践している男性です。換言しますと、「家族する」男性は、日本の社会にいまも優勢な性的社会化に抗して、変動著しい今日の社会で、自分はどう生きるか何が幸福かを問い直し、それを実践している人々です。これは社会化を超えた、人間ならではの能動的・自律的発達の好例といえるでしょう。

## 自立再考──家事や身辺の世話は性を超えた自立の要件

教育を終え職業に就く、つまり自活は、自立と見なされてきました。しかし、これは男子に限るものでした。しかも、そこでは稼ぐ以外の労働、家事・育児は男性にとっては自立の要件ではなく、家事や身辺の世話は妻任せでも男性は「自立」しているとされてきたのです。かつて、人(男性)は「家庭人として生まれ育ち、社会人として生き死ぬ」といわれました。しかしいまやその時代は終わりました。職業人の後に、家庭と近隣社会に生きる短くはない時間が残されることになりました。

前述したように、高齢化は男性のライフコースも変え、職業人で一生は終わらなくなりました。家族役割を担う「家族する」ことが男子にも必須となったのです。しかし職業一辺倒の生活を送ってきた男性はその力を欠きがちで、退職後に依然として身辺の世話を受け続ける男性は「粗大ゴミ」とされ、妻のストレス源となるおそれが大となりました。

一方、自活・自立、人口革命、そして少子高齢という事態は、女性には「家庭に入る」ことでは人生は終わらなくしました。社会で働くことへの強い志向と女性労働の増加は、少子高齢という社会の中で自分の人生を見据えてのことでしょう。このように、少子にして高齢化の事態は、男女いずれもが社会人であると同時に家庭人としての役割を果たすことが必須となったのです。

## アンドロジニーが求められる時代――どのような人の自尊感情が高いか

今日、どのような人が自分に満足し幸福感（自己肯定感／自己尊重）を抱いているかを見ますと、男女いずれでも、男性的な特徴（知性や積極性など）と女性的特徴（やさしさや素直さなど）の双方を兼ね備えている人（アンドロジニーといいます）です[22]。男らしい男性でも女らしい女性でもないのです。そして、男性らしさ（例えば感情表現の抑制）にこだわる男性や、女らしさ（従順である）にこだわる女性では、自尊感情は低いのです。つまり高い自尊感情は、性別役割分業に沿った特徴ではなく、それから離脱した資質を備えている人々、具体的にいえば、仕事と家族ケア双方を担う心と力をもっている人で、自尊感情は高いのです。

このことは、いまも根強い性的社会化に縛られず、むしろ性別期待や性的社会化を超えて男性性・女性性をあわせもつ方向に自分を変えようとしたか否か、その違いが生き方への自信、自尊感情の違いをもたらしているといえるでしょう。

このように男性であれ女性であれ、アンドロジニー（男性的特徴も女性的特徴も高い人）が強い自尊感情をもつ事実は、性別役割分業の最適性が失われ、男性も女性も社会的・職業的役割と家族役割とを担うことが求められるようになった社会の必然的結果と見なせましょう。

## コラム1　子どもの誕生と死の意味――先人の日記や手紙からの示唆

●柏木惠子

家族についての研究は、心理学でも他の領域でもせいぜいここ数十年のこと、長らく本格的な研究はありませんでした。そうした中で、先人の残した日記や伝記、手紙などは当時の家族や親子のありようを垣間見せています。子どもの誕生と死に限ってみますと、いま騒がれている「少子」がけっして史上初の現象ではなく、すでに体験ずみなことがわかります[1]。

例えば、ドイツの画家デューラーは、『自伝と書簡』の冒頭に父親が書き残した子どもの誕生記録を収めています[2]。「キリスト降誕後（つまりＡＤ）の一四七四年、聖ドーミッツの日（五月二四日）の二時に、妻のバルバラは私のために第六子を産んだ。その子のために金細工師のウルリッヒ・マルクが名付け親となって私の息子をアントニーと命名した」。このような誕生の年月日時、名付け親と名前を、一八人の子について記しています。妻はほとんど毎年のように出産していたのです。この記録の後に、デューラーは次のように付記しています。「愛しい父の子であるこれらの私の同胞（はらから）たちはみな、あるものは幼くして、他は成人してから、逝っている。……私たち三人〔名前略〕だけが、神の欲し給う限り、今なお生きている」と。

一八人も生まれたのに三人と「少子」になってしまったのです。当時の医学や衛生・栄養の低レベルの結果なのですが、このデューラーの筆致には、人間の生と死を人知を超えた神の意思によるものと受け止めていることがうかがえます。これは、最初から二人にすると決めての少子とはまったく違います。いま、子は親の意思・決断で「つくる」ものとなり、その少子に対して親は「自分ができる限りのことを」「よかれ」とし、子どもの命に対する人知を超えたものの力への畏敬は薄れています。音楽家バッハやモーツァルトも大勢の子が生まれながら多くの子の夭折を体験していますが、その死を哀しみながらも神の意思と見る謙譲な態度をうかがわせる記録が残っています[3]。

他方、子どもの誕生は神からの「授かりもの」と受け止めつつも、当事者である女性たちは単純に喜び祝福する気持ちだけではなく、度重なる出産が自身の健康や生活を脅かすものとして、妊娠は「なんということでしょう」「またまた！」といった否定的感情を抱いてもいたのです[4]。

## コラム2　将来の日本がもつ人口問題とは？

●別府志海

人口は社会・経済などと密接に結びついています。人口の規模および構造の変動は経済・社会などから大きく影響を受けると同時に、人口もこれらに大きく影響を与えています。しかし、人口が与えるプラスの影響について意識されることは少ない一方で、マイナスの影響については「人口問題」として強く意識されます。現在の日本においては、少子化、高齢化、人口減少および人口の地域差が大きな「人口問題」として、有識者のみならず国民の間でも広く認識されています(1)。

日本の人口は現在、増加から減少への大きな転換点を迎えています。国立社会保障・人口問題研究所の推計によれば、少なくとも二〇六〇年までは減少を続け、さらにその減少幅も徐々に拡大するとされています。これまでにも人口減少はありましたが、それらは疫病の蔓延や戦争などによる死亡率の急上昇が原因でした。これに対し今後の人口減少は、死亡率は低いままであるという点がこれまでと大きく異なります。さて、人口が減少していくと、消費者も生産者（労働者）も減少していくため、物資やサービスの生産・供給が減少して経済の規模は縮小していくと見られています。ここで問題を大きくするのは、経済が縮小していくなかで高齢者以外の人口から減少していくこと（＝高齢化の進展）と、地域によって人口の規模・年齢構造が大きく異なっていくこと（＝地域格差の拡大）、さらにこれら変化の速度が比較的に速いことです。一般に人は自身の経験をもとに判断するため、世代交代よりも速い変化へ社会的に対応することは容易ではありません。

今後の高齢化は、高齢人口の規模が大きくなっていくだけでなく、彼らを支える中年以下の人口が減少していくことにより加速的に進行していきます。さらに「高齢者の高齢化」も進行します。一般に女性は男性に比べて死亡率が低いために人口は高年齢ほど女性の割合が増える傾向があることから、人口高齢化の問題は特に女性の問題といえます。今後、高年齢での死亡率がさらに低下していくと、老齢期が長期化していくことになります。この長くなる老齢期をどのような健康状態ですごすかは、国民・政府ともに大きな関心事となっています。

こうした高齢化の進展の要因ですが、いくつかあるなかでも最大の要因は、出生数の減少に伴う若年人口の減少です。子どもを産む女性人口が増えない限り、少子化の進展によって出生数も減少します。出生数の減少は総人口を減少させますが、高齢人口には影響を与えないため、人口の高齢化を促進します。これからは低い出生率に加え、子どもを生む世代の人口が減少していくため、急速な人口減少とさらなる高齢化を迎えます。この急速な変化が、今後の人口問題をいっそう大きくする要因となっています。

さて、一般に人口は主に進学、就職、結婚により若年齢を中心として農村部から都市部へと移動する傾向が見られます。こうした人口移動は、例えば都市の出生率低下や地方の高齢化を促進してきました。ただし、今後は都市部に来た人口（特に団塊世代）がそのまま都市部で高齢期を迎えるため、都市部の方が急速な高齢化を迎えます。このように、人口移動は各種の人口問題に対しその水準、速度、時期に大きな地域差をもたらします。

これらの人口問題に対し、次の対応策が考えられます。

これまでの日本社会・制度は、例えば年金制度のほか、定年制度や新卒一括採用、極端に小さな中途採用市場など、人口増加を前提に増加分を分け合うよう設計されている部分があります。しかし人口減少を前提としたとき、この状況はまったく変わります。しかも、人口減少や少子高齢化が進展するほど社会・制度がもつ負の遺産も大きくなるため、全世代で負担を分け合う持続可能な制度への修正が求められます。

次に、これらの問題の「急速な」進展は経済・社会や各種制度などに深刻な影響を及ぼしかねないため、変化速度の是正が必要です。特に少子化の急速な進展は前掲の各種人口問題に大きく影響を与えることから、少子化対策を進めて人口変動の急速な変化を回避していく必要があるでしょう。

ところで、人口減少による諸問題の緩和には移民の受け入れという選択肢もあります。価値観や文字を含む文化的背景、移動のコストなどを考えると、例えば人口が増え続けているアフリカや中東からの移民よりは、東アジアからの移民が現実的と思われます。とはいえ、将来は東アジア地域全体が人口減少・高齢化問題を抱えるため、あと数十年経つと東アジア諸国からの移民は日本に来ないという可能性も十分に考えられます。しかし、移民は単なる労働力ではなく、人格を有した人間の移動です。彼らにも生活や家族があることから、必要になったら入れる、いらなくなったら追い返す、という単純な存在ではありません。移民の受け入れについては、日本国内の事情だけでなく、受け入れる移民の生活や受け入れ後の地域社会についても熟慮のうえで判断することが求められます。

## コラム3　日本の貧困

●阿部　彩

**相対的貧困率の定義**　少子高齢化とともに日本が直面している大きな問題が「貧困」です。厚生労働省の最新データによると、日本の貧困率は一六・一%、一七歳以下の子どもの貧困率は一六・三%です（二〇一二年値）。これは、全国民の六人に一人、全子どもの六人に一人が貧困ということです。ここでいう「貧困」とは、飢え死にするほど食料がない、雨露をしのぐ家もないといった発展途上国で典型的な「貧困」ではありません。このような貧困は「絶対的貧困」とよばれています。対して、日本を含め、先進諸国で使われる貧困の定義は「相対的貧困」といわれるものです。

「相対的貧困」とは、その社会において誰もが当たり前に享受している生活を送ることができないという状況を指します。例えば、「食」に関しては、飢え死にするほどの飢餓でないにしても、「夕食はご飯とふりかけのみ」といった場合です。もちろん、誰でも食欲がないときや忙しいときなどたまに「ご飯とふりかけのみ」の食事をすることもあります。しかし、金銭的にほかの食料を買うことができないという理由で、このような食事を余儀なくされる場合は「相対的貧困」といえます。なぜなら、日本の食卓には、米のほかに肉か魚のタンパク質、野菜、果物などが並ぶのが「当たり前」だからです。

仕事をしたり、友人と交流したり、家族をもつなど「当たり前」とされている行動が金銭的な理由でできない状態が相対的貧困です。そして、そのような「当たり前」の生活を送るためには、最低限、社会の標準的所得の五〇%の所得が必要とされています。この所得を「貧困基準」と考えます。二〇一二年値では、貧困基準は二人世帯では年間の可処分所得[1]が約一八〇万円、四人世帯では約二四四万円です。所得は貧困を測定する一つの指標にすぎませんが、この方法によって貧困の動向やどのような属性の人々の貧困率が高いのかがわかります。

**貧困率の動向**　一九八〇年代から二〇一〇年代にかけて、日本の貧困の様相は大きく変わりました。社会全体の貧困率は一二・〇%から一六・一%に、一七歳以下の子どもの貧困率は一〇・九%から一六・三%に上昇しました。一九八〇年代から一番大きく変化しているのが、若者の貧困率です。子ども・若者の貧困率は、かつては低いレベルでしたが、ここ三〇年間に大きく上昇し、二〇～二四歳をピークとした「山」になっています（**図1**）。二〇一二年時点では、二〇歳代前半の貧困率は、男性は二一・八%、女性は一九・五%です。二〇～二四歳の若者の約五人に一人が、相対的貧困の状況にあります。貧困率は、同居家族全員の所得を合算して計算されるので、若者が親と同居している場合は親の所得をあわせても貧困ということとなります。若者や子どもの貧困は、その人の生涯にわたって所得や健康に影響するため、社会にとっても大きな問題です。

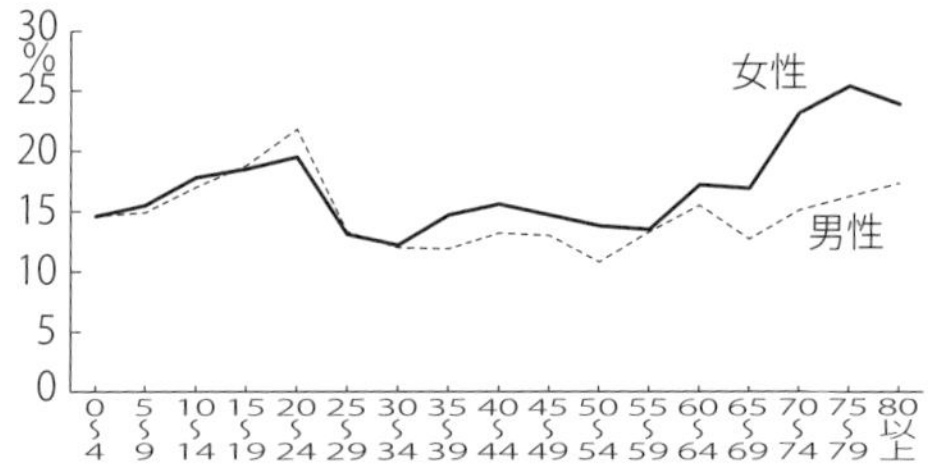


**図1　性別・年齢層別 相対的貧困率（2012年値）**[2]

**貧困の影響**　相対的貧困状況にあると、どのような影響があるのでしょうか。子どもにおいては、貧困世帯に育つ子どもはそうでない子どもに比べ、学力が低く、健康状態が悪く、肥満の割合が高く、いじめにあったり、不登校になる確率も高くなったりします[3]。子どもだけではありません。成人においても、貧困層の人々は健康状況が悪く、抑うつなど精神状況も悪くなっています[4]。貧困層の人々が多く集中する非正規労働者は、正規労働者に比べて結婚率が低いこともわかっています[5]。

**貧困に対する政策**　日本においては、貧困層に対する公的な支援策が少ないことも問題です。社会保障制度の中では、生活保護制度が最低生活保障を担っています。しかし、生活保護を受給している人々は人口の約二%にすぎません[6]。この率は、他の先進諸国の公的扶助の受給者率に比べて大幅に少ないことがわかっています。また、多くの国に存在する給付型の奨学金や、住宅費の補助、潤沢な児童手当、給付つき税額控除などの制度が整備されていないことも日本の特徴です。一方で、社会保険料などの負担においての逆進性が高く、貧困層においても負担が比較的に高く設定されていることも問題を悪化させています。

このような状況の中、二〇一三年に「子どもの貧困対策の推進に関する法律」が制定されました。これにより、政府は子どもの貧困に対して何らかの政策を打つことが義務づけられました。二〇一四年にはこの法に基づく「大綱」が閣議決定されています。財源が乏しいため、大きな進展はありませんが[7]、二〇一六年には三六年ぶりに児童扶養手当の第二子以降への給付が増額されるなど、少しずつですが子どもの貧困対策は前に進んでいます。

# 第Ⅰ部

# 誕生

——「授かる命」から「つくる命」へ

# 第1章　生殖補助医療・不妊治療のいま

## ――心とテクノロジー

●小泉智恵・平山史朗

## 1　不妊治療の現状

### 生殖医療の進歩

二〇一〇年度ノーベル生理学・医学賞を受賞したロバート・G・エドワーズ博士は、体外受精という妊娠技術を確立した功績で知られています。一九七八年、世界ではじめて体外受精によって赤ちゃんが生まれて以来、世界中で四〇〇万人以上もの子どもが生まれてきました。日本では二〇〇三年時点で当時の全出生児の六四人に一人が体外受精により出生しましたが、二〇一三年時点では日本の全出生児の二四人に一人が体外受精により出生しています。

こうした背景には、不妊夫婦が多いことが挙げられます。WHO（世界保健機関）によると不妊とは、妊娠を希望してタイミングよく性交渉をしても一年以上妊娠しないことと定義されています。世界中の夫婦の八〜一二％は不妊であるだろうとＷＨＯは見積もっています。また、最近十数年間に受精卵や卵子、精子などを凍結保存する技術や体外で受精するために使用される培養液などが格段に改良されたことが妊娠率を上げ、多くの子どもが生まれています。

不妊治療、生殖補助医療とは、厳密にいえば一回の妊娠・出産を可能にする技術で、妊娠しやすい体質改善のような根治を目指すものではありません。不妊治療を大別すると、**図1―1**に見るように、タイミング法、人工授精という一般不妊症治療と、体外受精、顕微授精などの生殖補助医療の二つがあります。腹腔鏡検査などで不妊原因が見つかった場合や高年齢など特別な事情を除いて、多くの場合は一般不妊症治療から開始することになります。例えば、ⓐタイミング法を数カ月行い、その後ⓑ人工授精を五回前後行います。もし妊娠しなければ、生殖補助医療に進むかを考えることになります。ⓒ体外受精は、卵胞発育、排卵誘発、採卵、媒精、移植という一連の流れに一〜三カ月かかります。体外受精は四回ほど実施するという流れが一般的です。体外受精の中でも、卵子一個に対して精子一個を注入する方法をⓓ顕微授精といいます。また、体外受精、顕微授精のいずれにしても良好な受精卵ができたとき、移植まで時間を要する場合はⓔ凍結胚・融解胚移植という方法で移植します。

## 生殖医療の最先端

さらに、医療技術の進歩により、健康な卵巣一つを腹腔鏡手術で体外に取り出して板状の小さな組織片に切り分けて凍結保存し、必要時に体内に移植すると、組織片に含まれていた卵胞が発育し、月経周期が戻って排卵することもあり、採卵できる場合は体外受精が可能になることが実験でわかってきました。こ

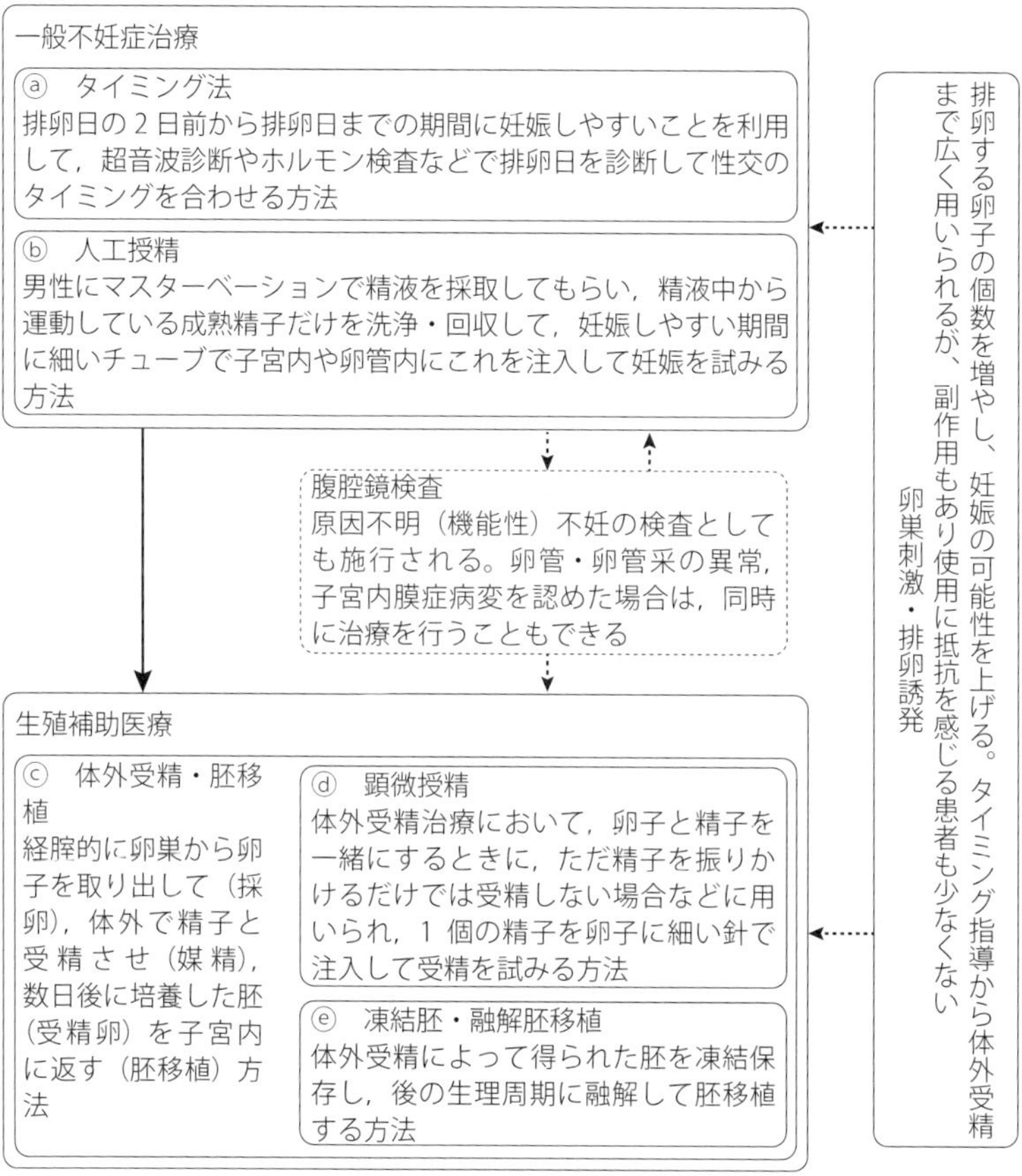
一般不妊症治療
ⓐ　タイミング法
排卵日の２日前から排卵日までの期間に妊娠しやすいことを利用して，超音波診断やホルモン検査などで排卵日を診断して性交のタイミングを合わせる方法
ⓑ　人工授精
男性にマスターベーションで精液を採取してもらい，精液中から運動している成熟精子だけを洗浄・回収して，妊娠しやすい期間に細いチューブで子宮内や卵管内にこれを注入して妊娠を試みる方法
腹腔鏡検査
原因不明（機能性）不妊の検査としても施行される。卵管・卵管采の異常，子宮内膜症病変を認めた場合は，同時に治療を行うこともできる
生殖補助医療
ⓒ　体外受精・胚移植
経腟的に卵巣から卵子を取り出して（採卵），体外で精子と受精させ（媒精），数日後に培養した胚（受精卵）を子宮内に返す（胚移植）方法
ⓓ　顕微授精
体外受精治療において，卵子と精子を一緒にするときに，ただ精子を振りかけるだけでは受精しない場合などに用いられ，１個の精子を卵子に細い針で注入して受精を試みる方法
ⓔ　凍結胚・融解胚移植
体外受精によって得られた胚を凍結保存し，後の生理周期に融解して胚移植する方法
卵巣刺激・排卵誘発
排卵する卵子の個数を増やし、妊娠の可能性を上げる。タイミング指導から体外受精まで広く用いられるが、副作用もあり使用に抵抗を感じる患者も少なくない

**図 1-1　代表的な生殖技術** [1]

の卵巣組織凍結・移植という技術は、配偶者がいない人、一五歳以下の人、第二次性徴はないが卵巣を体外に取り出すことができる場合などに、高度な技術を要するため国内外でもごくわずかな施設で実験段階として取り組まれています。世界ではこの技術で五〇人以上が出産しています。

先天的、後天的に子宮がない場合は、子宮移植という最新技術によって妊娠、出産ができる可能性が出てきました。生体または死体の臓器提供者から子宮をもらって、妊娠したい女性の体に移植し、妊娠、出産を目指す実験が世界各国で行われ、現在四人が出産しています。

## *2*　生殖医療の不確実性

### 生殖医療と焦り

このように、生殖医療は飛躍的に進歩し、数年前なら妊娠・出産を諦めた人でさえも妊娠・出産の可能性があるかもしれないという状況になっています。しかし、医療を受ければ必ず妊娠・出産できるものではありません。そもそも自然排卵による自然妊娠ですら一〇〇％妊娠するわけではありません。一般に、二五歳前後の健康な若い男女が排卵のタイミングに合わせて性交渉を行ったとしても妊娠する確率（妊娠率）は二五％程度、三〇歳代後半は一〇％、四〇歳代前半は五％程度といわれています。

不妊治療を受診する夫婦は三〇歳代半ば前後から四〇歳代前半が多いので比較が難しいのですが、一般に人工授精による妊娠率は約五～一〇％、[2] 体外受精による妊娠率は、新鮮胚の場合約二一％、凍結胚の場合約三三％といわれています。[3] 妊娠に至るには、造精、卵胞成熟、排卵、受精、着床の各プロセスが正常に行われなければなりません。加齢と「卵子の老化」「精子の老化」があるので、年齢を重ねると妊娠に至るプロセスが正常に行われにくくなります。そのため、妊娠までにかかる期間が加齢とともに長くなります。

そのうえ、妊娠はゴールではありません。出産に至るまで親の心配が続きます。例えば、加齢とともに流産率は上昇します。一般的に、年齢をおしなべて考えると、どの方法で妊娠しても約一五％は流産することが知られています。これを年齢別に見ると、三四歳までは一二％前後ですが、三五歳をすぎるとおおよそ一五％を超え、四〇歳になると約三〇％と、流産率は増加します。

体外受精を開始した周期数を総数としたときの生産率（生きた赤ちゃんを産む割合）は、二〇歳代から三二歳くらいまでは総数に対して約二〇％、三二歳くらいから緩やかに低下し、三〇歳代後半から急速に低下し、四二歳では五％を割っています[4]。

生殖医療のめざましい進歩に人々は生殖医療さえ受ければすぐに確実に妊娠、出産できると考える傾向があります。実際に生殖医療を受けてみると妊娠率の低さに驚き、いつ妊娠できるかわからない、どこまで高度な医療を追い求めることになるのだろうか、赤ちゃんをこの手に抱ける日は来るのだろうかといった見通しのない不安や不確実な状況に対するストレスを強く感じることになります。

## 不妊治療のストレス

不妊治療中の女性を対象とした全国七カ所の不妊治療専門施設に通院する女性五〇〇人を対象とした調査によると、八割以上の女性が不妊治療はうまく進むだろうかという不安や、たとえ妊娠しても無事出産できるだろうか、自分で子育てができるだろうかという不安を感じ、加えて通院治療で待ち時間が長いなど身体的な負担感を強くもったと報告しています。[5] 不妊治療がうまく進むかという不安は、タイミング法に比べて、人工授精、体外受精、顕微授精のとき、不安が強くなっていきます。

ストレスが強くなると、精神的に不健康になり、憂うつな気分が続き、集中力が低下したり、不安で落ち着かなくなったり、ぐっすりと眠れなくなったりします。不妊治療の治療期間とストレスも関連があり、不妊治療が二年以上になると、深刻な疲弊、ストレスに至ることが報告されています。

## 3　なぜ多くの人が不妊治療を受けるのか？

生殖医療を受ける理由はじつにさまざまですが、大きく分けると医学的な理由と社会的な理由があります。

### 医学的な理由

例えば、染色体異常や、生殖機能に関係する卵巣、精巣や下垂体や甲状腺など内分泌の問題、がんなどで生殖機能に疾患や障害が発生するなどして、自然妊娠が困難になる場合が挙げられます。疾患や障害の種類にかかわらず治療を受ける当事者の多くは、備わっているはずの生殖機能が自分にはない（失われた）ことを突然知らされることになり、大きなショックを受けます。妊娠・出産をして親になるという人生設計を大幅に変更せざるをえないと知ると、絶望感や抑うつが強くなり、日常生活に支障をきたしたりすることもあります。原疾患の治療や経過観察のほかに、ホルモン補充をして発汗、ほてりなどの更年期症状を緩和するなどの処置が必要になることもあります。

中には卵子、精子、受精卵などを第三者から提供してもらう方法で体外受精をして子どもを授かることがあります。医学的には、例えば第三者提供卵子による妊娠では妊娠高血圧症候群になりやすいという報告[6]があるため、主治医、家族とリスクについて十分に話し合うことが必要です。

リスクは医学的なものだけでなく、社会的なものもあります。第三者から提供された卵子や精子、受精卵による妊娠を目指すことは、子どもを育て、家族関係を築いていくことに対する希望をもつことができる側面もありますが、血のつながりがないことや子どもの出自を告知すること（真実告知）などで新たなストレスを抱える側面もあります。そのため、なぜ自分たち夫婦は赤ちゃんがほしいのかを見つめ直し、もし第三者提供による生殖医療をする場合は将来起こりうる子どもの出自を知る権利と告知も含めて長期的な展望から夫婦でよく話し合うことが大切です（コラム6参照）。

## がん患者の場合

ここで、一例として近年多くなっているがん患者の生殖医療を紹介しましょう。近年のがん医療の進歩によって二〇〇五年あたりから、がんにかかった人々のうち七割以上はがんを克服し、生き延びることができるようになりました。しかし、がんを告知されると、大多数の人は大きなショックを受けます。中には、強いショックのために食欲が低下したり、夜眠れなくなったり、ぼんやりして先のことも考えられない状態になったり、時にはうつ状態やPTSDのような症状が出てきたりすることもあります。加えて、急いでがん治療を決定し開始しなければならないため、治療に入るために急に学校や仕事を休むことになるだけでなく、長期的なスケジュールも見通しが立たなくなり、社会生活も将来の人生設計も難しくなることがあります。このような中で、がんと生殖とはどのように関係するのでしょうか。

がんが精巣、子宮、卵巣など生殖器にある場合は手術して取り除くことになると生殖機能は失われます。生殖器にないがんであっても、生殖器や性腺ホルモンを司る脳を含めた頭部に放射線をあてたり、抗がん剤で全身の細胞に薬剤がまわることで、生殖機能が低下したり、失われたりすることもあります。また、がん治療は数年かかるため、元気になったときには卵子が老化し、妊娠が難しい年齢になるかもしれません。そのため、がん治療を開始する前に精子、卵子、卵巣組織を体外に取り出して凍結保存し、将来の妊娠・出産の可能性を残す医療が二〇〇六年頃から始まりました。

アメリカの大規模調査[7]によると、生殖可能年齢でがんにかかり、その後克服した女性（がんサバイバー）九一八人（うち半数は子どもあり）のうち、五五九人は腫瘍医からがん治療を受ける前にがん治療が生殖に及ぼす可能性を説明されていましたが、三五九人は説明されていませんでした。説明された女性は説明されなかった女性に比べて予後の身体的ＱＯＬが高くなっていました。また、説明された女性のうち、四五人は腫瘍医の説明後に生殖専門医に相談しましたが、五一四人は相談に行きませんでした。生殖専門医に相談した女性は相談しなかった女性より、予後のＱＯＬと人生満足度が高くなり、決定に対する後悔をしていませんでした。この結果から、がんと診断されてつらい状況であっても、がん治療によって生殖に影響があることをくわしく知り、将来どのようにすごしたいかを考える機会があると予後のメンタルヘルスがよいことがわかりました。そこでアメリカ腫瘍学会のガイドライン改訂版[8]では、あらゆる医療者が生殖年齢のすべての患者（と患児の保護者）にがん治療前に不妊になる可能性について話すべきであること、そして、不妊になる可能性について苦悩したときは心理士を紹介するべきであるとしています。つまり、患者ががんの告知でつらい心理状態にあっても、医療者は隠さずに生殖の危機を告げるべきであり、それによって患者がさらに強い絶望感をもったとしても、医療者がみなでケアしていくべきであり、そうすることで患者のその後の利益が増大すると考えています。こうした動向はアメリカだけでなく日本も含めて世界的に大きな潮流となってきつつあります。

## 社会的な理由

社会的な理由で生殖医療を受ける場合とは、どのような場合でしょうか。いわゆる先進国で多いのは、女性の高学歴化に伴って女性の就労率が上昇し、結婚や出産の時期が遅くなる場合です。

また、キャリアを追求するために若いときの卵子を凍結保存し（未受精卵の凍結）、後年タイミングのよい時期に体外受精を行い、妊娠を目指すことも可能です。しかし、未受精卵は水分が多く細胞膜が脆弱なため凍結が難しく、最近ようやく臨床試験段階から実用段階に入ったところです。現在、未受精卵を使用した体外受精では妊娠率が一〇％未満程度であると報告されています。

近年、青年期、成人期の男女が将来のライフコースを考える際に、不妊に関する医療情報を伝えて不妊知識の普及も行い、人生設計ができるようにしようという取り組みが始まっています。例えば、神奈川県では、特設サイト「丘の上のお医者さん」を公開しています[9]。ここでは、青年・若年の男女が学校、就職、結婚、子育てなど将来の夢や計画をサイト内のライフプランシートに入力すると、関連する不妊・妊娠・出産の医療情報が閲覧でき、キャリア、家庭生活、妊娠、出産などについて総合的に具体的に理解することができるとされています。

## 文化・慣習による問題

他方、世界的に見ると、多くの人が生殖医療を使用して子どもを授かっているその背景には、現在もなお、〝不妊〟に対する社会的偏見が根強いことが影響しています。WHOによると、例えばインドでは「女性は子どもを産んで一人前だ」という社会規範が根強くあり、不妊の女性当事者が恥と罪悪感をもつだけでなく、親、兄弟、家族からもないがしろにされている事例が少なくないとされています。こうした社会規範はアジア、アフリカなど特に開発途上国でよりはっきりと認められていますが、日本も例外とはいえません。そのため、不妊女性は経済が許せば、生殖医療を利用して「一人前」と認められるように何としても子どもをもとうとするのです。

## 4　不妊治療を経験すると夫婦に何が起こるのか——ある夫婦の架空事例から

不妊治療は大変だと聞くと、何となく多くの人が同意されるでしょう。けれども、実際にどのような大変さがあるのかについてはあまり知られていないのではないでしょうか。ここでは、不妊治療でよく見られる夫婦の問題について事例をもとに明らかにしたいと思います。なお、ここで紹介するのは架空事例ではありますが、語りの内容や表れてくる問題については筆者（平山）が臨床の現場で経験した事実を再構成したものであることをお断りしておきます。

### 不妊治療を始めるまで

真由美は就職してからずっと仕事に打ち込んできました。結婚よりも職業上のキャリアを追求したいという気持ちの方が勝っていたのです。真由美は教育熱心な家庭に育ち、受験も就職も自分の希望をかなえてきました。もちろん、すべてが思い通りになったわけではありませんが、たいていのことは努力して達成できましたし、できなかったときは自分の努力が足らなかったのだと反省して次の目標を立てて計画的に人生を送ってきました。三〇歳代も後半になり、会社である程度満足できる地位も得たので、真由美の次の目標は結婚でした。そのとき身近にいた大輔は仕事の上で尊敬できる男性であり、結婚を意識しながら交際はスタートしました。

大輔は真由美と同じ会社で働いています。会社からも信頼される優秀な人材で、大きなプロジェクトも任されるようになっています。大輔には学生時代から交際していた女性と二五歳で結婚し三〇歳で離婚した経験があります。子どもはいませんでした。それ以来結婚には積極的ではありませんでしたが、あるプロジェクトで真由美とペアを組むことになり、弱音を吐かず熱心に仕事に取り組む姿勢や趣味の多彩さなどに触れ、交際を申し込みました。結婚はそれほど意識していませんでしたが、真由美が結婚を考えていることはわかっていました。

交際して約一年、真由美三八歳、大輔四五歳のときに結婚しました。真由美は年齢が高いと妊娠しにくいということは聞いたことがあったので、すぐに不妊治療の専門施設に行こうと大輔に伝えると、「君の好きなようにしていいよ」と同意してくれたので夫婦で受診しました。

## 不妊治療が始まってから

不妊症一般検査で、真由美は特に問題はないが年齢相応の状態だと言われ、大輔は精子の運動率がやや低いと指摘されました。真由美は大輔に不妊原因があったことにショックを受けました。問題があるなら自分の方だろうと勝手に思っていたのです。結果を聞いた大輔の反応は、「ああ、そうなんだ」というものので、謝罪の言葉がなかったことに少しがっかりしたことを記憶しています。それからすぐに医師の勧める人工授精を開始しました。

しかし数回施行しても妊娠には至らず、半年後、顕微授精へのステップアップを勧められ、早く子どもがほしかった真由美は同意しました。大輔は最初ためらいましたが、最終的には「真由美がしたいなら納得するまでやればいい」と同意しました。生殖補助医療に進み通院の回数も増えたことで、真由美は仕事をやめて治療に専念した方がうまくいくのではないかとも考えましたが、仕事も子どもも両方得るために手を抜かず頑張りました。顕微授精を続けてもなかなか妊娠しなかった真由美は、妊娠するためにはどのような努力も惜しみませんでした。食事や運動に気をつかい、高額なサプリメントの摂取や鍼灸治療なども行いました。大輔はいつも治療に協力はしてくれましたが、自分が具体的に何をすればよいのかわからないため、不妊治療に血眼になる真由美から距離をとるしかありませんでした。

## 不妊治療の終わり

四二歳になった真由美は顕微授精による採卵と胚移植を続け、一五回を越える胚移植でようやく妊娠しました。真由美も大輔も喜びましたが、超音波検査で品胎妊娠（三つ子の妊娠）であることがわかりました。三つ子を育てることになるとは思っておらず、医師からも四二歳という年齢での品胎妊娠は危険であることを告げられました。大輔はせっかく妊娠したのだから何とか産めないかと言いましたが、真由美は多胎による低出生体重や子どもの障害なども心配だったため、減胎手術（減数手術）を希望しました。減胎手術に関する法的規定はありませんが、現実には限られた施設で行われており、胎児に薬物を注射するなどして胎児の数を減らす方法のことです。真由美は減胎手術を受け、単胎となりましたが、その後妊娠二〇週を迎える前に残した胎児も心拍が停止し結局流産となってしまいました。

真由美は流産したことがなかなか受け入れられず、感情的に不安定になりました。日によって、自分を責めたり、減胎手術を行った施設に怒りを向けたり、もともと男性不妊が原因で不妊治療を始めなければならなかったことを蒸し返し、大輔に怒りをぶつけたりしました。大輔も非常に悲しかったのですが、真由美の気分の変動や自分に向けられる怒りの激しさを受け止めることに困難を感じ、帰宅時間が遅くなり、家にいても自室にこもるようになったため、二人の距離は離れていきました。

流産処置手術から数カ月後、真由美はまた不妊治療を再開したいと大輔に伝えました。しかし大輔から「もう君にはついていけない」と言われショックを受け、どうして協力してくれないのか理解できず、不満を抱えています。夫婦の関係が悪化し、何のために子どもがほしかったのか自分でもよくわからなくなってきていることにも気づいてはいますが、どうしても子どもがほしいという気持ちはなぜか変わらないので、真由美は悶々と苦しい日々をすごしています。

## 事例から見える不妊治療と夫婦関係

不妊治療は夫婦に子どもを授けるための治療です。そこには子どもをもつことで幸せな家族をつくるという意図も含まれているはずです。しかしながら、不妊治療は単に個人の身体的・精神的・社会経済的負担がかかるだけでなく、夫婦の関係にも影響を与えてしまいます。[10] もちろん不妊治療をきっかけに夫婦の絆を強めることができる場合もあるのですが。それぞれの夫婦がその夫婦なりの不妊治療体験をしますので図式的な理解はすべきではありませんが、どうして不妊治療がこれほどまでに夫婦関係に衝撃を与えるのかを考えることは重要でしょう。

それにはさまざまな理由があるとは思うのですが、不妊夫婦にとって不妊治療が大きな存在になりすぎたことが大きく関係しているのではないでしょうか。子どもが授からないときの選択肢として立ち現れる不妊治療が与えてくれる希望はまさに暗闇に射す一筋の光です。万能ではない、多くの苦痛を伴うとわかっていても、その魅力には抗しがたく、自分の人生の物語を進めていくためには不可欠な存在となっていくのでしょう。子どもをもつという目標は夫婦で同じでも、その治療への動機や取り組み方は異なることが夫婦で共有されないと、「子どもがほしいのにどうして治療に協力してくれないのか」と「子どもはほしいけれどそこまでしたくない」という対立構造になり、夫婦でわかり合うことが困難になります。巻き込まれがちな不妊治療の渦の中から、何とかして不妊治療を客体化し、不妊について、不妊治療について夫婦で語り合うことができる関係が必要となるでしょう。

## 5　少子高齢社会と不妊

### 少子社会と不妊

不妊問題が、少子化の問題と絡めて語られることがあります。時には、不妊問題が少子化の原因の一つととらえられることもあるようです。ここでは少子社会という文脈から不妊問題を考えてみたいと思います。

少子化の文脈において不妊が語られる場合には、不妊体験者への影響に多面的な理解が必要です。実利的な側面では、少子化対策の一環として不妊当事者に対する公的な施策が実施されるようになったことで直接的な恩恵を受けることができるようになったことが挙げられるでしょう。特に体外受精などの高度不妊治療に対する医療費助成が行われたことで、それまでよりも生殖補助医療を受けやすくなったのは間違いありません。それでも不妊治療の経済的負担はけっして軽いものではなく、少子化が問題なのであれば、子どもを望む不妊カップルへの支援がもっと拡充されるべきであるという考えをもつ不妊当事者も少なくありません。

一方で、「少子化」が問題とされることで不妊体験者を苦しめている面も見逃してはならないでしょう。少子化が問題となるということは同時に子どもを産み育てることへの価値が増大するということと一体になりがちです。子どもを産み育てることが望ましいという価値観は、子どもをもたないカップルへの風当たりを強くします。まして不妊カップルは子どもがほしいのにできない状況であるにもかかわらず、結婚しても子どもがいないことで家族を含めた周囲から「どうして子どもをつくらないの」と責められます。不妊治療中の患者が、子どものいないことについて「社会に貢献していない」とか「社会的に価値がない」と自分を責める場面によく出会います。特に専業主婦からこのような発言を聞くことが多く、彼女たちは「自分は仕事もしていないし、子育てもしていない。何も社会のために役立つことができず、ただお金と時間を無駄にしているだけ」と自分を責めるのです。

このことは、いかに子どもを生み育てることが社会的な価値をもっており、不妊当事者もその価値観を内在化させているかということを示しているのではないでしょうか。また、いわゆる社会的に成功していると見なされるキャリア女性であっても、子どもは「お金では買えない」からこそ、子どもを産み育てることの方が職業上の成功よりも価値が高いと考え、自分が努力で築き上げてきたキャリアを空しいものと価値を切り下げてしまうこともあります。

不妊当事者が原因で少子化が進んだわけではありませんが、晩婚化・晩産化という現象に、不妊治療技術の進歩が影響していることは否めません。新しい医療技術としての不妊治療はいつでもそれを利用すれば子どもが得られるという幻想を人々に与えました。もちろんこれは誤解で生殖補助医療は生殖年齢を伸ばしたわけではないのですが、あたかも生殖という現象がコントロール可能になったかのような印象を与えたことで、特に女性たちは安心して妊娠・出産を後延ばしにすることになったのです。不妊治療の現場では、年齢が高くなっても治療すれば妊娠できると期待して医療機関を受診したにもかかわらず、現実的な高齢での妊娠可能性の低さにショックを受ける夫婦が少なくありません。それでも最近では「卵子の老化」という言葉が広まり、年齢と妊娠の関係について知られるようになってきました。しかし今度は早く不妊治療を始めなければ妊娠できないというプレッシャーが不妊当事者に迫るようになっています。さらに、不妊当事者だけでなく、前述したような卵子の凍結技術を利用して子どもをもつ時期をコントロールしようとする女性も増えてきています。

## 高齢社会と不妊

社会の高齢化と不妊問題も関連しています。最近では、不妊治療を受ける患者から親の介護問題が語られることが増えてきました。以前であれば、もちろん個人差はあるものの、親の介護は子育てがある程度落ち着いてから課題となることが多かったのではないでしょうか。しかしながら、子どもをもつ年齢が上昇したことや親が長命になったことで、自身が親になる時期、親をする時期と、子どもとして親の面倒を見る時期が重なるようになってきたのです。子どもをもとうとする前に親が病気などで介護が必要な状況となり、そちらを優先することで子どもとしての役割を果たそうと努力した人が、ある程度落ち着いてから自身の子どもをもとうとしたときに、すでに三〇歳代後半から四〇歳代の年齢になっていることは少なくありません。本来子育てをするはずだった年代を親の介護で費やさなければならなかったわけです。そこで妊娠が困難なことに直面した場合、そのことをしようがないと納得できる人もいますが、親や家族に対して複雑な思いを抱える人もいます。

親になる年齢が上昇するということは、その親の年齢も上昇することになります。日本では赤ちゃんの出産・育児に祖父母世代が手伝うことはよくあることですが、子どもをもつ年齢が高くなると、親自身の体力が若い親に比べて劣るため育児が大変になるにもかかわらず、祖父母世代が元気であるとは限らないため、彼らに頼れず育児に関する家族のサポートが得られないということがまま見られるようになってきました。子どもをもつ年齢が上昇するということは、育児環境も変化するということでもあるのだと知る必要があります。親の年齢が高いことは経済的な余裕があるなど利点もありはしますが。

## おわりに

不妊治療の現場で語られる夫婦の問題は、子どもを産み育てることが当たり前と考えてきた私たちに、そのことの意味を問いかけるものといえるでしょう。少子化が国家的課題であるとされ、子どもを産み育てることへの価値が高まるなかで、子どもを望んでも得られない不妊の人の苦しさは増しています。個人として子どもを望む気持ち、夫婦や家族のシステムを維持・形成したいという気持ち、そして社会的に望ましいから子どもをもたなければならないという思いなど、不妊夫婦を不妊治療に向かわせる理由はさまざまです。不妊を経験しない人からは不妊治療に莫大な労力を費やす当事者に対して「どうしてそこまでして」と思われがちですが、じつは子どものいることが当たり前という社会のあり方そのものが、不妊当事者を生きづらくしている側面にもっと注目すべきではないでしょうか。

## コラム4　性・生殖と政治

●高橋恵子

人口の増減は常に社会の危機ととらえられ、政治の関心事になり、多くは女性がその犠牲になってきました。例えば、「富国強兵」を目指した満州事変からの戦時下では、子どもを産まない女性を「石女《うまずめ》」とよび、特に男の子を産むことが奨励され、男の子を産まない女性を「女腹」などと蔑む風潮がつくり出されました。そして、少子化の今日では、「女性は子を産む機械」「子どもを産んで国家に貢献してほしい」などと政治家が口にしたり、「希望出生率一・八」などを掲げたりしています。これらはいずれも明らかにリプロダクティブ・ヘルス／ライツの精神に抵触するものです。

リプロダクティブ・ヘルス／ライツ（reproductive health/rights、邦訳は「性と生殖に関する健康／権利」）とは、誰もが安全で満ち足りた性生活を営み、子どもを産むかどうか、いつ産むか、何人産むかを決める権利、つまり、性と生殖について人々が「自己決定権」をもつことを宣言したものです。これは二つの国際会議（一九九四年の第三回国際人口開発会議と翌年の第四回世界女性会議）によって重視するべきだと確認されました。性や生殖というきわめてプライベートな事柄が、人権を軽視する社会通念や政治・経済に左右されている状態の改善が目指されたのです。

日本の最新の合計特殊出生率（二〇一二年値）は一・四二で低下を続けていて、出生数は過去最少になりました。政府は少子化を食い止めようとしてさまざまな政策を打ち出していますが、効果が上がっているとはいえません。問題は女性の人権の軽視にあると思われます。まず、結婚も出産も、女性の人生の選択肢の一つになったことが忘れられています。また、避妊薬ピルの効果や副作用について、出生前診断とその結果の処理について、生殖補助医療の女性の心身への負担について[1]、さらには、出産環境の疲弊[2]など、女性の身体と人権という観点から検討するべき問題が多数ありながら、曖昧にされたまま技術が先行しています。現在、日本での不妊手術や人工妊娠中絶を合法にしているのは「母体保護法」です。しかし、堕胎罪（刑法第二一二条「妊娠中の女子が薬物を用い、又はその他の方法により、堕胎したときは、1年以下の懲役に処する」）がまだ残っていますので、この法律が都合よく適用される危険性も指摘されています[3]。性と生殖についての女性の「自己決定権」を制度や政策に明確に盛り込むことが求められています。

# 第2章　産む選択、産まない選択
## ——出生前診断

●玉井真理子

## 1　はじめに——「あなた一度失敗してるんだから」

「あなた一度失敗してるんだから」

これは、ある推理小説の中で、妊婦健診のためにかかりつけの産科クリニックを訪れた女性刑事が、顔見知りになった妊婦仲間から待合室でかけられる言葉です。ママ友ならぬプレママ友といったところでしょうか。いったい何に「失敗」したというのでしょうか？　それは、その女性刑事の第一子がいわゆる障害（障がい、障碍）をもっているからです。

この小説『ifの迷宮』[1]が書かれたのは、二〇〇〇年。当時から見ての近未来という設定からすれば、まさに現在、あるいはもう少し先の世の中を想定して書かれたのかもしれません。出生前診断というモチーフは、推理小説の謎解きとは直接の関係はないのですが、次のようなくだりもあります。

　出生前診断における胎児の遺伝子チェック。もはや社会的要請にもなりつつある現代。ほとんどの母親がＤＮＡレベルでの安心感を求める。「この子、ちょっと遺伝子的にまずそうなので、堕ろすことにしたの」と。

プレママ友にとって、障害をもつ子を産んでしまうのは、「胎児の遺伝子チェック」を怠ったために起きた「失敗」なのです。彼女は女性刑事に対して、「あなたは当然、出生前診断を受けるものだ」という構えで接してきます。障害の背景には先天的な病気があり、その病気は遺伝子検査によって確定診断ができるという前提なのでしょう。

　小説が書かれてから一五年経った現在、そこまであからさまに「遺伝子的にまずい子」を排除する、しかも「堕ろす」、すなわち中絶（人工妊娠中絶）という手段を用いてでも出生を回避しようという風潮になっているかといえば、少なくとも私にはそのようには思えません。しかし、あからさまにでなければ、どうでしょうか？

　おそらく多くの人が、わが子の健康を素朴に願っていると思います。であるなら、子どもがお腹の中にいる間に、胎児の健康状態について調べられるだけのことを調べるのは当然でしょうか？「ＤＮＡレベルでの安心」を求めて「胎児の遺伝子チェック」を受けるのは、当たり前のことなのでしょうか？

　本格的な少子高齢社会を迎えているなか、私たちの社会にある産む選択、産まない選択が、進展しつつある医療技術にどう影響されているのか、出生前診断という一つの窓を通して考えてみたいと思います。

# 2　出生前診断について

## 出生前診断とは？

さて、ここで出生前診断について、ざっとおさらいをしておきたいと思います。

出生前診断とは、お腹の中にいる赤ちゃんの健康状態をさまざまな医学的方法を用いて検査することと、その結果に基づく診断行為までを含めた総称として、おおまかには理解することができます。

もう少しくわしく理解するために、広い意味でそれを考える場合と、やや狭い意味で考える場合とに分けてみましょう。広い意味での出生前診断は、胎児や妊婦の健康状態を把握したうえで適切な分娩方法や医療機関を選択すること、そして、出生後速やかに必要な医療措置が行えるように準備をすることなどに役に立ちます。きちんとした診断がつけば、胎児のうちに治療ができる病気もあります。

その一方でやや狭い意味で出生前診断を考えると、それは、染色体異常など、特定の胎児異常を妊娠の比較的早い時期に発見して、その結果次第で妊娠を継続するか否かを決めるために行われます。倫理的、社会的、ときに法的に問題になるのは、おもにこの狭い意味での出生前診断です。

しばしば引き合いに出されるのは、羊水検査（羊水穿刺《せんし》）でしょうか。お腹に針を刺して羊水を採取し、この羊水の中に浮かんでいる胎児由来の細胞（赤ちゃんの皮膚からはがれ落ちた細胞など）を用いて、染色体などの検査をします。妊娠の一五週から一七週くらいで行われ、お腹に針を刺すために流産などのリスクもあります。また、結果次第で妊娠を継続しないと決める場合、妊娠の二二週未満でなければ中絶の処置はできません。

ここで少し、法律の話をしておきましょう。日本では刑法に堕胎罪の規定があります。他方、母体保護法によって一定の要件のもとでの中絶が認められています。ただし、母体保護法上、胎児の病気や障害を理由にした中絶の規定（胎児条項）はありません。こうした、ときに選択的人工妊娠中絶（以下、選択的中絶）とよばれる中絶は、「母体の健康を著しく害するおそれがあるもの」という条文に該当させて行われているのが現状です。

後で紹介する映画『ガタカ』の中に登場する着床前診断も、出生前診断の一種といえば一種です。ただ、妊娠してからの検査ではなく、体外で受精させた受精卵（胚）を用いる点が大きな違いです。中絶をしなくていいという利点だけが強調されている観もありますが、病気や障害をもつ生命を、それを理由に出生を回避するという目的で行われるという点で、羊水検査などと地続きといえるでしょう。

## 新しい検査技術の登場

昨今では、「新型出生前検査」なるものも登場しています。報道がいささかセンセーショナルだったこともあり、いっとき世間を騒がせました。

「新型出生前検査」というのは日本のマスメディアによる命名で、医学的にはＮＩＰＴ（非侵襲的出生前検査：Non-Invasive Prenatal Testing）とよばれることが普通です。このＮＩＰＴは、妊婦の血液だけで胎児の病気がわかるとして話題になりましたが、確定検査／非確定検査という分け方をするなら後者の方で、最終的には羊水検査で確認する必要があるという性質の、いってみればふるい分けのための検査です。

ＮＩＰＴを、羊水検査との比較でもう少し見てみることにします。ＮＩＰＴは、妊婦からの採血だけという簡便さが一時喧伝されました。最終的に羊水検査、すなわちお腹に針を刺さなければならない検査による確認が必須だとしても、入り口としては採血だけですむのです。行き着くところが羊水検査であっても、それはおもにＮＩＰＴで「陽性」という結果を得たときのことです。

一方、ＮＩＰＴで「陰性」、つまり胎児が特定の染色体異常をもっている可能性がきわめて低いという結果であれば、それ以上の検査に進むことは通常はありません。羊水検査を受ける妊婦を減らせることがＮＩＰＴの利点の一つと主張されており、実際に欧米等ではＮＩＰＴによって羊水検査の件数が減っているとすでに報告されているようです。

現在の日本では、ＮＩＰＴは研究という枠組みの中でのみ実施されています。したがって、日本医学会から認定を受けた限られた医療機関でしか、この検査を受けることができません。二〇一三年四月に研究が開始され、約二年で二万人弱の妊婦がこの検査を受けたことが報道されました。二〇一五年六月に新聞等で一斉に報じられた数字は次の通りです。

ＮＩＰＴを受けた一万七八〇〇人のうち二九五人が検査陽性と判定され、うち羊水検査で胎児染色体異常が確定したのは二三〇人。子宮内胎児死亡例もあったが、二二一人が中絶し、妊娠を継続したのは四人。ただし、これは「ＮＩＰＴコンソーシアム」という研究グループ（任意の研究団体）が発表したものであり、このグループに属さない医療機関でもＮＩＰＴは実施されているため、推計では二年間で二万件程度と考えられるわけです。

## 出生前診断を受ける選択、受けない選択

もう少し現状について見ておくことにします。いったいどれくらいの妊婦が出生前診断を受けているの

でしょうか。日本の妊婦は、妊婦健診のたびに超音波検査を受けます。赤ちゃんが元気に育っているか、順調に大きくなっているかを画像として描き出すものです。それを写真として渡されることもあり（動画として妊婦に渡している医療機関もあるとか！）、多くの妊婦にとって「楽しみ」な検査になっているとも聞きます。

こうした超音波検査で、思いがけず胎児異常やその可能性を指摘されることもあることからすれば、日本の妊婦はほぼ一〇〇％、しかも妊婦健診のたびに出生前診断を受けているといえなくもありません。しかし、ここでは選択的中絶を考慮した、どちらかというと狭い意味での出生前診断に焦点をあててみます。産む選択、産まない選択を直接的に左右する結果をもたらすような出生前診断です。

代表的なものの一つとして、羊水検査を例にとってみましょう。日本ではいま、年間に約一〇〇万人の赤ちゃんが生まれています。その中にあって、羊水検査の件数は約二万件という統計があります[2]。生まれる赤ちゃんの数は公的な統計ですが、羊水検査の方は国として公に調査しているわけではありませんので、あくまでも推計です。

産む選択、産まない選択についてはどうでしょうか。報道では、「九〇％以上」などと中絶率の高さがしばしばクローズアップされますが、こうした一見センセーショナルな数字を読み解く際には注意が必要です。まず、全体の中でごくわずかな妊婦しか出生前診断を受けてはいないという事実を忘れてはいけないでしょう。さらに、その中で胎児異常を指摘されるのは、ほんの一握り。事前に検査の意義や限界などを知り、熟考の末に出生前診断を受けるのだとすれば、従来から行われている羊水検査であれ、最近登場したＮＩＰＴであれ、選択的中絶は十分に考慮の対象になっているはずです。

別の方向から見れば、病気や障害があっても産もうと思っている女性やカップルは、そもそも羊水検査などの出生前診断を受けません。出生前診断を受けるかどうかを決める時点で、その先に待っているかもしれない選択的中絶に関しては迷いがあるという女性やカップルはいる（多い？）かもしれませんが、仮に迷っているとしても、少なくとも選択肢の中には入っているということです。したがって、けっして、染色体異常をもって生まれてくる赤ちゃんのほとんどが中絶の対象になっている、というわけではないのです。

## 3 「健康な子がほしい」と「健康な子でなければいらない」の間

### わが子の健康を素朴に願う気持ち

出生前診断の技術は「進歩」したかもしれません。もちろんそれを「進歩」とよべるなら、ではありません。より早く、より確実に、より簡単に、出生前の胎児の健康状態を調べる方向で、少なくとも技術的なレベルでの「進歩」があったということは、ひとまずいえるように思います。

そうした状況の中で、「わが子は健康な子であってほしい」「健康で生まれてきてほしい」という素朴な願いが、本来別物であるか、少なくとも相当な距離があるはずの「健康な子でなければほしくない」「健康で生まれてこられないなら、いらない」という思いにすり替わっていく素地が醸成されているのではないか、という問題意識が私にはあります。

なお、この節で扱う「「健康な子がほしい」と「健康な子でなければいらない」の間」については、『ルポルタージュ出生前診断――生命誕生の現場に何が起きているのか？』、『いのちを選ぶ社会――出生前診断のいま』[3]を著した坂井律子氏からの示唆によるところが大きいものです。坂井氏の論考を参考にしながら、私なりの言葉であらためて考えてみたいと思います。

「健康な子がほしい」と「健康でない子はほしくない」「健康な子でなければいらない」は同じでしょうか？ 「健康な子がほしい」というのは、健康とはいいがたい状況、すなわち病気という状態がもたらされることによって、その子が、痛い思いや苦しい思いをするのであれば、そういった苦痛はできるだけ少ない方がいいということではないでしょうか。

病気によってもたらされる身体的苦痛、ときには精神的な苦悩というものにまで親というものは思いを馳せるのかもしれませんが、それらがわが子にできるだけ起きないことを希望し、そして起きてしまったら可能な限り取り除こうとするでしょう。時には自分の命に代えてでも、わが子をそれらから解放したいと考えます。

いずれにしても、わが子の存在を前提にしています。わが子がそこにいることを前提にしているということです。苦痛を最小限にしたいと願う親の、あるいは親というものになってみようと思っている人の気持ちは、わが子がそこにいることそのものを否定しているわけではありません。

それに対して、「健康でない子はほしくない」「健康な子でなければいらない」は、わが子がそこにいることになる前に、それを阻止ないし回避しようとするものです。そこにいることを前提にした痛みや苦しみはイヤ、できれば最小限にという願いを、単純に横滑り的に、その願いがかなわないならわが子としてそこにいることもイヤ、に結びつけてしまうのは、あまりにも乱暴すぎないでしょうか。

「健康な子がほしい」は「健康な子でなければいらない」に直結するものではありません。むしろ、両者の間には相当な距離があると考えなければならないでしょう。

## 「安心」幻想の拡大再生産

前述の通り、日本の現状においては、出生前診断を受ける妊婦は全体から見ればほんのわずかです。健康な子がほしいと素朴に願っていたとしても、中絶という手段を使ってでも健康でない子の出生を回避しようとまで思う妊婦やカップルは、あくまでも少数派ということです。

しかし、出生前診断の技術が「進歩」し続けることによって、そうした現状が維持されるとは限りません。羊水検査の年間約二万件にしても、その前の調査報告では約一万件だったことを考えれば[4]、漸増傾向は容易に見て取ることができます。そのような中でのＮＩＰＴの登場でした。

必ずしもＮＩＰＴに限ったことではありませんが、出生前診断をめぐって「安心」が強調されることがあります。強調される「安心」の合わせ鏡の一方には、暗示された「不安」が映し出されます。出生前診断を受けないで産む「不安」が大映しになっているかもしれません。

実際に出生前診断を受けた後、染色体異常など、胎児に何らかの病気が見つかる確率は必ずしも高くありません。ほとんどの妊婦は胎児異常を指摘されず、「安心」を手に入れます。ただし、それは結果的に手に入れた「安心」です。

「安心」できない結果が出ていたかもしれないということは、幸か不幸か多くの場合忘れ去られます。出生前診断を受けたからこそ「安心」して妊娠期間をすごし、「安心」して出産することができた。こんな思考回路ができあがっていきます。本当は、出生前診断を受けたことと「安心」はストレートには結びついてはいないのです。「安心」幻想といってもいいかもしれません。ごくわずかではありますが、「安心」できない結果を得ている妊婦は存在しているわけですから……。

漸増する羊水検査件数は、出生前診断を受けたから「安心」して出産できたという経験を語る声だけが大きくなっていくことを示唆していると思います。

「羊水検査を受けて私は安心してお産ができたから、あなたも受けた方がいいわよ」
「そうね。でもお腹に針を刺すんでしょう」

そんな会話が、今後NIPTが一般的になっていくとしたら、こんなふうに変わっていくかもしれません。

「NIPTを受けて私は安心してお産ができたから、あなたも受けた方がいいわよ」
「そうね。採血だけですむんですものね」

## 映画『ガタカ』が描く世界

本章の冒頭では推理小説を紹介しました。ここでは映画を紹介したいと思います。やはり近未来を描いた作品で、分類するならSFミステリーというジャンルになるようです。一九九七年に公開されたアメリカ映画で、日本語では『ガタカ』という題名がついています。英語の原題は『GATTACA』と表記されます。

ガタカは、宇宙開発を行う民間の組織という設定です。ガタカのスペルを見て、すでにお気づきの読者もいるかもしれません。そう、A、C、G、Tは、DNAを構成する塩基の四種類（アデニン、シトシン、グアニン、チミン）です。

SF、すなわち科学ネタをベースにした空想物ではありますが、ストーリーの中では主人公の上司が殺されるという推理小説的要素もあって、ミステリー仕立てになっています。ネタバレになると困るので、肝心な内容についての言及は差し控えておきましょう。ぜひ見ていただきたいのは、この映画の背景設定です。

主人公は、愛し合う夫婦の最初の子どもとして「普通」に生まれてきます。しかし、映画の舞台となっている近未来では、それは「普通」の生まれ方ではありません。なぜなら、体外で受精させた受精卵（胚）をお腹に戻す前に診断することが、むしろ「普通」になっている時代だからです。病気に結びつくような遺伝子変異のある受精卵は、あらかじめ取り除かれるのです。

映画『ガタカ』には出産の場面があります。陣痛に耐えて主人公を産む母親。見守る夫。取り上げる助産師（と思われる医療者）。助産師は、生まれたての赤ん坊のかかとから慣れた手つきでわずかに血をとり、その場でできる検査をします。検査結果はすぐに出て、それを助産師が夫婦に告げます。「○○の可能性○○%、○○の可能性○○%、○○の可能性○○%」と。そして最後、一瞬ためらった後に「心臓病の可能性九九%」と言います。通常の業務の一部とはいえ、さすがに「九九%」という数字にはベテランの助産師もたじろいだのでしょうか。

心臓病を抱え病弱な主人公は、幼稚園からも追い出されてしまいます。受精卵の段階で一定のチェックを受け、その時代としては「普通」に生まれてきた弟にも追い抜かれます。それでも主人公は、どうしても宇宙飛行士になるという夢を捨てきれません。そこから本格的に物語は始まるのですが、このへんにしておきましょう。

病気に結びつくような遺伝子変異のある受精卵を取り除き、そうでないものを選んでお腹に戻す技術は現在でも使われています。着床前診断、あるいは受精卵診断とよばれています。日本では現在、生まれてきても長くは生きられないような非常に重い病気の場合にしか、この方法を使うことはできません。

『ガタカ』が描く近未来では、この着床前診断が、必ずしも重い病気とはいえない場合でも、もっというなら病気ですらない子どもの特徴を選ぶ場合にも、ごく「普通」に行われているのです。

『ガタカ』が描く世界は、そこまで来ているのでしょうか？　みなさんは、それを望むでしょうか？　そして私たちは、先に紹介した『ifの迷宮』さながらのプレママ友トークをするようになるのでしょうか？

## *4*　おわりに

出生前診断や選択的中絶は、その対象になっている病気や障害をもつ人への差別になるからいけない、といわれることがあります。たしかに、病気や障害を理由に産まない選択をするということ（選択的中絶）は、それらをもつ人にとっては存在否定というメッセージになります。「生まれてこない方がよかった命」「生まれてくるべきではなかった存在」というレッテルやスティグマにつながります。

出生前診断という医療技術の存在がはらむ問題は、はたしてそれだけでしょうか？　出生前診断は、病気や障害をもつ人だけを傷つけているのでしょうか？　私は、それだけではないと思います。むしろ、それだけではないところにこそ、出生前診断の問題の核心が潜んでいるように思うのです。

私は、出生前診断は、私たちみんなを傷つけるから、だからこそ慎重にならなければならないのだと考えます。それは、私たちがいつ病気や障害をもつことになるかわからないのだから、という意味ではありません。それも否定はしませんが、とりあえず非障害者、裏を返せばいわゆる健常者とよばれている私たちと、障害者とよばれる存在は連続線上にあるのだから、というだけではないということです。

私たちは、病気や障害のある存在も含め、人間の多様性というものを曲がりなりにも受け止め、引き受け、そして折り合いをつけてきました。多様性に対する耐性のようなものをもっている、とでもいえばいいでしょうか。普段は自分でも気づいていないような潜在的な耐性が、時と場合によって発揮されることもあるかもしれません。障害児といわれる子どもがわが子として登場したような局面です。

多様性というのは、ときにやっかいです。個人レベルでは生活するうえでの、集団レベルでは社会を構成するにあたっての、ある種の困難や負担になることもあるかもしれません。しかし、人間にはそれらに対して知恵を絞り、工夫を重ねて、多様性を簡単には排除・排斥しない方向を模索してきました。多様性を受容・許容する、といういい方は、私には少々おこがましい表現に感じられます。多様性を簡単には排除・排斥しない、といういい方の方が、むしろしっくりきます。いずれにしても出生前診断は、私たちみんなが少しずつもっている、多様性を簡単には排除・排斥しない力への挑戦のような気がしてならないのです。

本格的な少子高齢社会を迎え、病いやら老いやらといった、ある意味やっかいなものとの共存が社会的な課題となっています。出生前診断との向き合い方は、病気や障害をもった子どもを産む選択、産まない選択、それを含めて出生前診断を受ける選択、受けない選択にとどまらない深遠な問題を私たちに突きつけていると思います。

# コラム5　誕生のインファンティア

●西平　直

「産む／産まない」は大問題です。しかしどちらも産む側の論理です。「生まれる者」の視点ではありません。では「生まれてくる側」から見たらどうなるか。無論「生まれてくる者」はまだいません。「中絶される者」はもう来ません。しかし「当事者」です。その当事者から見たらどうなるか。その声に耳を傾けてみたいのです。

私は子どもの頃「自分が生まれてこないこともありえた」という思いにとり憑かれることがありました。学生たちも時々同様の体験を報告してくれます。「自分が生まれてこない自分の家族」を想像したり、「自分がいなくても世界が今と変わらずにまわっている」と考えてみたり。ある学生は、母親の流産の経験を聞いたときの思いを書いてくれました。「もしその子が生まれていたら私は生まれなかった。その子が生まれなかったおかげで自分に生まれる機会が来た」。そう考えると、申し訳ないけど、その子の死を心の底から悲しめない。「その子の死を心の底から悲しめないのは残酷なことなのかと悩んでしまった」と言うのです。

私たちは、みな、かつて、胎児でした。「流れて」しまう可能性がありました。「中絶される」危険もありました。生まれてこない可能性があったのです。まして父と母が出会わなければ、生まれる可能性すらないまま、時は流れ続けていたはずなのです。胎児よりももっと前。「生まれてくる可能性」と「生まれてこない可能性」とが分かれてしまう前。在るかもしれない、ないかもしれない、そのどちらもが同じ重さのまま溶け合っていた透明な時間。

その地平を鈴木大拙は（江戸期の禅僧・盤珪《ばんけい》に倣って）「不生《ふしょう》」とよびました。不生は「不死」ではありません。生まれてこないのですから死ぬことはありません。生まれる前」とも違います。「私」が生まれると決まったわけではないのです。そうではなくて、この「私」が「生まれてこなかったかもしれない」地平、「一度も存在することのない」可能性を含んだ地平なのです。

その地平に、そっと、降り立つこと。「私」を生じさせないように静かにそっと佇むこと。聴こえてくる「かすか細い」声に耳を澄ますこと。「私」が「まったく存在することのない」地平で耳を澄ませるときに、ほのかに聴こえてくる「かすかな」声(1)。

「産む／産まない」の議論も時々そうした「声」の前で立ち止まるのがよいのではないかと思っているのです。

# 第3章　近代日本社会と子どもの命
## ――子返しの習俗と規範の形成

●太田素子

### *1*　日本の人口革命――その二つの波

近代化に伴って、まず死亡率が低下し始め、ついで出生率が減少傾向を表し両者が低い水準で均衡を保つように変化する過程、つまり多産多死社会から少産少死社会へ移行する過程を人口革命（あるいは人口転換）とよびます。ごく一般的にいって、死亡率の低下は人々に長寿への期待を膨らませ、現世における充実した人生や幸福追求への意欲を励ますでしょう。また、乳幼児死亡率の低下とその後に起こる出生率の低下は、子どもの命は失われやすいものという伝統社会の子ども観を払拭し、少なく産んだ子どもの将来を見据えながら丁寧に子どもを育てる意欲を励ますと考えられます。実際にそうであったかどうか、人々の生活意識の変容はそれほど単純に進むものではないとしても、人口革命が私たちの人生観や家族関係に与えた影響は計りしれないものがあります。

人口革命の始まりの時期を確定することは人口史家の間でも簡単なことではないようです。西ヨーロッパの国々では一八世紀後半から一九世紀はじめにかけて死亡率の下がり始めた時期を人口革命の始期ととらえる説が多く、例えばイギリスでは、一七五〇年頃から死亡率が下がり始め約二〇〇年かけて人口革命が完結したといわれます。

日本の場合、人口革命の始期を一九一〇～二〇年代に求め、一九六〇～七〇年代に完結したと見るのが通説でしょう。しかし、筆者は江戸時代後半の死亡率の改善と一時的な釣鐘型の人口構造の出現を近代化への序走の始まり、二〇世紀日本の本格的な人口革命の前史と位置づけてよいのではないかと考えています[1]。人口史家ではないので素人の見通しにすぎないのですが、最近アメリカで、一七世紀から二〇世紀までを日本の人口革命の長いプロセスと見なす大胆な著作が発表されています。

F・ドリクスラーの *Mabiki: Infanticide and population growth in Eastern Japan, 1660-1950* は、四〇〇頁以上の力作です。彼は、「間引き」（筆者はこの習俗を「子返し」と表記していますが、引用文献に合わせます[2]）を日本の生殖文化を代表する行為と見なして、間引きと堕胎をあまり区別せずに、「出生制限の歴史」としてとらえようとしています。また、日本の人口史研究が村ごとに密度の高い実証を重ねて全国的な状況を推計するのに対して、彼は東日本という広い地域を俯瞰《ふかん》して見えてくる特徴を浮き出させようとします。そして、日本の人口転換を一七世紀はじめから二〇世紀にわたる長いスパンでとらえようとしているのです。

ドリクスラーの分析の基礎にあるのは、一六六〇年から一八七〇年までの、日本の東半分一〇の地域の、三三〇〇人の人口記録の統計的な分析です。彼は、一年限りの宗門改帳（世帯ごとに檀那寺を調べて家族構成を書き上げた調書で、村役人が作成した）の史料でも多くの事例を集積すれば全体的な動向を把握できるとして膨大なデータを作成し、それを駆使して一七世紀後半には合計特殊出生率が五以上あったのに、一八世紀には約三・五へと、突然下降していると指摘します。また、およそ一〇〇〇万の嬰児殺し（あるいは堕胎）が一六六〇年から一八七〇年の間に行われたに違いないと推計しています。

## ドリクスラー説から見えてきたもの

筆者は嬰児殺しの量の推定にはあまり積極的な意味を見出しません。そうした留保をつけたうえで、彼の描いた全体的な見通し――一八世紀に差しかかる頃に人口抑制が始まり、幕末から二〇世紀はじめまでの近代的な人口増加の陰で、全体としての人口増加にもかかわらず出生制限の習俗は生き残り続けた――は、文書史料を扱う筆者の見通しにも近いと考えています。

日本の人口史家からは、この研究の目的や手法についていくつかの疑問が出されているようです。ただ、このドリクスラーの研究によって、日本人は生殖行動という人間の自然に対して、一八世紀はじめからすでに何らかのコントロールを効かせるような自律性を身につけていたこと、その手段として子返し（間引き）という近代の感覚から見れば違和感のある習俗を保持していたこと、古い習俗によりながら近代的な人口転換の助走が江戸時代に自生的に出現し、本格的には一九二〇年代に近代的な手段（避妊技術）を伴う人口転換が出発することなど、日本人の人口行動について大きな見通しをもちやすくなったことは確かです。彼の提起したマクロな物語をめぐって、今後さらに実証的な検証が蓄積されることを期待しています。

さて、このようにドリクスラーの議論は日本人の人口行動を理解するうえで手がかりとなりますが、筆者の立場からはあらためて人口学と心性史（日常生活意識の歴史的な研究）の課題の違いを再認識させられたことに触れなければなりません。筆者の子返し研究の大きな課題の一つは、子どもの人権と生命に対する近代的な感覚がどのように生まれてくるかを、この習俗の研究を通じて明らかにするところにありました。人々が嬰児殺しを罪と意識し始め、生まれる前の堕胎を選んだり、避妊を指導してくれる村落の医者を伝説的な英雄にしたり、より罪の意識を免れる方法を出生制限に求めたのです。子返しという習俗は、戦争や行き倒れが珍しくなかったであろう死と隣合わせの中世社会では、それほど残酷な行為と意識されていなかった可能性があります。しかし殺生の罪が繰り返し説かれ、乳幼児死亡率の改善が見られた近世社会においては、「明かりを見」た新生児や月満ちて産まれる寸前の胎児もこれを殺すことは罪と意識され始めたのです。[3] そのような殺生の罪の規範化の過程を探ろうとすると、嬰児殺しと堕胎を区別しないで間引きの習俗として一括するドリクスラーの研究方法では課題そのものが見えてこないと考えています。

なお筆者の子返し研究には、もう一つ大きな課題がありました。それはこの習俗の動機研究です。一九二〇年代に始まり一九七〇年代に至って国民全階層に広がりをもった「産児制限」「家族計画」は、子どもを高等教育まで受けさせるには三人が限度というような「教育的マルサス主義」を特徴としていたと考えられます。それに対して、一八世紀に始まり二〇世紀初頭まで続いた子返しの習俗は、子育ての「手間と費え」（教諭書『子孫繁昌手引草』の言葉）を避けたいと願う、家計の経済的な理由からくる出生制限です。[4] このような出生制限の動機研究は、子どもの生命を考える視点と深い内在的な関係もありますが、その点は後で触れたいと思います。

## 2 「一回限りの生」――命に対するまなざしの変容

## 選別される命

民俗学者の鈴木由利子は、『日本産育習俗資料集成』および『日本民俗地図』の子どもの死後の取り扱いに関する事例（子どもの葬法七二例、堕胎・間引きの処置四八例）に基づいて、死後の子どもの葬法は、育てようと考えていた子どもかどうか、胎児の場合にはすでに人型になっていたかどうかによってその方法に差ができると指摘しています。そして間引きや堕胎された子どもについては、子どもとして認識されず胞衣《えな》（胎盤のこと、始末の方法が悪いと祟りがあると恐れられたという）の扱いと同等にする方がある意味自然だったと指摘しています。[5]

このように育てようとするか否か、子どもと認識するか否かの区別があったことは、筆者が見た近世文書でも同じでした。「農家にてハ小児三人の外ハ出生いたし候ても不育筈の事と相心得、妊身之内わざと流産いたすものも有、又ハ出産之砌殺す族も有之」（「農家では三人までしか育てるべきでないと考え、わざと人工中絶した」の意。下総、平山忠兵衛「乍恐以書付奉願上候」〔養育費献納願〕天保六年五月）、「一家男二人女一人許りの子を挙ぐるを程度となす」、あらかじめ性を指定して「穏婆に嘱託するを常とす」（「一家で男児二人女児一人産むことをよしとし、出生児の性別を見て産婆に子返しを頼んだ」。『高知慈善協会沿革誌』大正五年）[6]等など。二、三人なのか、一、二人なのかは地域によって違いますが、育てる子どもの数も、時には出生間隔も制限したいという表現が近世農村文書に多数出現しています。

鈴木は、育てようとする子どもだけが人々にとって「子ども」だったのであり、育てないと決めた妊娠と胎児は子どもと見なすことがなかったと説明しています。このような民衆の出生制限への意識は、近代の人権感覚を身につけたものからはひどく残虐、あるいは野蛮な感覚と感じられます。しかし、これが古代の蛭子《ヒルコ》の物語（古事記の国生み神話、障害児だったため葦の舟に乗せて流された）であれば、あるいはアテネ市民の赤子の生命の選別の伝承であれば、野蛮な時代の習俗として受け入れることに抵抗はないのでしょう。弱い子ならアポテナイの淵に落とすというアテネの習俗は、古代の文明都市アテネの長老たちの覚悟・「知恵」として受け止められる傾向すらあるかもしれません。

日本の民俗世界における赤子の生命に対する感覚も、地域と時代によってさまざまな変容があったと推察されます。いつ頃、どのような地域階層で、どのような様相をたどりながら変化するのか、その全容はまだ解明されていません。しかしその道程こそ「人類の多年にわたる努力」（日本国憲法）の積み重ねによる人権という規範成立過程の大切な一部分なのです。民俗学者の仕事は、二〇世紀前半に地方民衆に受け継がれた習俗の残滓を可視化したと考えられます。一方、文書からは香月牛山が障害児を育てるか否かを親の判断次第と記していることや、松尾芭蕉が捨て子を助けなかったしそのことを隠しもしなかった人生観などから考えて、一八世紀はじめには、文化人ですらまだ生命の選別を必要な覚悟、やむをえない選択と考えていたと見てよいのです(7)。

塚本学は「生類哀れみ令」の果たした役割を、文治政治の手段と見なす政治史的な見方以上に、「殺生の罪」の規範化という歴史的な役割を評価しました(8)。村落の「五人組書上帳」には「殺生」について書き上げる項目があり、村単位で殺生を行っていないと役所に報告しています。統治の中で殺生をこれだけ徹底して禁じたことが、仏教のヒューマニズムを社会に浸透させ、二六〇年続いた平和な時代をつくり上げることに寄与したことは認められるでしょう。各藩の嬰児殺し・堕胎防止策は近世後期の人口減少の時代に本格的に展開されますが、規範として捨子や嬰児殺しの禁令が登場するのは元禄時代一八世紀はじめからで、そのような禁令が民間の人々の心理に、赤子や胎児の生存権に対する考慮を浸透させる契機となったであろうことは疑えません。

例えば土佐藩のはじめての嬰児殺禁令は、一七五九（宝暦九）年、双子、三つ子を産所で殺す習俗を批判したもので、藩儒谷秦山の思想に影響を受けたものと考えられますが、禁令はすぐに城下町の棒手振層、最下層の商人の狂歌の中にも影響を残しています。

「五台山道はたの地蔵子供かゑしけるに　道はたの地蔵をかゑす子供らにおんかゝさんもいけんめされよ」(9)

表面上の意味は、「子どもたちが道端の地蔵をひっくり返して遊んでいる、お母さんたちも放っておかずに注意をなさい」というものです。が、地蔵は水子や返した子どもの供養のためにもしばしば建てられたもの。「子どもたちのいたずらを、みずから〝子返し〟しているお母さんたち、注意できますか？」とでもいうようなブラック・ユーモアが込められているのでしょう。

一八八〇（明治一三）年、刑法堕胎罪が制定され（明治一五年施行、四〇年改正）、堕胎は犯罪として処罰の対象となりました。しかし次節で触れるように、嬰児殺しや堕胎そのものは地域によっては明治末期まで存続しました。この習俗の消失には、二〇〇年以上を要しています。こうした習俗は、禁令によってすぐに影響を受ける側面と、また復活したり引き継がれたりしながら人々の価値観が変わって消失していく側面とがあるようです。

## 七歳までの子ども

ところで、鈴木由利子の指摘の中に、子どもの生命を考えるにあたって、興味深い指摘がもう一点あります。鈴木は柳田國男や大藤ゆきを引いて「子どもは神からの授かりものであるから、不要な子は神にカエス・モドスといって人間界に生まれる前の霊界に戻す」と間引きの習俗が考えられていたこと、また坪井洋文ほかの子どもの葬法に関する研究から幼い子どもの魂は身体を離れやすく、また容易に再生すると考えられていたこと、両者が融合して千葉徳爾《とくじ》・大津忠男『間引きと水子』の子どもの魂はこの世とあの世の境界で浮遊する存在で再生もしやすいと考えられていた、という指摘になったのではないかと述べています[10]。筆者は千葉徳爾らの先行研究に触発されて子返しの研究に従事し始め、「七歳までは神」という柳田の言葉を使ってご批判をいただいたことがありますが、文書資料の範囲で、この「失われやすい」という子どもの生命や再生に関わる観念が、一九世紀には変容の過程にあったのではないかと解釈できる文言をいくつか見出しています。

例えば辰野近郊の豪農日記（『高関堂日記』天保年間）では、生後一日で亡くなった水子はその日のうちに川辺で読経なしに火葬され、一年半生きた女児は大人と同様の葬送が執り行われていました。水子の場合「斎の気持」と記されていたことが印象深く、不浄を恐れる気持があった一方、一年半でもともに生きた幼児には人間としての儀礼を欠かさなかったわけですから、七歳までは簡略にするという慣習がこの時点、この地域では生きていたわけでもなかったのです[11]。

一方、土佐下級武士日記（『燧袋《ひうちぶくろ》』文化年間）では、数え四歳の子どもの死に際して、「鳥同然」に扱う土地の葬送習俗に従わないと「殊更めき」「恩愛に迷える」（おおげさで子どもへの執着に迷っている）ように見えるのが気になるが、自分は宗門改の担当役人であり、寺から疑念をかけられると困るので戒名だけ受け取ったという記録がありました。幼児との死別には「恩愛に迷」ってはいけないという規範があったようです。その一九年後この日記には長男の死を嘆きまさに「恩愛に迷える」記述があります。また、七歳まで生育儀礼を続けて、七歳を子ども期の一つの区切りとする習俗（「上り立ち上げ」）が見えており、伝統的な子ども観の残滓と見ることができます。七歳までを区切りとする儀礼慣行が失われやすい命という感覚とつながりがあるかどうかは確認できませんが、一方で子どもの死に際して「なぜうちの子だけが」と感じる愛着のまなざしは明らかに確認できるのです[12]。

「再生」を巡る意識も、変容の過程であった可能性があります。例えば、嬰児殺しの習俗を批判し、農家の子育てについて啓蒙的な著作を著した下総国松沢村（現在の旭市内）の国学者宮負定雄は、晩年『奇談雑史』『野夫拾遺物語』（一八五六年〜）という民間伝承をまとめています。その中には少数ですが夭逝した子どもの再生譚が収録されており、再生信仰が民衆の間に伝承されていたこと、彼の再生譚への関心がうかがわれます。

## 遠野地方の供養絵額

もう一つ、このような伝統的な霊魂観を考える事例として、かねてから不思議な印象を受けていた遠野地方の絵馬を紹介しておきましょう。たまたま訪れた遠野市の市立博物館で、この地方に残された「供養絵額」の展示を見る機会があり、一九世紀半ばから末（弘化二年〜明治二九年）にかけてこの地方の神社仏閣に奉納された一四七の絵額を見て仰天したことがあります。通常の絵馬は現世のご利益を願って奉納されるものです。子どもに関わっていえば、疱瘡平癒やお乳の出を願うなど。ところがこれらの「供養絵

供養絵額（善明寺蔵）

供養絵額（柳玄寺蔵）

額」は、死んだ家人や早逝した子どもの供養のためにつくられ、彼らを「明るく華美なまでの装飾で描」いている肖像画や一家団欒図なのです[13]（図版）。

そこに描かれている母子、父子の図像は、幼い子どもの遊びを助けたり優しく見守ったりする愛情に満ちた様子で描かれ、大人は読書や縫い物など趣味三昧、豪華な酒肴とともに描かれる図が少なくありません。そこにはあの世が楽しい場所でありますように、亡くなった家族が親しい人と幸せに暮らしていますようにという、残された家族の願いが想像力豊かに描き出されているのです。

死後の家族への愛情や執着がこれほど描き込まれているというのは、どのような文化の脈絡に由来するのでしょうか。家族への愛情や執着とともに、この来世観も独特です。近世の日本人をとらえていた祖先信仰は――今日でも年配者にはこの祖先信仰はまだ生き残っていると考えられますが――多くの宗教や信仰を習合してつくり上げられており、「死霊は個性を失い、祖霊という集合霊に融合・帰一する。祖霊は村を見下ろす丘の上や天空にあって、子孫の暮らし向きを見守る」と考えられていたといいます[14]。供養絵額の死者たちは、この姿も個性もない集合霊としての祖先とはおよそかけ離れた、個性も姿形も現世そのまま来世に引っ越したような想定です。想定、というよりは願望なのでしょうけれども、この世の生活をあの世に移動させただけのような世俗的な来世観は、人々の現世に対する愛着を感じさせます。

かつて波平恵美子は、伝統社会では再生信仰が家意識と結びつくことで、命の連鎖の中に自分の生を位置づけるような民衆社会の生命観が生まれていたと指摘しています。そのうえで、「一回限りの命」という近代的な生命観が、命の連鎖の中に自分の生を位置づけるような庶民の生命観を凌駕するプロセスは、長い時間をかけながら進行したと指摘しています[15]。この議論の文脈で考えるなら、「供養絵額」の世界観は来世を想像する点ではまだ伝統的なものの、現世の生活に執着するという内実においては近代的な生命観の一歩手前まで来ていると見ることができます。

## 3 近世の出生制限と近代家族の「家族計画」

### つくるものとしての子どもと「家族計画」

「家族計画」という言葉は、一九五〇年代から六〇年代にかけて、妊娠中絶から女性の身体を守り、また合理的・計画的な生活態度を貫くために国民に向けて勧められた受胎調節を指す言葉でした。「家族計画」運動は、当初国策として取り入れられ、これによって七〇年代以降「少なく産んでよく育てる」「子どもに高等教育を受けさせるには三人まで」といった子ども数の制限と意図的な受胎調節が国民全体に急速に広がったのです。

このような家族構成を計画的に調節しようとする意識は、大正時代の産児制限運動をルーツの一つとしています。マーガレット・サンガー夫人の来日を契機に広がりを見せた産児制限運動は、女性の自己実現と健康、子どもへの集約的な教育を求める新中間層の女性に支持され、新中間層の広がりとともに少ない子どもを丁寧に育てる核家族、「教育家族」を広げていきました。この階層は大雑把に見て、一九一〇年前後で都市の一、二割、一九五〇年代で全国民の約半数、一九七〇年代で国民の六、七割と考えられます。[16]

大正時代、早い時期に受胎調節の必要を主張した平塚らいてふは、

「私どもは、今日なお教育ある人人からさえ子どもは授かりもので、これぱかりはどうすることも出来ないと云うようなことを聞きます。この考えは余程深く人の心にしみこんでいるものと見えて、一般はなお無制限の多産について、自らは何の責任も感じていません」(「避妊の可否を論ず」一九一四年)

「なんらの欲望も意味もない子供を造ることは自分に対しても子どもに対しても罪悪であり無責任」(「個人としての生活と性としての生活との間の闘争について」一九一五年。いずれも著作集第一巻)

と、子どもを迎える女性の精神的な条件や子育てへの積極的な見通しの必要を問題にしています。このように、親が条件の整った時期に子どもという生命を「つくる」という意識は、おそらく生まれてきた子どもに対しても、その将来まで計画したくなる濃密な親子関係になりやすいのでしょう。らいてふ自身は、そのような子育てを意識的に批判し、子ども自身が伸びていくことを邪魔しないよう説く論説もあります。しかし、同時代には濃密な関わりで子どもに英才教育を施し、平気で育児を「成功、失敗」のカテゴリーで論じる著作も書かれ始めました。のち一九七〇年代に広く国民全体をとらえる少産少子時代の英才主義の子育てが、大正期には都市の二、三割の人々の生活意識になり始めたのです。

しかしこの時代、国民の過半が暮らす農村では、まだ近世社会と地続きの生活世界が広がっています。

## 長塚節『土』の世界

学生時代にはじめて長塚節の『土』を手にとったとき、そこに描き出された世界がまるで民俗学者から聞いた話のようだと思いました。しかしじつは順序が逆で、長塚節が『東京朝日新聞』に『土』を連載したのは一九一〇（明治四三）年六月から一一月、まだ柳田國男が郷土研究会（一九〇八〔明治四一〕年一月）を始めたばかりの頃で、民俗学の本格的な発展は十数年後のことになります。

『土』は、農婦品の堕胎による非業の死から物語が書き起こされます。

茨城県結城郡岡田村国生（現、八千代市内）を舞台としたと推察される鬼怒川べりの農村生活をリアルに映し出した労作です。長塚の「写生主義」は自然主義文学の影響下に出発したのですが、アララギ派の歌人として正岡子規の「実景を詠め」という指導に忠実だったといわれます。長塚は「写生文をつくれ」の中で次のように述べています。

「作者が面白いと心に感じて書くと……何処となく何処となく面白かったろうといふ感じが浮かんで、読者の心を動かす」

写実の中で書き手の感動が読み手に伝わり感動を誘うという長塚の「写生文」がもつ「リアリズム」が、後述するように小作家族の堕胎をめぐる事情をよく写し取っています。また筆者は彼の「地主的家父長的」と指摘されてきた思想的な立ち位置にも興味をひかれます。『土』の中でも「南の奥さん」や「旦那」など地主やその親族が主人公の貧農勘次に見せる配慮は、近世社会の共同体的な村落経営の文化を引き継ぐものです。すでに近世農村の共同体的な制度基盤は失われているのに、かつての人間的な交流を維持したい、『土』には長塚のそうした人間観が投影されています。『東京朝日新聞』の連載の契機をつくった夏目漱石は、小作を多数もつ地主の家に生まれた長塚は『土』の中に「彼等の下卑で、淺薄で、迷信が強くて、無邪氣で、狡猾で、無欲で、強欲……」な姿を「一から十迄誠實に」描いた、これは「長塚君以外に何人も手を著けられ得ない、……誰も及ばない」[17]と述べています。近代化の中で長塚家は没落していきますが、地盤沈下する農村と小作農民の家族生活は、近代社会の中で歪み軋みながら敗戦後まで続いた日本農村の民衆家族の姿といっていいでしょう。

そのように考えたとき、あらためて『土』に描かれた家族生活と堕胎の記録は重要な意味をもちます。ここでは詳細に分析する紙幅はありませんが、祭りや夜這いがとりもつ若者たちの結婚の習俗、小さな家屋の中での竈分け、舅の出稼ぎと主人公勘次の出稼ぎ、そして母親を失ったのちに一五歳の長女次が二歳の弟与吉の世話をする様子には、母親の育て方を見て柔らかい関わり方を身につけている様子が伝わり、民衆の育児力を感じます。

この堕胎の記録については、小枝を使った伝統的な習俗だという指摘があります。じつは手段のみでなく、その動機についても、近世農村の習俗と比較が可能な程度に共通性をもっています。

品は一九歳で長女次を出産、翌年も懐妊したが品の母親（勘次には姑）が執行して堕胎しました。「極度」の「窮迫」だったからとされます。その後十年余、品は懐妊しませんでした。長女次が一三歳のとき、長男与吉が生まれました。次が十分子守できたので、夫婦は全力で仕事ができています。そして与吉が幼児になり、そろそろ次を奉公に出して現金収入を期待しようと考えている矢先に品はまた懐妊しました。

次の奉公をやめるか母親品の労働を制限するか、夫婦は迷った挙句に品自身で堕胎を執行します。今回の堕胎は「貧困」といえばもちろん貧困が原因なのですが、直接には妻と娘の家計補助の女性労働と子育ての労力のせめぎ合いでした。

筆者は近世農民の子返しの習俗においても、「子供余計ニ養育仕候而ハ御百姓勤も差支」（「子供を余計に育てては農業に支障が出る」、会津藩領内養育料支給願）「子供壱人之節ハ背負、農業稼も出来候へ共、弐人ニ相成、三歳当歳共相成候而は、日々食事拵、其余之雑事、子供之仕守ニ而、農業稼迄は不行届」（子供が一人のときはおんぶして働けるが、二人になり三歳と〇歳ともなれば家事や子守で農業はできないの意。下総、上書）など、余計な(!?)子どもを養育しては農業に差し支えるとか、三歳以下の子どもが二人いたら子育てで農作業が行き届かないなど、貧困のみに解消できない家内労働力と子育ての責めぎ合い（「子不便《こふべん》」）を理由とした出生制限があったことに注目してきました[18]。農民は個人経営で作業を計画したり労働力を管理したり、極貧の小作までが経営主体として自己形成していたことは日本の文化を考えるうえでとても重要です。近世農村と『土』の世界に違いがあるとすれば農間余業の現金収入で、勘次は利根川河川工事に出稼ぎして貯蓄ができるようになっていますし、品の小商いや舅の野田醤油の夜番という出稼ぎなども農民の暮らしに定着しています。

子返しの習俗の内実や背景に、近世農村と近代の農村の差はそれほど顕著ではありませんが、罪の意識の強まりは指摘できるようです。勘次と品夫婦は、「罪なやうな心持」がして一カ月以上決心しかねていたり、「事の發覺を畏れ……一旦は能く世間の女のするやうに床の下に埋めたのをお品は更に田の端の牛《うし》胡頽子《ぐみ》の側に襤褸《ぼろ》へくるんで埋めた」と露見を恐れたりしています。堕胎が刑事上の罪となった時代の行為の重みといえるのかもしれません。

## 都市下層社会の場合

岩田重則は、一八九九年から一九一八年までの、三四地方裁判所からの報告をまとめた合計三二〇件の堕胎罪裁判記録を手がかりに、この時期の堕胎の特質を分析しています。それによると、年齢層が若いこと（二五歳までで六五％、三〇歳までが約八〇％）、「私生」児が八五・六％を占め、婚姻関係のもとに生まれた「公正」児は九％にすぎないことを指摘、「江戸時代の間引きを家族計画として把握する研究に対して、近代はそれは不可能」だと指摘しています[19]。

これらの資料の分析結果は、農村社会の分析との関係で考えても不思議ではありません。『土』のヒロイン次も一五歳で奉公に行かせられるところでした。品の死でそれはなくなりましたが、家を離れた若い女性がどのような運命に翻弄されるか想像に難くはありません。近代産業発生期は農村から都市に安価な労働力が供出された時代です。家と共同体によって守られない彼女たちが、この記録のように堕胎に巻き込まれたことも少なくなかったと考えられます。

産児制限を主張した平塚らいてふは、一方では母性保護は社会の責任であるとして、出産後五年間の母子への生活保護を主張していました。この時代の女工たちの境遇をも念頭において、「婦人と子どもが多大の犠牲を払ってまでも、経済的独立を勝ち取るために、労働に従事する必要があるとは考えられない」というのです。らいてふの中で、堕胎されかねない生命を守り、母子の生活を保障することは、大切に産んでもらい丁寧に育ててもらう子どもの権利とつながりをもっていたのです。

嬰児殺しと堕胎から受胎調節へ、人々は家族の幸福追求と生まれくる子どもの人権を熟慮し、同時保障のための解決策を長い年月をかけて探ってきたともいえます。大切なことは、抽象的・超歴史的に生命の尊厳が語られることではなく、生命を守り育てるうえで難問解決のための選択肢が、社会の役割も含めて豊かにされていくことのように思います。

## コラム6 生殖補助医療の死角——当事者の視点から

●加藤英明

これまで精子提供、卵子提供の賛否は治療を受けるカップルの視線からおもに議論されてきました。しかし最大の当事者はそれによって生まれてくる子どもです。通常の医療契約とは異なり子ども自身は医療契約に同意しておらず、もちろん治療内容を選ぶことはできません。終戦直後から七〇年間にわたって、匿名提供精子による人工授精（AID／DI）は、生まれた子どもが納得できるとはいえない形態で続けられてきました。

最大の問題点は、治療の事実が両親によって秘密にされてしまうことです。提供者を確保し両親の秘密を守るため子どもには事実を伝えないのがよいこととされ、また匿名での精子提供が前提とされてきました。生まれた子どもが戸籍上、嫡出子（法律上の婚姻関係にある夫婦から生まれた子）として扱われることも事実を隠すのに都合よく働きました。その代償として子どもは自分の出自という自分にとって最も重要な情報を知ることができず、また知らされても遺伝上の親を知る方法がありません。しかし、親が秘密を隠しておくという不確実な前提には限界があります。偶発的に事実を知った子どもは事実を隠していた両親、治療を行った医師に対して対立感情をもってしまうのです[1]。

子どもの多くは、たとえ提供者がわからなくても出自の事実を知ることは有益だと考えています。両親と子どもの間に一生隠しておく秘密があることは望ましい姿ではありません。遺伝上の親がわからない子どもを人工的につくる技術である以上、最大の当事者たる子どもが（後づけであっても）少しでも納得できるように両親と医療者は努力をすることが必要です。まずできることは親子の間で秘密をつくらないこと、精子提供の事実を適切に事実告知（telling）することです。そのうえで提供者個人を知るかどうかは子どもが自分の意志で決めることです。

社会は精子提供者の登録や治療記録を管理する制度を構築する必要があります。精子は凍結すれば簡単に保管できるため、登録されない営利業者や海外での精子取引も可能です。登録施設であっても精子提供者の情報管理は個々の施設基準に任されています。第三者の提供による不妊治療は血縁に基づかない新しい家族をつくる技術だということを再認識し、その実施には生まれてくる子どもの視点が必要だと考えます。

# 第4章　血がつながらない子どもの親になる
## ——特別養子縁組による親子の形

●冨田庸子

### 1　「産むこと」と「育てること」

日本ではいま、六組に一組の夫婦が不妊に悩み、年間三二万件を超える体外受精が行われています。体外に取り出した卵子に極細のガラス針を刺して精子一匹だけを入れる顕微授精、夫婦以外の第三者からの精子や卵子の提供……、「治療」はますます高度に、複雑になっています（第1章参照）。一方で、人工妊娠中絶は年間約一八万件と出生数の二割近くにも上り、六人に一人の赤ちゃんが命の萌芽を絶たれる現状は「日本人の死因第三位」とさえいわれます。乳児院や児童養護施設では三万人を超える子どもたちが暮らしています。児童虐待の相談対応件数は増える一方で年間およそ九万件、加害者として最も多いのはその子を産んだ母親です。

子どもを産み、育てることは、人間のごく自然な営みのはず……。そして私たちは通常、「産むこと」

と「育てること」とをつなげて考えます。けれども、「育てられないならば産むべきではない」「子どもは産みの親が育てるべきだ」——こうした考え方が、予期しない妊娠の責任をとる方法として命を守ることよりも中絶を選ばせ、三週間に一人の赤ちゃんが生まれてすぐに産みの親に殺され、子ども時代のすべてを施設に預けられたままですごす子どもたちがいる、という現実の背景にあるのだとしたら……。

「産むこと」と「育てること」とのバランスが、いま、大きく崩れているのではないでしょうか。このつながりをもう少し緩やかに考え直してみれば、子どもも大人も、もっと幸せになれるかもしれません。

本章では、血のつながりのない子どもを迎えて親になる道——「特別養子縁組」について述べます。

## *2* 特別養子縁組

養子縁組は、親子ではない者同士を法律で親子にする制度です。日本には、**表4—1**に示すように、特別養子と普通養子という二つの養子縁組制度があります。

あなたは、養子縁組にどんなイメージをもっていますか。「婿養子」「跡継ぎ」「相続税対策」「子連れ再婚」……こんなイメージが強いかもしれません。日本では、じつは毎年八万件前後の養子縁組が行われているのですが、そのほとんどがこうした「家のため」「親のため」の、普通養子縁組によるものです。普通養子縁組では、縁組の目的に決まりはありません。未成年者を養子にするのでなければ、養親と養子が縁組に合意し縁組届を提出するだけで法律上の親子になれます。養親は成年であればよく、養子になる「子ども」は養親より年下であればよいので、例えば九〇歳と八九歳でも親子になることができます。縁組が成立しても産みの親側との法的な親族関係は継続するため、養子は産みの親と養親という二種類の親

表 4-1　特別養子縁組と普通養子縁組の主な違い

| | 特別養子縁組 | 普通養子縁組 |
|---|---|---|
| 目的 | 子の福祉のため | 特に定められていない |
| 成立 | 家庭裁判所の審判，産みの親の同意[1] | 養親と養子（15 歳未満の場合は親権者など）の合意[2] |
| 育て親になれる人 | 成年の夫婦で一方が 25 歳以上 | 成年 |
| 子どもの年齢 | 6 歳未満[3] | 養親より年下 |
| 試験養育期間 | 6 カ月以上 | なし |
| 産みの親側との法的親族関係 | 終了 | 継続 |
| 離縁 | 原則できない[4] | できる |
| 戸籍 | 長男，長女など | 養子，養女 |

注：1）　虐待や遺棄などがある場合は不要。
2）　未成年者や直系卑属ではない場合は家庭裁判所の許可が必要。
3）　6 歳未満から育て親が養育している場合は 8 歳未満。
4）　育て親による虐待など子どもの利益が著しく害され，かつ，産みの親が養育できる場合は認められることがある。

をもち、どちらの親との間にも相続の権利や扶養の義務があります。戸籍には養子、養女と記され、産みの親の氏名も記載されます。縁組の解消（離縁）も認められています。

一方、特別養子縁組は、何らかの事情で産みの親が育てることができない子どもと育て親との縁を結ぶ「子どものため」の制度です。普通養子縁組がさまざまな目的に利用できるのに対して、特別養子縁組は子どもの福祉が目的です。「子の利益のために特に必要がある（民法第八一七条の七）」場合にのみ、家庭裁判所の慎重な調査と審判によって縁組が成立します。産みの親の同意も必要です。育て親になることができるのは法律婚をしている成年の夫婦で、夫婦のどちらかが二五歳以上でなければなりません。子どもの側にも「六歳未満」という年齢制限があります。夫婦が育て親としてふさわしいかどうか、よい親子関係を築けるかどうかなどを確かめるために、六カ月間以上の試験養育期間が設けられ、縁組が成立すれば子どもにとっての法律上の親は育て親だけとなり、産みの親との法律上の親子関係は終了します。離縁は原則できず、特に、育て親による離縁の申し立てはいっさい認められません。戸籍の続柄欄は、一般の親子と同様に、長男、長女といった記載になります。

もともと日本の養子縁組制度には普通養子しかありませんでしたが、一九八七年の民法改正で特別養子が追加されました。家のため・親のための縁組が「普通」とよばれ、子どものための縁組が「特別」とよばれる――諸外国が国を挙げて子どものための養子縁組に取り組んできたのとは対照的です[1]。

特別養子縁組は、制度が始まった当初は普通養子から特別養子に切り替える申し立ても多く、一〇〇〇件を超える縁組が成立した年もありましたが、その後は減り、年間三〇〇～四〇〇件台にとどまってきました。しかしいま、特別養子縁組を取り巻く状況が大きく変わりつつあります。後に説明しますが、厚生労働省の舵取り、「赤ちゃん縁組」への注目、民間の縁組支援機関の増加などを背景に、二〇一四年度の縁組成立件数は五一三件に増えました。マスメディアで特別養子縁組が取り上げられることも増え、社会の関心が高まっています。それでもまだ、普通養子縁組の一％にもなりません。子どもの年齢制限や産みの親の同意確認のあり方、審判書の内容など、制度の改善を求める声も挙がっています。例えば現制度では、子どもが年齢制限を一日でもすぎていれば特別養子縁組は認められません。出産後すぐに子どもを施設に預けて一度も面会に行かない産みの親であっても「同意しない」と意思表明すれば縁組は進められません。審判書には産みの親・育て親双方の本籍や現住所が記載され、また、審判理由として子どもの出生に関わる事情をどのように書くのかは個々の裁判官に委ねられています。特別養子縁組についての理解を深め、真に「子どものため」になる制度に育てていくことが必要です。

表 4-2　里親の種類

| 区分 | | 登録里親数 | 委託里親数 | 委託児童数 |
|---|---|---|---|---|
| 養育里親 | さまざまな事情により家族と暮らせない子どもを一定期間自分の家庭で養育する。 | 7,893 世帯 | 2,905 世帯 | 3,599 人 |
| 専門里親 | 虐待，非行，障害などの理由により専門的な援助を必要とする子どもを養育する。 | 676 世帯 | 174 世帯 | 206 人 |
| 養子縁組を希望する里親 | 養子縁組によって子どもの育て親になることを希望する。 | 3,072 世帯 | 222 世帯 | 224 人 |
| 親族里親 | 産みの親が死亡，行方不明等により養育できない場合に，祖父母などの親族が養育する。 | 485 世帯 | 471 世帯 | 702 人 |
| 合計 | | 9,949 世帯 | 3,644 世帯 | 4,731 人 |

注：特別養子縁組では子どもの年齢が 6 歳未満に限られるためもあって，「養子縁組を希望する里親」に委託される割合は大変少ない。数値は厚生労働省「社会的養護の現状について（参考資料）」（平成 28 年 1 月）より。里親は重複登録あり。

## 里親との違い

民法上の制度である養子縁組とは別に、児童福祉法に基づく「里親」も、産みの親のもとで暮らせない子どもを家庭に迎えて育てる制度です。

国連の「子どもの権利条約」には、子どもが家庭で育つ権利がうたわれています。産みの親と暮らせない子どもの九割近くが乳児院や児童養護施設で育つ日本の状況は、国際的にも「国家規模の虐待」とまで厳しく批判され、厚生労働省は、施設養護から家庭養護への転換、里親委託の推進に努めてきました。

里親には、**表4―2**に示すように、養育里親（専門里親を含む）、養子縁組を希望する里親、親族里親という種類があります。このうち、養子縁組を希望する里親は、文字通り養子縁組を前提に子どもを迎え、縁組が確定すれば里親ではなくなるので、他とは区別して考える必要があります。また、親族里親は、祖父母など子どもの親族が里親になるものです。

里親制度の中心は、全体の八割を占める養育里親です。養育里親は、さまざまな事情により家族と暮らせない子どもを一定期間自分の家庭で養育する里親です。子どもが産みの親のもとへ戻るまで、あるいは一八歳まで（必要と認められる場合は二〇歳まで）、子どもを「期限つき」で育てます。里親手当や子育てにかかる費用（生活費、学校教育費、子どもの医療費など）は国から支給されます。

養育里親と子どもの間には法的な親子関係はないので、「委託解除」という別れが必ず訪れます。また、よい関係が築けなかった場合は、子どもは別の里親のもとに移ったり施設に戻ったりすることになります。こうした別れは、子どもにも里親にも大きなダメージを与えてしまいます。

これに対して特別養子縁組は、少なくとも法的に永続的な親子関係を保障します。「子どもの権利条約」の実践指針はパーマネンシー・ケア（継続した生活環境や人間関係に基づくケア）を重視して、産みの親や親族が育てられない場合はまず養子縁組のような永続的な解決策を探るべきであり、里親や施設養護はその後の選択肢だとしています。

もちろん特別養子縁組は簡単に決断できることではありません。産みの親が親権を手放したがらない場合もあります。けれども例えばアメリカでは一年三カ月、フランスでは一年、子どもと一緒に暮らせない状況が改善しなければ、産みの親の親権は剥奪されるそうです(2)。産みの親が子どもの発達に大きな影響を及ぼすほどの期間育てられないならば、できるだけ早く養子縁組の検討に入ることが、子どもの権利を大切に考える世界の常識だといえるでしょう。

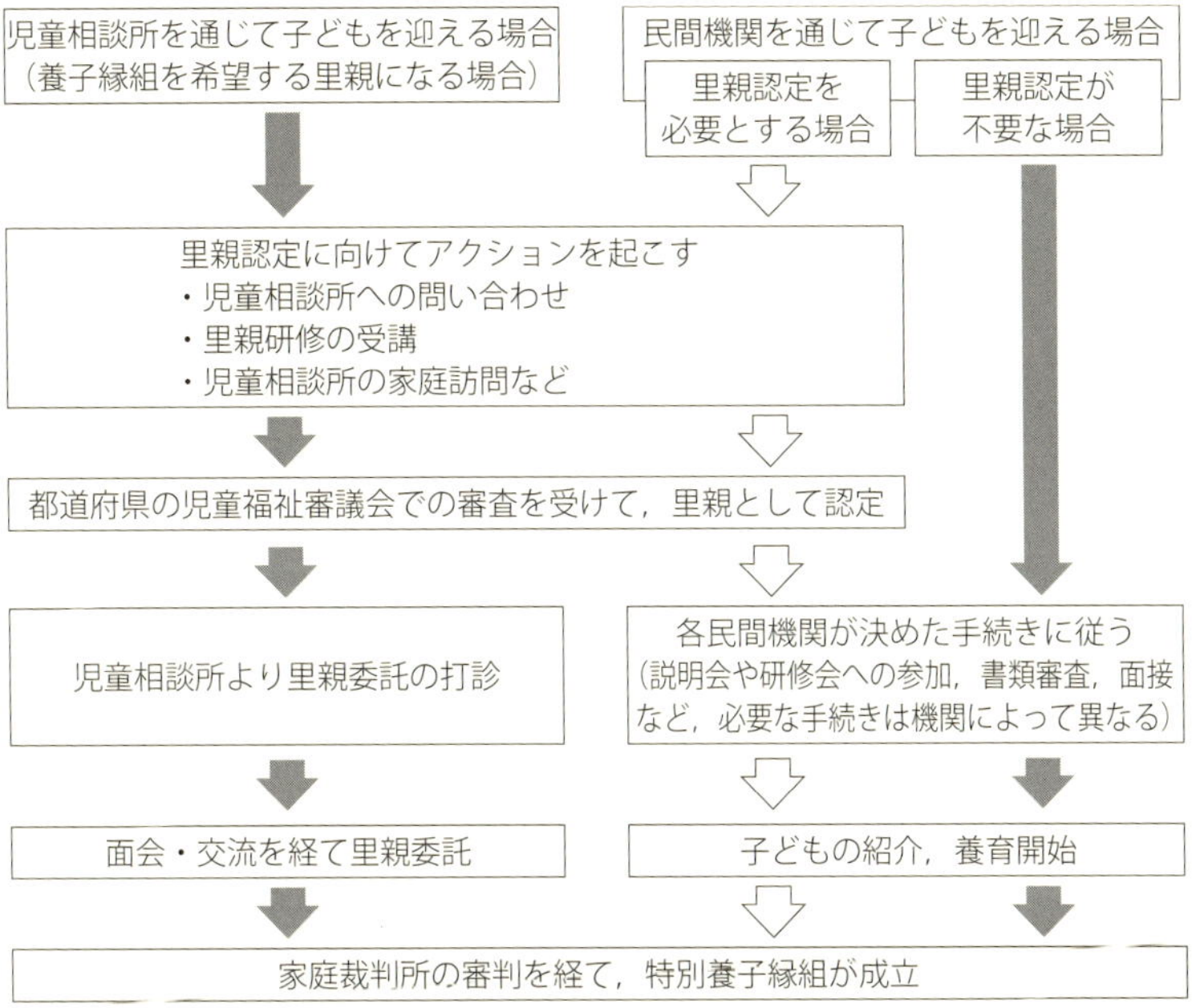


**図 4-1　特別養子縁組で育て親になるプロセス**

## 特別養子縁組で子どもを迎える方法

特別養子縁組で育て親になる方法は、**図4―1**に示すように主として二つあります（二〇一五年一一月執筆時現在）。一つは養子縁組を希望する里親として認定を受け、児童相談所を通じて迎える方法です。もう一つは養子縁組支援事業を行っている民間機関を通じて迎える方法です。民間機関の中には、育て親になる条件として里親認定を必要としているところもあります。説明会や研修会への参加、書類審査、面接など、必要な手続きは機関によって異なります。

### （1）児童相談所

厚生労働省研究班の調査[3]によると、二〇一三年度に特別養子縁組を一件も仲介しなかった児童相談所は全体の四割を超え、仲介した児童相談所も、その七割が年間一～二件の仲介にとどまっています。特別養子縁組の仲介は時間も手間もかかります。増え続ける虐待の対応に追われたり職員の配置換えでノウハウが受け継がれなかったりといった問題を背景に、児童相談所の取り組みは全般的に低調です。

そして児童相談所では、赤ちゃんの縁組はほとんど行われてきませんでした。通常、児童相談所の仕事は「生まれた後」が中心です。赤ちゃんを産みの親が育てられない場合に、たとえ養子縁組がふさわしいと考えられてもまずは乳児院で保護し、病気や障害などの有無、産みの親の意向などを一年以上かけて確認した後、ようやく育て親候補となる里親との面会交流が始められます。育て親としてふさわしい夫婦か、縁組後にトラブルが生じないか、などの不安があり、赤ちゃんの縁組にはなかなか取り組めないようです。

そんな中、愛知県の児童相談所では、出産前から産みの親の相談に乗り、生まれてすぐに特別養子縁組を前提とした里親委託をする「赤ちゃん縁組」を三〇年来続けてきました。これは、虐待死の中で最も多い〇歳〇カ月〇日の死を防ぎ、子どもに家族と家庭を保障し、生まれてすぐから育て親との間に自然な親子関係を築いてほしいと願う、一人の職員が始めた前例のない取り組みでした。[4]「愛知方式」とよばれるようになったこの取り組みはなかなか広がりませんでした。しかし二〇一一年、厚生労働省が「里親委託ガイドライン」でその有用性を認めたことを追い風に、赤ちゃん縁組に取り組む自治体が少しずつ増えています。さらに筆者がこの原稿を書いている二〇一五年一一月、児童福祉法改正に関する厚生労働省の審議会が報告書案（たたき台）を発表しました。[5] そこには、子どもが産みの親のもとへ戻ることが困難な場合には「しかるべき法的手続に沿って、子どもに永続的な家庭（養親家庭）を保障すべく最大限の努力をすべきである」こと、特別養子縁組制度を見直し、その推進を「児童相談所が取り組むべき重要な業務として」位置づけること、など、画期的な提言が行われています。民法上の制度である特別養子縁組を児童福祉法の中にも位置づけ、産みの親と暮らせない子どもの最善の利益のために活用するべく、大きく舵が切られたのです。後は実践あるのみです。

### （2）民間機関

多くの児童相談所が二の足を踏み続けてきたなか、特別養子縁組を担ってきたのは民間機関です。養子縁組支援事業を行うにあたっては自治体への届出が義務づけられており、二〇一五年一〇月現在、NPOや社団法人、医療法人など、全国で一六機関が届け出ています。二〇一三年には全国養子縁組団体協議会が設立され、民間同士の連携が図られるようになりました。協議会は毎年四月にフォーラムを開催し、それぞれの機関の紹介や育て親家族の体験発表を行っています。

「子どもの権利条約」では子どもの代替的養護を確保することは国の責務だとされていますが、その役割を肩代わりしている民間機関に公的支援はいっさいありません。この点は諸外国とは明らかに異なっています。予期しない妊娠で悩む人からの相談を二四時間体制で受け、SOSに応えて全国各地に行く人件費、交通費、子どもが育て親に迎えられるまでの間の保育費、専門的な支援やフォローアップの費用などの経費を、育て親になる人たちが負担せざるをえない状況です。

また、日本には、養子縁組支援事業に関する法律がありません。そのため、育て親になる条件や縁組手続きの進め方、親子のマッチング、縁組後のサポート、縁組に関わる情報の管理、スタッフの資質、諸経費など、機関によってさまざまな違いがあります。子どもの人生を民間機関の情熱や善意にゆだねるのではなく、信頼できるスタッフやノウハウをもつ機関が公的支援を受けながら活動できる仕組みを整えることが必要です。

## 3　親子になる道――ＮＰＯ法人「環の会」の場合

「毎日が、「今までの人生の中で一番幸せ」と感じてしまいます。今日以上の幸せはないんじゃないかと思います。でもきっとまた、明日も、それ以上の幸せを子どもたちからもらえるんでしょうね」

――卓代さん（仮名、以下同様。三歳の男の子と三カ月の女の子の母親）

「日々暮らしていると、ああ、私は子どもを産みたかったんじゃなくて育てたかったんだ、子育てをしたかったんだと、つくづく思います」

――直子さん（三歳の女の子の母親）

卓代さんも直子さんも、子どもたちとの間に血のつながりはありません。時間とお金と気力を不妊治療に費やし、出口の見えないトンネルの中で苦しみました。治療をやめて夫婦二人で生きていこうと思い始めた頃、「特別養子縁組」を知りました。夫婦で話し合いを重ね、「産むことはあきらめる。でも、育てることはあきらめない」――血縁のない子どもの親となり、家族となる人生を選んだのです。

子どもとの縁を結んだのは、都内に事務局をおく民間機関、ＮＰＯ法人「環《わ》の会」です(6)。環の会は、予期しない妊娠や出産で悩む人からの相談を受け、産みの親がどうしても育てられない場合に、「子どものため」を最優先にした養子縁組を支援しています。一九九一年の設立以来、環の会を通じて三〇〇人以上の子どもが育て親に迎えられています。

筆者は、環の会の活動に二〇年近く関わってきました。環の会の縁組ではどのようなことが大切にされているのかを、紹介します。

## ありのままを受け入れる

環の会で育て親になるためには「ありのままを受け入れる」必要があります。子どものありようだけでなく、産みの親の存在や子どもを託すことになった事情、育て親になる自分たちには産めないという事実、あらゆることをありのままに受け入れることが求められます。それは受け身な態度ではなく、「選ばないことを選ぶ」という、主体的な態度です。

特別養子縁組は、子どものためのものです。育て親になりたい人のためのものではありません。環の会で育て親になろうとする夫婦は、迎える子どもの年齢や性別、健康状態、性格など、「こんな子どもがほしい、ほしくない」といった条件をつけることはできません。「この子を育ててください」と託されるその瞬間まで、どんな子どもを託されるのか、いっさい知らされません。

産みの親を尊重するということも、環の会の特徴です。環の会の縁組は、子どもをほしい育て親のために子どもを探す縁組ではありません。何らかの事情で妊娠したが自分では育てられない、でもどうしても子どもの命を守りたいという産みの親と子どものために育て親を探す縁組です。産みの親は育て親を決めるプロセスにも関わり、縁組成立後は、子ども、育て親、産みの親、それぞれのニーズに沿って、環の会を通じた交流が保たれていきます。産みの親から子どもに誕生日のプレゼントが贈られたり、育て親が子どもの入学式の写真を産みの親に送ったり、子どもが産みの親に手紙を書いたり……子どもの成長の節目にみなで会うこともあります。このような縁組のあり方は「セミ・オープン・アダプション」とよばれ、子どもが生い立ちの疑問を解消し自分の人生を生きていくために有効だと欧米では勧められている方法です。

環の会の育て親たちは、「産みの親がいてこそ子どもがいて、自分たち家族がいる」という認識をもち、ありのままをすべてを受け入れることを選び取って、「親になる」のです。そして、実際に子育てに奮闘しながら、子どもを迎える前よりもずっと幸せになったと感じています[7]。かつては不妊に悩んだり、子宮がんなどで命の危険を感じたり、子どもを産めない事実に向き合わざるをえなかった人たちです。産めないことを受け入れて育て親になるという選択は、人生を〝infertility〟(不妊、不毛)から〝in fertility〟(豊かな実りの中)へと進める大きな選択なのだと思います。

「そもそも夫婦にだって血のつながりはありません。私たち家族は誰も血がつながっていない。だからこそ、出会えたことを大切に思います。血縁がないからこそ結べる絆があると思います」

——博さん(中二の男の子と小六の女の子の父親)

## テリング

環の会の縁組は産みの親側の相談から始まるため、迎えられる子どものほとんどが生まれて間もない赤ちゃんです。子どもの出自を知る権利を守り、親子の信頼関係を築いていくために、環の会ではテリングを大切にしています。

テリング——それは、育て親が、産みの親の存在や子どもの出自に関わる事柄を、日常の中で子どもの発達に合わせて伝え続けていくことです。子どもからの疑問やさまざまな思いに耳を傾けながら、子どもの理解を形成していく営みです。一般に、養子縁組の世界では「真実告知」という言葉が使われてきました。しかし「真実告知」には、隠していた重大な真実をあるときいよいよ告げるというイメージがあります。そこで環の会ではテリングという進行形の言葉を使っています。

テリングは、子どもを迎えたときから始まります。産みの親を「はるこママ」「なつみさん」などとよびながら、育て親たちは子どもに、産みの親が別に存在しているという事実だけではなく、産みの親や自分たち育て親を始め、子どもに関わる人たちの思いを伝えていきます。

「子どもにはとにかく生まれてきてよかったと思ってほしいのです。だからこそ嘘はつきたくない。あなたを産んでくれた人がいることも、私たちはあなたを迎えて本当に幸せなのだということもきちんと伝えていきたい。子どもが事実をつらいと感じるときがあるかもしれません。けれどもそれを乗り越えて、自分に与えられた命を大切にしてほしい。そして、産みのお母さんに、どんな事情があったとしても、「産んでくれてありがとう」と言えるような人生を歩んでほしいのです」

――愛子さん（小六の女の子と小三の男の子の母親）

「生まれてきてよかった」「生きていることが嬉しい」――子どもがそう思って生きていけることは、子どもを愛する親の心からの願いだと思います。では、子どもがそう思えるために必要なことは何でしょうか。「あなたが生まれてきてくれて本当によかった」「あなたがいてくれるだけで本当に嬉しい」と心から伝え続けてくれる身近な人の存在ではないでしょうか。テリングは、育て親家族に限らず、どのような親子関係においても大切なことだと思います。

環の会の子どもたちにテリングについて尋ねてみると、「テリングしてくれてよかった」「もしテリングされていなかったら、ずっと騙されてきたと思って怒りが収まらないだろう」などと言います。事実を隠してほしかった、テリングをしないでほしかったという子どもはいません。

「テリングしてもしなくても、「本当のこと」は変わらない。それを受け入れられるかどうかの違いであって、テリング自体は当たり前。親に隠されたり嘘をつかれたりすることの方が絶対に嫌だ」

——昌夫さん（二〇歳。生まれてすぐに育て親に迎えられ、テリングを受けながら成長）

環の会も設立から二五年、子どもが成人を迎え始めました。二〇一五年秋から、筆者たちは、環の会で縁組し成人した子どもへのインタビュー調査——テリング〝ヴォイス〟プロジェクト——を始めました。テリングや産みの親との交流といった環の会の縁組のあり方をどのように考えているのか、成長する過程でどんなことを感じてきたのか、「大人になった子ども」自身の率直な思いを聴き、これからの支援活動につなげていきたいと思います。

## つながり合う努力

子育ては、順風満帆とはいかないことも多いものです。環の会の育て親たちも、血のつながりのある親子に見られるような、さまざまな悩みを抱えます。

そのようなときに頼りになるのは、環の会の育て親家族同士のつながりです。育て親たちでシンポジウムを企画したり、キャンプやバーベキュー大会を催したり、家族ぐるみで交流し続けることで子ども同士のつながりも自然に生まれていきます。

「それぞれの家族の子どもはもちろんそのお家に迎えられるご縁があったのだけれど、夫婦が環の会を訪ねるタイミングや年齢によっては、もしかしたらいま別のお家に迎えられている子どもが来てくれていたのかもしれない、そうすると、あの子のこともこの子のことも、とてもよそのお家の子どもとは思えない。「環の会」全体が大きな家族だと感じます」

――稔枝さん（小六の男の子の母親）

環の会の絆は、家族の中だけではなく、産みの親や、育て親家族同士など、さまざまにつながり合っています。そもそも私たちは誰もがみな、家族の中だけで生きているわけではありません。血縁のないさまざまな人たちと関わりながら育て合い、育ち合っています。もちろん、他者と関わればストレスを感じることや傷つくこともあります。けれども、喜びや楽しさもまた、大きいものなのです。

## 4　かけがえのない命をつなぐ

いま、ここに、一人の人間が生まれるためには、父親と母親が必要です。父親、母親には、その父と母が必要です。二代で四人、三代で八人……、こうしてさかのぼっていくと、二〇代で一〇四万八五七六人、三〇代で一〇億七三七四万一八二四人、五〇代で……。そのうち誰か一人でも欠けていたら、いま、ここに生まれる命はありません。脈々と続く天文学的な命のつながりを感じて、一人の命の前に厳粛にならざるをえません。

そして、はたと気づきます。二〇代前、三〇代前、五〇代前、いったいどれほどの人間がいたのだろうかと。もちろん一人の父や母から何人かの子どもが生まれていたりもするわけですが、それにしても、あなたと私は、もしかして血がつながっているのではないか、と。

少子高齢社会――それは、世界有数の長命が保障されるほどの豊かさを手に入れながらも出産・子育てを難しく感じる社会です。産むことと育てることとのつながりは少し緩やかに考えて、大切なのは、かけがえのない「命のバトン」をつなぐこと。そして、お互いがつながり合いながら、いまを生きる一人ひとりの命を大切にしていくことではないでしょうか。

# コラム7 「マタニティ・ハラスメント」は女性の身体性への差別

●杉浦浩美

「マタニティ・ハラスメント」とは、女性労働者が妊娠した際に、職場で受けるさまざまな圧力のことです。それは、解雇や降格などといった具体的なものから、上司や同僚からの心ない発言・態度といった、目に見えにくい心理的なものまで、さまざまなものがあります。こうした女性労働者の妊娠期の困難は、何もいまに始まったことではありませんが、「マタニティ・ハラスメント」という「名前がつく」ことによって、ここ数年、社会的な問題として認識されるようになったのです。

最初にこの言葉を用いて問題提起をした筆者の本が刊行されたのが二〇〇九年[1]、社会的に関心をもたれるきっかけとなった日本労働組合総連合会（連合）の調査が二〇一三年[2]、その後、当事者の女性たちもさまざまに声を挙げ、マスメディア等でも大きく取り上げられるようになりました。そうした社会的反響を受け、二〇一五年には、国の実態調査が実施され、「妊娠等を理由とする不利益取扱い」の経験率は、正社員が二一・八%、派遣社員が四八・七%と、初めて具体的な数字が示されました[3]。また、妊娠を理由に女性職員を解雇した事業所の実名公表（男女雇用機会均等法違反への社会的制裁措置としては初めてのこと）、さらに、広島高等裁判所で、妊娠を理由とした降格人事に対し違法判決が下されるなど、大きな動きが続いています。防止のための法制化も具体的に審議されており、二〇一六年には、実現する見通しです。

そもそも、「マタニティ・ハラスメント」とは何でしょうか。それは、妊娠という身体的制約を抱えた女性労働者を、「非効率的な存在」として排除しようとする仕組みです。この仕組みの中では、たとえ仕事が続けられたとしても、かなり無理をした働き方が求められることになります。ですが、女性が働けば、妊娠することもあるでしょうし、妊娠する人もいるでしょう。それが否定され、排除の対象とされること自体、女性の身体性への抑圧です。「マタニティ・ハラスメント」はそれを告発する概念であり、女性が自分の身体を「当たり前に生きる」ための訴えでもあるのです。

その意味では、子どものいない女性への社会的圧力もまた、「マタニティ・ハラスメント」といえます。子どもを産む／産まないにかかわらず、職場であれどこであれ、女性が自分の身体を肯定的に生きられる社会、それが、いま、問われています。

# 第Ⅱ部

# 親子関係――「少子の子ども」と「長命の親」

# 第5章　子どもの価値
## ——なぜ、女性は子どもを産むのか

●永久ひさ子

## 1　なぜ「少子」か？

### 子どもは何にも勝る宝か？

政府はさまざまな少子化対策をとっていますが、厚生労働省の二〇一三年の調査では、二一〜三〇歳の独身者で「子どもがほしくない」という回答をした人が一〇％を超えていて（女性一五・八％、男性一一・六％）、一〇年前の倍近くに増えたとしています[1]。

日本には、子は何にも勝る宝だという考え方が古くからあります。しかし、心底そう思っているのでしょうか？　もしそうなら、誰もが多くの子どもをもつはず。「子どもがほしくない」という人が増えたり、少子化が進んだりするはずはありません。子どもを何にも勝る宝と考えるかどうかは、その人がおかれた状況によって変化するものなのです。

## なってしまった「少子」と、親が選択した「少子」

少子化は今日的問題とされていますが、じつは人類史上初ではありません。避妊法の知識や技術が普及するまでは、すでにいる子どもや親の生活が危うくなる状況であっても、子どもは次々と生まれてきてしまっていたのです。しかし一方で、栄養や衛生環境の悪さから乳幼児死亡率も高く、生まれた子どものうち無事に成人するのは二人か三人、少子化といわれる今日と変わらない数の子どもしか生き延びられませんでした（コラム1参照）。次々生まれても、「少子」だったのです。

貧しい中で、次々生まれる子どもを育てる親の苦労は大変なものだったことでしょう。亡くなる赤ちゃんが多い中で生き延びた子どもを、「授かった宝」とする価値観は、親がその厳しい現実を運命として受け入れるうえで重要な役割を果たしていたとも考えられます。このように、子どもの命について親のコントロールが及ばない当時、子どもはまさに「授かりもの」「宝」だったのです。

しかし今日の状況は、昔とは異なります。現在の少子は、人の力を超えたものによって少子になってしまったのではなく、親の意思で少子にしているのです。日本の乳幼児死亡率は、戦後の栄養、衛生環境の向上や医学の進歩のおかげで急速に低下し、二〇一四年には世界一「少死」になりました。今日の日本では、生まれた子はほぼ育つのです。必ず育つとなれば、親は妊娠前から、習い事、子ども部屋、高等教育への進学など、子どもにしてやりたいことを考えるようになります。しかしこれらには多額の費用も親の手間暇もかかります。一方で、子ども全員に十分なことをしてやりたいと考えても、経済的資源や時間的資源は限られます。長男だけ、あるいは男子は特別扱いだった昔とは違い、いまの親は生まれてくる子には平等にしてやりたいと考えます。そうなると当然、「やってやれるだけ」の子どもの数しか産まない、やってやれる時期を考えて産む、ということになるのです。

一方で、第二次世界大戦後、親は子どもの数をコントロールできるようになりました。それは、避妊技術の開発と考え方の変化の産物です（序章参照）。母体の健康や経済的窮乏のためだけでなく、子どもを計画的に産んで、十分な養育や教育を受けさせるのがよいという、「少なく産んでよく育てる」のキャンペーンに合致した考え方に変化したのです。生まれた子どもは必ず育つのですから、欲しい数だけ産んだら、もう産まないという選択が可能になりました。このように、子どもを産む際に、どのような条件を重視して産めば、将来十分な教育を受けさせられるかを考えてつくるようになった結果が今日の少子化なのです。

## 2　なぜ子どもを産むのか――子どもの価値

### 子どもの価値は社会・経済的状況で変化する

子どもを産むか否か、人数、時期が選択可能になると、それをどう選択するかを考えることになります。その選択の根拠になるのは、子どもを産むと何が起きるかという親の期待、親にとっての「子どもの価値」です。子どもの価値には、子どもをもつと望ましいことが起きるというプラスの価値だけでなく、望ましくないことが起きるというマイナスの価値もあります。プラスの価値が大きければ子どもを産もうとするのに対し、マイナスの価値が大きければ、それを回避することになります。つまり今日の少子化の背景には、親にとっての「子どもの価値」の変化があるのです。

日本の産業の中心が農業や漁業、しかも小規模の自営業だった時代には、子どもは「猫の手」以上の重要な労働力で、経済的価値・実用的価値がありました。農業地域の学校に、田植え休み、秋休みなどの農繁期休暇があったのは、家業を手伝うためだったのです。田植えや稲刈りなどの仕事は、子どもでも十分に役に立ちます。そのため、子どもが多ければそれだけ働き手が増えることになります。しかも、年金や介護保険など社会保障が整備されていない時代、親は老後の経済や生活すべてを子どもに頼るほかありませんでした。また、機械化以前の肉体労働を必要とする農業では、体力・筋力が劣る女性は一人前には働けず、女性の生活は家族の世話、それに家業の手伝いが中心でした。家電製品などがなかった当時の家事は、すべてに女性の経験や能力が必要です。おいしい食事も、見栄えのいい身なりもすべて、母親の家事能力に左右されます。母親の能力や経験が発揮される子どもの世話は、家業の手伝い以上に、母親ならではという存在価値があります。女性はそこにアイデンティティや生きがいを見出していたに違いありません。またこの時代には、いまのようなレジャーもショッピングもありませんでしたから、日々成長する子どもの相手は楽しみや生きがいでもあったのです。このような社会状況では、子どもは親にとって精神的価値も経済的・実用的価値も高く、まさに「宝」と感じられたことでしょう。女性にとって、子どもを産むことは何にも比べようのない最優先事項であったに違いありません。

しかし、産業の中心が工業やサービスになると事情は変わってきます。子どもはもはや労働力として役立たないばかりか、将来一人前に稼げるようにするために高等教育を受けさせる必要が出てきます。子どもの経済的価値はないばかりか、教育費を考えると経済的な負担になったのです。

一方、産業の変化は女性の生き方と心理にも多大な変化をもたらしました。農業や漁業の次に産業の中心になった工業でも、手厚い教育訓練を受ける男性とは異なり、結婚までの短期間で辞める女性はやはり補助的仕事にしか就けませんでした。しかし、販売や接客、営業などサービスの仕事が増えると、女性の活躍の場が急速に広がります。これらは、筋力や長期間の訓練を必要とせず、気配りや人当たりの柔らかさといった、女性が得意とする力が役立つからです。女性の生きる場が家庭内に限られた時代から、社会の中で自分の能力をさらに伸ばし、個人としての生きがいと自分の経済をもてる時代に変化したのです。余暇の面でも、家庭内の手仕事や子育てが楽しみだった時代から、旅行をはじめ多様なレジャーへと格段に広がりました。また女性の社会進出に伴って高学歴化も進みました。高学歴を身につけた女性は、専門的知識や能力を生かせるような活動に生きがいを見出すようになります。つまり、女性の高学歴化と社会進出という社会の変化が、生きがいや成長、楽しみなどの精神的価値について、子どもに期待する必要性を縮小したのです。このように、子どもの価値は、社会・経済的状況の変化に伴って変化するものなのです。

親の老後の世話・介護ではどうでしょう。一九八〇年代までは子どもは男児が望まれましたが、一九九〇年代に入ると約七五％の人から女児が望まれるようになりました。男の子は就職のために大学まで行ってほしいと考えるので、育児や教育に、気苦労もお金もかかるからです。しかし女児人気の理由はそれだけではありません。親の老後の面倒は長男の責任であるという規範が薄れたいま、世話・介護の担い手として、配偶者の次に期待できるのは、家事能力があり親のケアも担える娘になったからです。娘なら、身のまわりのことも頼め、話し相手にもなります。大学生の娘・息子をもつ母親を対象に行われた一九九九年の調査では、老後、一人暮らしや老人ホームに住む予定の人に比べ、子どもとの同居・近居を望む人は、娘にはより強く性別しつけをするのに対し、息子の場合には両群で性別しつけに違いはありませんでした[2]。娘に老後の世話を期待する場合、娘に家事や気配りをしつけることは、自分にとっての娘の価値を上げることになります。このように子どもの価値は、親が「男は仕事、家族の世話は女の役割」と考えているかどうかによっても左右されるものなのです（第7章、第8章参照）。

## 女性が子どもを産むことを決めた理由――子どもの価値

日本の少子化が顕著になったのは一九七〇年代後半です[3]。すでに子どもの経済的・実用的価値は減少していた日本で、子どもを産む価値にどんな変化が生じたのでしょうか。それを調べるため、私たちは「なぜ子どもを産んだのか、その時、どのようなことを考慮したか」についての調査を一九九七年に実施しました[4]。調査対象は、子どもを産んだ経験のある、当時四〇歳前後と六〇歳前後の大卒の女性四八三名です。

### （1）子どもの価値にはどんな種類があるか

その結果を見ますと、女性が子どもを産むか否かを決める際には、次のようなプラス・マイナスの子どもの価値を検討していることがわかりました。まず、二つの世代に共通に、最も多くの人が挙げたのは、子どもが好き、子育てをしてみたい、女性にしかできない出産を経験したいなど、出産・子育てに対する自分の興味を満足させたいという理由や、生きがいになる、自分の成長の機会になるという理由です。つまり、女性が子どもを産んだ一番の理由は、子どもがもたらす「自分のための価値」を実現したいという理由でした。二つ目は、子どもがいないと老後が寂しい、いれば安心という、老後の支えが期待できるという理由、子どもが夫婦の絆を強めるなど夫との情緒的関係を強めるという理由、生活に変化が生まれ家庭がにぎやかになるという理由でした。つまり、子どもの「情緒的価値」です。そして、三つ目は、女性は子どもを産み育ててはじめて一人前、結婚したら子どもを産むのが普通、次世代をつくるのは人としての務めなど、子どもを産むことで、家族としての役割も社会に対する役割も果たすことができるという子どもの「社会的価値」です。

以上の三つが、二つの世代の母親が挙げた子どもを産むことのプラスの価値です。しかし、母親が子どもを産んだ理由には、プラスの価値を実現したいという理由だけでなく、産むための条件が揃ったからという理由も見られたのです。今日の女性にとって、自分の生き方や生活が制限されることは望ましくないこと、つまりマイナスの価値があります。母親たちは、そのマイナスの価値をできるだけ小さくしようと考え、そのための条件を考慮し、その条件が揃ったから産んだ、と回答したのです。産むための条件は二つありました。一つ目は、保育園や親など子育ての援助があれば産むという「子育て支援」の条件、そして二つ目は、子どもを産むことによる自分の生き方や生活の制限を、軽減・回避するための条件です。具体的には、自分のやりたいことに区切りがついた、仕事が軌道に乗った、経済的に安定した、夫婦関係が安定したから産んだという回答です。これらの条件を重視して産めば、子どものために自分の生き方や生活が制限されるというマイナスの価値が小さいと判断したのです。このように子どもを産んだ理由には、子どものプラス・マイナスの価値を反映した5つの理由がありました。

日本では〝母子は一体〟〝子どもは母親の分身〟などと言われてきました。しかしそうではないのです。妊娠―出産―育児を担う女性にとって、子どもは一体どころか、自分のやりたいことと対立するものでもあることが吐露されました。「子育て支援」「条件重視」は、その対立を少しでも減らせる条件を探って産みどきを考えていることをうかがわせます。つまり女性が子どもを産む決断は、子どもがもつプラスの価値だけで決まるのではなく、自分の生き方の制限というマイナスの価値を軽減・回避する条件が揃ったことを重視して決めるものであることがわかります。

## （2）子どもの価値は三世代でどう変化しているか

前述のように、子どもの価値は社会・経済的状況と密接に関連しています。日本で少子化が進んだ時期は、経済構造が変化し女性の社会進出が進んだ時期と重なります。そこで、女性にとっての子どもの価値を、その女性が社会に出た時期の社会の変化と重ねて見てみましょう。

比較するのは、三世代の女性が第一子を産むことを決めた理由とその際に考慮した事柄について尋ねた結果です。三世代とは、先ほどの調査をした六〇歳前後（第一世代）と四〇歳前後（第二世代）の二つの世代と、さらに若い第三世代（一九九八年に調査した、当時三〇歳代前半の既婚有子女性二九二名）です。第一世代は、女性の社会進出が難しかった一九六〇年前後に社会に出ました。第二世代は、女性の社会進出が始まった時期の一九八〇年前後に社会に出ました。そして第三世代はすでに女性の社会進出が進んだ一九九〇年前後に社会に出た世代です。

結果をまとめた**図5—1**を見てみましょう。三世代に共通するのは「自分のための価値」が最も高いことです。しかも、第一世代に比べ第三世代の得点が高くなっています。第二世代、第三世代では「情緒的価値」が次に高く、若い世代ほど上昇する傾向があります。つまり、女性の社会進出が進む時代にあるほど、子どもの価値として「自分のための価値」と「情緒的価値」が高くなることがわかりました。周囲を見渡せば、簡単には読めないほど個性的な名前の子どもや、子どもの成長記録を綴るインターネットのブログが溢れています。これらを見ても、少なくとも子どもを産んだ若い世代の女性はわが子の子育てに強い興味・関心をもっているといえるでしょう。

一方、**図5—1**に見る通り、「社会的価値」は第一世代が重視していることが注目されます。そして、この世代では「条件重視」が最も低いという特徴があります。これらの変化は、三世代の女性が生きた日本の社会・経済的状況と子どもの価値の関連を物語っています。第一世代が社会に出た当時は高度成長期で、電気機械の組み立てや事務処理などの単純作業に従事する女性が増加しました。しかし、仕事は単調で、給与も男性とは格差があり、仕事に自己実現や経済力、社会的地位を求めるのは困難でした。つまり、女性は仕事に就いても補助的役割でしかなく、一人前とは認められなかったのです。

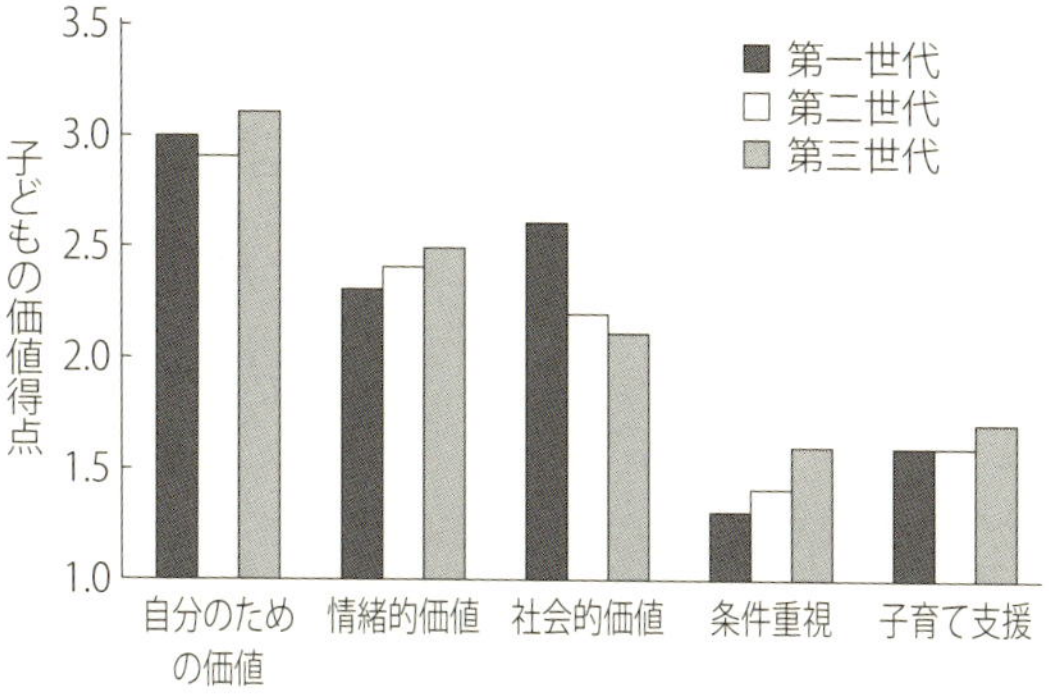


**図 5-1　子どもの価値は 3 世代でどう変化しているか** (5)

注：第一世代は 1930 年代後半に出生し 1960 年前後に社会に出た世代。第二世代は 1950 年代後半に出生し 1980 年前後に社会に出た世代。第三世代は 1960 年代後半に出生し 1990 年前後に社会に出た世代。

### (3)　社会的価値はなぜ低下したのか

第一世代の女性にとって、結婚するのが当たり前であっただけでなく、結婚したら子どもを産むのも当然でした。適齢期までに結婚して早く子どもを産むこと、それが周囲の人々が期待したことだったからです。女性は結婚して子ども、それもできれば男の子を産むこと、次世代をつくるという社会的役割を果たしてはじめて一人前の存在として周囲から認められることになったのです。このように、第一世代の「社会的価値」の高さは、当時の女性が子どもを産むことではじめて、社会的に一人前と認められる存在だったことを示しています。

しかし、第二世代が社会に出た一九八〇年代、社会・経済的状況は大きく変化していました。サービス産業が拡大したことで、女性の社会進出が進んだのです。営業や接客では、女性も男性と同等に働くことができます。語学や資格を身につければ、自己実現的な仕事に就くこともできます。一九八五年に男女雇用機会均等法が制定されると、男性と同等の賃金を得て、長期的に働き、やりがいある仕事に就けるようになりました。結婚や子どもに頼らなくても、経済的に自立し、仕事で一人前と認められることが可能になったのです。

しかも社会の中での仕事は、家事・子育てに比べて格段に刺激に富み、経済力ももてる、魅力的な生き方です。そのため第二世代の時代では、学卒後に就職することが一般的になりました。社会で働く経験は、子どもの価値を変化させる重要な契機になります。仕事で能力を発揮し評価されることで、「○○ちゃんのママ」「○○さんの奥さん」ではない、固有名詞をもった一人前の存在として認められるようになったのです。子どもを産むことで一人前と認めてもらう必要性の低下、それが「社会的価値」が低下した意味なのです。

## (4) 子どもを産むための条件は若い世代ほど重要になる

女性の社会進出は、もう一つ重要な子どもの価値の変化を引き起こしました。それは、子どもを無条件には産まない、具体的には、子どもと仕事や自分の生活を天秤にかけて、どちらを優先するか比較検討するようになったという変化です。子育てにも仕事にも多くの時間やエネルギーが求められます。しかし、時間やエネルギーは有限なので、同時に両方に十分に使うことはできないのです。日本では「子育ては母親」という考え方が強く、出産退職は今日でも多く見られます（コラム7参照）。子どもを産むと退職になるのなら、子育てと仕事のどちらが自分にとって重要かを検討して、結婚や出産の時期を考えるのは当然といえます。子どもと仕事の両方を望むのであれば、それを可能にする条件を整えて産む必要があります。

例えば、仕事の継続には子どもの預け先が必要ですが、保育園にはいつでも入れるわけではありません。そのため、保育園に入れやすい時期を狙って子どもをつくる女性もいるのです。

子どもを産む決断をする際に考慮すべきことは仕事だけではありません。子どもに十分なことをしてやりたいと考えれば、教育費の問題があります。先に夫婦関係を安定させる必要がある場合もあります。安心して育てられる条件を整えてから産みたい、子育て以外の生き方ももち続けられる条件を整えてから産みたい、条件が整備された環境での子育て経験にこそ子どもを産む価値がある、そうでないならまだ産まない、そう考えるのが「条件重視」なのです。つまり、子どもにやってやりたいことが膨らむほど、あるいは子育て以外にやりたいことが膨らむほど、「条件重視」は上昇することになります。子どもにやってやりたいことにも、自分がやりたいことにも、時間や経済、心身のエネルギーが必要だからです。若い世代ほど、高学歴化が進み教育費が上昇すること、女性が活躍できる仕事が増えること、一方で経済的不透明さが増していることを考えれば、若い世代ほど子どもを産む条件が増えるのは納得のいくところです。

この「条件重視」は、子どもの数とも関連します。条件が整った状況で産むことが重要だと考える人ほど子どもの数は少なくなるのです[6]。多くの条件を整えるには時間がかかるため、初産年齢が遅れる（二〇一三年には平均三〇・四歳）ことが一因と考えられます。つまり「条件重視」とは、自分のことを優先的にやってしまってから子どもを産む、あるいは、子育て中でも仕事を続けられる条件を整備して、親自身の生き方と子育ての両方を経験できることに価値を認めるということなのです。

## （5）人生で、一番やりたいことは子育てか？

若い世代ほど産む条件を重視するのは、子どもが、女性にとって最優先の、一番重要な価値あるものではなくなった、ということを示しています。結婚・出産・育児よりもっとやりたいことがある場合は、それを優先しようと考えるようになったのです。子どもの経済的・実用的価値が高い場合は、子どもなくしては生活が成り立たないため、子どもは最も価値があるものでした。しかし、経済的・実用的価値が減少し、社会的価値も重要ではなくなると、結婚しなくても、子どもがなくても、特に困ることはありません。子どもよりも、もっと他に優先すべき生き方が出てきた、それが「条件重視」の意味なのです。

このように、子どもの価値は時代を超えて普遍的に同じではないのです。女性の生き方に、結婚・子育て以外の選択肢ができたことが、子どもの価値を「何にも比べようのない宝のごとく価値あるもの」から「仕事など子育て以外の生き方と比較検討するもの」へと変化させたといえます。子どもの価値が相対的なものであることが、明らかになったのです。

## 3　なぜ子どもを産まないのか

### 二人目の子を「産まない理由」

近年では、実際の子ども数が、一貫して親の理想の子ども数を下まわることが報告されています[7]。そこでその理由を探るため、今後子どもを産む予定がない三〇歳代の母親一〇二名に、なぜもう産まないのか、その理由を尋ねる調査が一九九八年に行われました[8]。そこで挙げられた多くの理由を分析したところ、「経済的負担」(教育費がかかる、子どもにお金がかかる、旅行や外食に行きにくくなるなど)、「時間的負担」(生活のリズムを崩したくない、また子育ては億劫、自分のことをする時間がなくなるなど)、「心理的負担」(子どもの健康が不安、気苦労が増えるなど）の三つの理由が多くの人から挙げられました。「夫が育児に協力的でない」という理由もありましたが、どの人も得点は高くありませんでした。

## 子育てとは親の経済・時間・エネルギー資源の投資

「産まない理由」は、先ほどの「条件重視」と共通する内容です。つまり、子どもをもつと自分のことをする時間がなくなる、経済的に圧迫されるなどの制約を見越して、そのリスクを回避する条件を整備してから産むというのが「条件重視」であり、回避できそうもないからもう産まないというのが「産まない理由」なのです。このことは、産むか産まないかが、親の経済・時間・エネルギーという有限の資源を、自分に投資するのか子育てに投資するのかという、親の生き方の問題であることを示唆しています。資源は誰にとっても有限なので、多くの資源を子育てに使えば、自分のための資源は不足することになるからです。

ではどんな人が多くの子どもをもつのでしょうか。子どもの数が三人以上の多子親と一人の少子親で比較すると、多子親は少子親より「時間的負担」「心理的負担」を小さく感じていました。子育てが自分の生活の制約にならない人が、多くの子どもをもっていたのです。子育てを助ける人がいる、あるいは子育て以外に多くの資源を必要とする活動をもたない人、多くの子をもつ親とはそのような人なのです。

「産まない理由」について、現在子どもが一人で、第二子を産む予定がない母親二七名の得点を比較したのが**図5―2**です。少子の理由として従来指摘される「経済的負担」とともに「時間的負担」も重要であることがわかります。つまり女性は、経済的理由だけでなく、自分のことをする時間がなくなる、また子育ては億劫など、親自身に使う時間が不足するからもう産まない、と考えていることがわかりました。

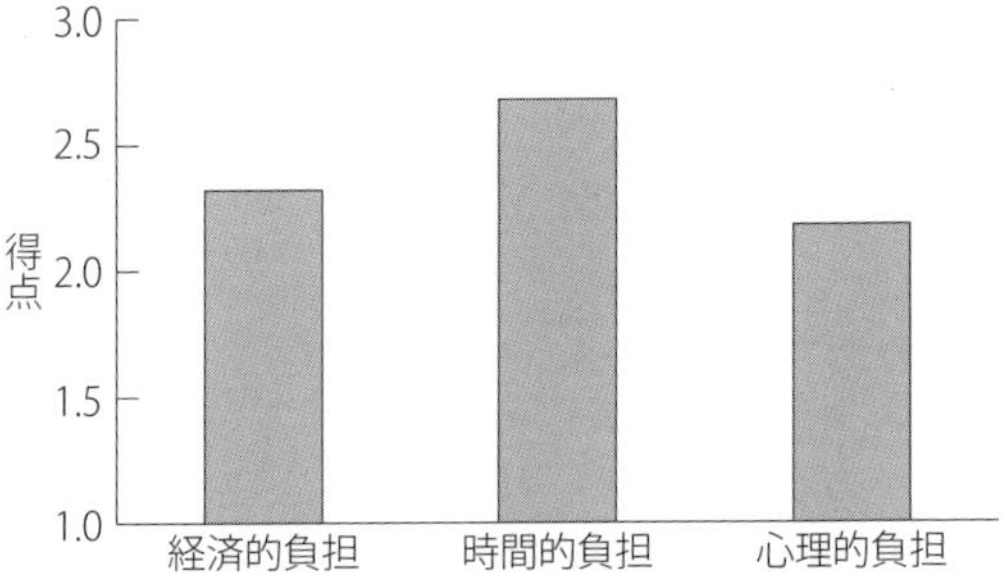


**図 5-2　2人目の子どもを産まない理由**[9]

## 母親の資源不足と父親の育児参加

母親の資源不足を解決する一番の方法は父親の育児参加です。父親の家事・育児時間が長いほど第二子以降の出生割合が高くなっているのは、その表れでしょう[10]。しかし、世界的に見ても日本の父親の子育て時間は非常に短く、六歳未満の子どもがいても一日平均四〇分程度と、欧米諸国の半分程度なのです。最近では父親の育児休業取得への関心が高まっていますが、二〇一三年度に実際に取得した男性は二・〇三%とごく少数です[11]。また取得しても、一週間以下の割合が五三%と半数以上なのです[12]。これでは母親の資源不足解消の役には立ちません。しかもその内容は遊びやお風呂が中心で、身辺の世話やしつけなど手間と時間がかかる部分は母親任せなのです。産まない理由として見た場合に「父親が子育てに協力的でない」の得点が低かったのは、父親の子育てへの期待が低いからでしょう。期待できるのは遊びやお風呂程度で、食事の世話や洗濯、掃除、生活習慣のしつけなど家事と重なる世話は期待できないからです。日本の父親は「子もち」というだけで、親としての世話役割はほとんどしていないのです[13]。しかし、母親の時間や心身のエネルギーを格段に消耗するのはこれらの世話の部分です（第6章参照）。お風呂や遊びは楽しみを伴い、そのときだけで終わりますが、世話やしつけはそうはいきません。もう一人産めば、母親は否応なくまた子どもの生活時間に振りまわされることになるのです。やっと自分の時間がもてるようになったのに……と二人目の子育てを負担に思うのは、「世話」をするのは結局自分だけ、という諦めの反映ともいえます。

### 子どもの「情緒的価値」と父親の育児参加

父親の子育て参加は、母親の資源不足を補うだけではありません。母親にとっての子どもの価値である「情緒的価値」の中には、子どもが夫婦の絆を強めるという価値が含まれていました。女性は、夫と子育て経験を共有できると期待して子どもを産んでいるのです。しかし実際には、日本の夫婦は子どもが産まれると性別役割分業が始まります。「子育ては母親が一番」という考え方が、若い世代でも強いからです。そして父親は、子どもが産まれると、よりいっそう稼ぎ手としての責任を果たそうと仕事を頑張るために、性別役割分業が明確になります。その結果、母親となった妻は子育ての責任を一人で担うことになり、育児不安や負担感を強く感じることになるのです（第6章参照）。

しかし「子育ては母親が一番である」ことに心理学的根拠はありません。父親の育児参加は、ほめ方や叱り方、感情表現など、子どもが経験する人的刺激を多様にします。子どもの発達環境が豊かになるのです[14]。父親の育児参加は、母親にも子どもにも重要な意味をもっています。

## 4　若い世代を取り巻く社会・経済的環境と子どもの価値

非正規雇用の増加やリストラなど、若年層を取り巻く経済的環境は厳しさを増しています。一方で、女性も男性と同等の稼ぎ手として活躍できる社会になりました。また、家電製品の進化で、男性も簡単に家事を担える状況に変化しています。夫婦が性別に関わりなく、同等の役割を担うことが可能な社会になったのです。

夫婦がともに、稼ぎ手であると同時に家事・子育てもできるということは、家庭生活を営むうえで有効なリスクマネジメントになります。またそれは、女性が子どもを産んでも、個人としての生き方をもち続けることを可能にします。つまり、女性が子どもに認めるマイナスの価値を縮小させることになるのです。子どもの価値は、このように、社会や家族のあり方とともに変化するものなのです。

# コラム8　結婚、出産の価値の変化

●本田由紀

日本の人々は、結婚・出産すなわち自分の家族をつくるということに対して、いまなお高い価値を見出しています。国立社会保障・人口問題研究所の「出生動向基本調査」によれば、一八～三九歳の未婚者の中で「いずれ結婚するつもり」と答える比率は男女とも九割弱で推移しており、明確な減少は生じていません。また同調査では、子どもがいない既婚者の中で妻の年齢が二〇歳代後半であれば九八％、三〇歳代前半ならば八五％が子どもを産みたいと考えています。この比率は妻の年齢が高くなるにつれて低下しますが、高齢出産という身体的な制約を除けば、結婚後には子どもをもつもの、という考え方は広く共有されています。

しかし、結婚や出産の価値の内容には、変化が見られます。一般論としての結婚について問うたＮＨＫ「日本人の意識調査」では、「必ずしも結婚する必要はない」という回答が一九九三年の五〇％から二〇一三年には六三％へと上昇しています。この結果は、結婚は個人の選択であるという意識が高まっていることを示しています。

さらに、上記の「出生動向基本調査」で未婚者に結婚の利点を尋ねた結果を見ると、男女とも「自分の子どもや家族をもてる」が増加しており、特に女性では約半数がこの項目を挙げ、二位の「精神的安らぎの場が得られる」の三割を大きく引き離すようになっています。加えて、男性では「社会的信用や対等な関係が得られる」が減少し、女性では「経済的余裕がもてる」が増加しています。男女とも「愛情を感じている人と暮らせる」が減少傾向で二〇一〇年時点では一〇％台にすぎないことも考慮すれば、結婚は「愛情」や「安らぎ」などの精神的な充足という意味を弱め、家族という所属単位の形成や経済的余裕など、生活防衛的・実利的な性質を強く帯び始めているようです（**図1**）。

それを反映してか、同調査では結婚相手の条件として重視・考慮する項目にも変化が見られます。男女とも相手に「家事・育児の能力」をより求めるようになっており、それ以外にも「経済力」「職業」「容姿」などに関する要求も上昇しています。いわば、結婚相手を生活上の「戦力」と見る傾向が高まっているのです。

このように、日本において結婚や家族形成は、愛情の宿る場から生き伸びるための「基地」へと意味を変質させつつ、その重要性自体は過去と変わりなく高い水準で認識されています。しかし大きな問題は、現実にはそう

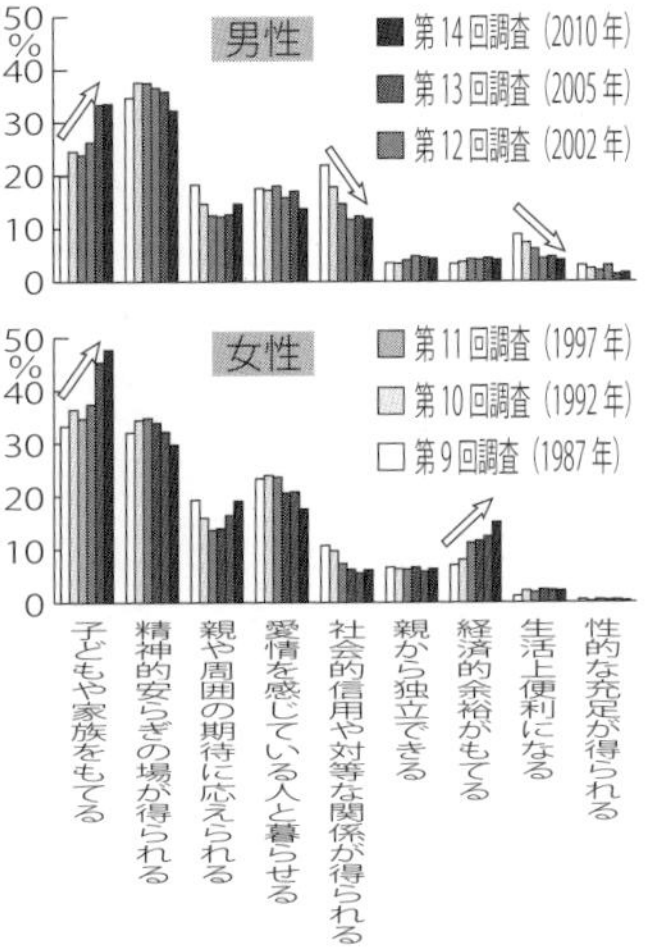


**図1　調査別に見た，結婚することの利点**[1]

した「基地」を形成することが困難になってきているということです。よく知られているように、日本では未婚化・晩婚化が進行しており、「国勢調査」によれば三〇歳代前半男性の未婚率は一九八〇年の二一％から二〇一〇年には四七％へ、三〇歳代前半女性では九％から三四％へと顕著に上昇しています。生涯未婚率（五〇歳時点の未婚率）も、同時期に男性では二％から一九％へ、女性では四％から九％へと増加しています。結婚する場合も、平均初婚年齢や第一子出産年齢が高くなり、平均三〇歳前後となっています。「出生動向基本調査」では、「結婚できない理由」として男女とも「適当な相手にめぐり会わない」が約半数で一位です。ここには先に見た、結婚相手についての要求水準の上昇が関係していると思われます。ついで男性では「結婚資金が足りない」が増加して約三割となっており、この背景には九〇年代以降の非正規労働者の増加や賃金など労働条件の劣悪化があることは疑いありません。そして結婚できたとしても、同調査では理想とする子ども数よりも少ない数の子どもしかもてない夫婦が約三割を占めており、その最大の理由は「子育てや教育にお金がかかりすぎるから」です。

　経済の低迷と社会保障の不備という状況下で、家族は「基地」、結婚相手は「戦力」と見なされるようになっています。それにもかかわらず、あるいはそれだからこそ、その条件を満たすような結婚は困難になっているのです。家計を圧迫する子どもをもつことへのハードルも高くなっています。結婚や子どもが重要視されているがゆえに、それがかないにくいというパラドックスの中に日本の人々はおかれているのです。

　この事態から人々を解放するには、家族が生活防衛上の「基地」でなくてもすむような労働市場と社会保障、子どもを育て上げるのに多額の出費を必要としない教育政策が不可欠です。家族をその重すぎる負荷から解放することによってしか、個々人の充実した生と社会の再生産を実現していくことはできません。

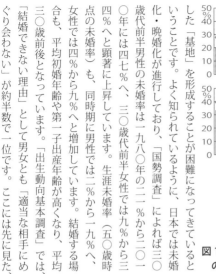

# 第6章　育児不安を考える
## ——ライフコースの激変とアイデンティティの揺らぎ

●柏木惠子・加藤邦子

## *1*　育児不安とは何か？——日本の母親に多い現象

さまざまな国の女性の家庭生活について比較した調査（二〇一五年）[1]によりますと、日本の女性は他国と比較して、いまの家庭生活について、満足していると回答した女性の割合がかなり低い結果となっています。非常に満足・満足という回答があわせて三三％しかありません（図6―1）。

どうして日本では、女性の家庭生活の満足度が低いのでしょうか。その背景として、日本の母親には、子どもや子育てに対する不安な感情を抱きやすい状況があること、子育てでまわりに助けてくれる人がいないことによって、母親が追い詰められ、疲労感やイライラを感じて不安になりやすいと考えられます。

育児不安は、「育児を担当している人が、子どもの状態や育児のやり方などについて感じる漠然とした恐れを含む不安の感情。疲労感や焦り、イライラなどの精神状態を伴う」と定義されています[3]。

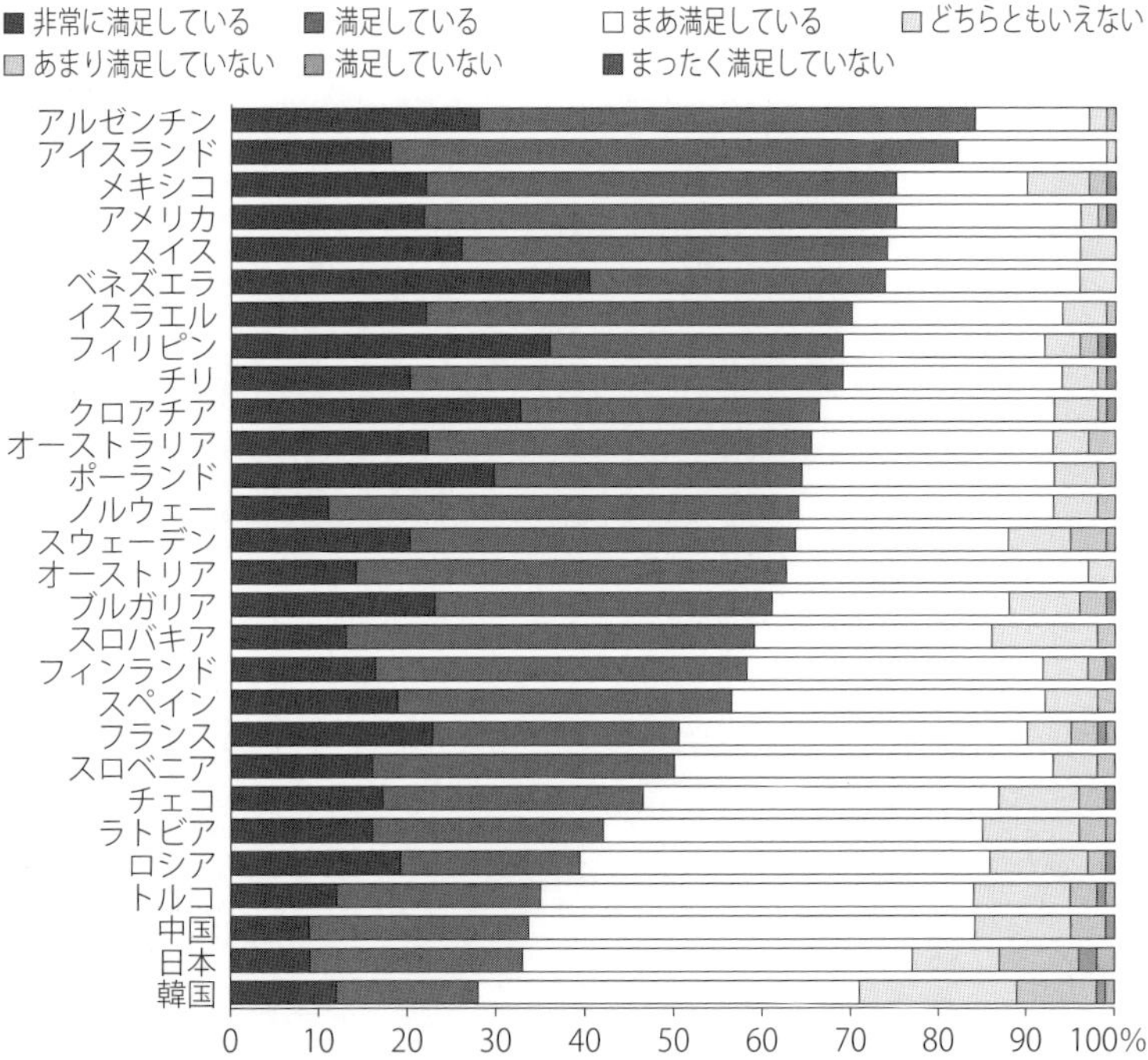


**図 6-1　配偶者とともに生活する女性の家庭生活満足度の国際比較**[2]

育児不安は三、四〇年来、日本に顕著な現象です。『平成一五年版厚生労働白書[4]』では、この「育児不安」がクローズアップされ、育児不安が解消されないがゆえに、子どもを産み、育てようという意欲が低下したため、少子化が加速する原因となったとして注目されました。過労死は他国ではない現象ゆえにKaroshiとして英語の辞典に取り入れられていますが、育児不安もそうなるかもしれません。

育児不安はその言葉から育児についての不安と受けられがちですが、そうではありません。**表6―1**のように、育児を担っている人が、子育てや子どもについての不安にとどまらず、自分の生活や将来への不安や不満があり、それが大きな位置を占

表 6-1　育児不安の構成要素とその重み[5]

| | 構成要素 | 平均（標準偏差） |
|---|---|---|
| 子ども・育児について | ・子どもの活発さには私も疲れはててしまう<br>・この子と私は相性が悪いのではないかと思うことがある<br>・この子の行動の中には，私にとってとても気がかりなところがある | 88.27（16.37） |
| 自分について | ・私は親としての責任に縛られている自分を感じる<br>・母親であるとともに自分の生き方も確立したいと焦りを感じる<br>・昔，私が思いもしなかったほど，生活の多くが子どもの要求に合わせるために犠牲にされている | 130.92（25.01） |

めています。

育児や子どもについての悩みや不安は、何もいまに限ったことではありません。昔もいまも子を育てている人、とりわけ、最初の子どもの場合、子どもの発育やしつけ方について不安や戸惑いを感じない人はありません。しかしこれは育児の経験を重ねるうちに軽減する、あるいは専門家（医者や保育士、カウンセラー）の説明で納得して、この種の不安はおおむね解消するものです。事実、第二子の場合にはこの種の不安はずっと低い、それは第一子の子育て経験から子どもや子育てについて体得するからです。

育児不安が注目されるのは、こうした育児や子どもそのものについての不安以上に、自分の現在の生活や将来展望についての不安や不満が強いことです[6]。

これはかつてはなかったことです。母親は子育てに生きがいや幸福感を抱き、不満や不安とはほとんど無縁でした。なぜでしょうか？　そして、これは他国ではあまり見られない現象なのです。日本でも昔はなかったことです。いったい、なぜでしょうか？

## 2 女性の人生と心理を一変させた人口動態的変化

「少子高齢」とことあるごとにいわれます。まるで枕詞のように。たしかに、少子にして長命という状況は人類史上初の事態です。それが人々の生活と心とを大きく変化させつつあるのです。とりわけ女性に大きなインパクトをもたらしました。

序章の**図序―1**（三頁）のほぼ一〇〇年前の日本の女性の一生の図を見てください。当時の女性は結婚し数人の子を出産します。そしてその子どもたちを育て上げると、間もなく自分の寿命も尽きる、死んでしまうものでした。女性は妻となり母としての役割を果たせば、それで短い一生はおしまいだったのです。

それが一変しました。現在は、子をつくらない場合もあり、つくっても少子でせいぜい二人。その子どもを育て上げた後に二、三〇年という長大な時間が残ることになりました。この「余りの」時間をどう生きるかという問題に直面したのです。ヒトは将来を考える――長い時間的展望ができる動物です[7]。いま、子どもがかわいい、育児は大事と思いつつも、それだけで自分の一生は終わらない、以前の女性のように「いい妻」「いい母」だけではすまない、幸福な一生にはならないことに気づいたのです。その心理をある母親は次のように述べています。

「私は子どもがかわいい、そしていいママをしていると思う。また家事も手抜きせずにやりいい妻であり主婦だと思っている。でも不安や焦燥にかられる――それは、自分が母でも妻でもなく固有名詞をもった一人の大人として振る舞ったり、期待されることがないからだ。どこへ行っても「〇〇ちゃんのママ」「○○さんの奥さま」、あるいは、ただ漠然と「奥さん」と呼ばれ遇されている。その生活では、私個人が生きているという実感がもてない。これが最大のストレス源であり、不安・不満の内実だ」

これは、単なるわがままではありません。「妻として」「母として」ではすまない、自分はどう生きるか、何をもって自分の生ける証とするか、できるかの問いです。ここにはアイデンティティの揺らぎがあり、その再構築を求めている声にほかなりません。

## 3 育児不安を強める要因——どのような状況が母親を育児不安に陥らせるのか

こうした育児不安の広がりを憂慮して、社会学者や発達心理学者によってたくさんの研究が行われてきました。それをまとめてみますと、以下の三つの要因が育児不安を強めていることが確認されます。

### 母親の職業の有無

その第一は、母親の職業の有無です。働く母親は子どもや家族に悪影響がある、という言説が、一時大きく喧伝されました。しかしこの問題を扱った研究からは、母親が職業をもつことによるマイナスの影響はないことが確かめられています。そして、育児不安の強さは母親が職業をもっているか否かと関係していることが明らかにされています。つまり、かつて母親が職業をもつことを否定的にとらえてきたのとは反対に、育児不安は無職で育児・家事を専業でしている母親で強いことがわかったのです。母親の職業の

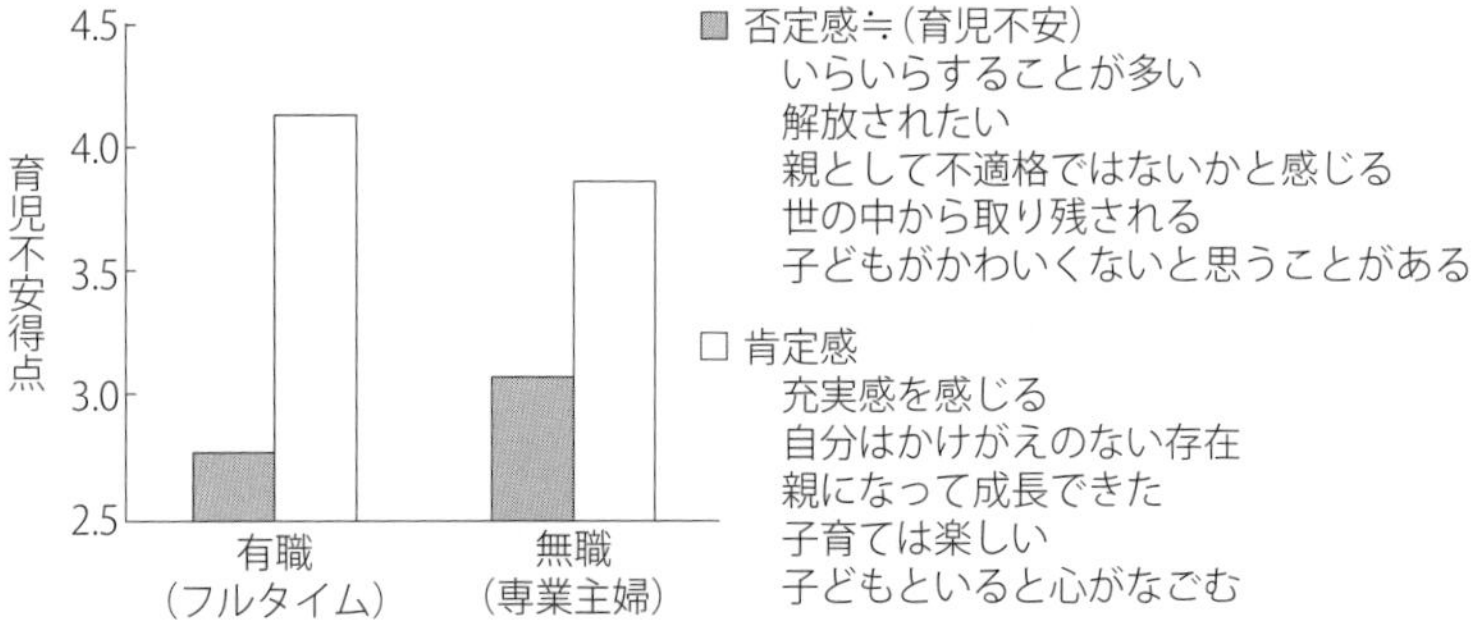


**図 6-2　母親の職業の有無と育児不安の関連**[8]

有無別に育児不安を比較した結果の一例が図6―2です。

図6―2に見るように、無職、つまり子育てに専念している場合に、有職の母親よりも育児不安が強いのです。先に、育児不安とはいっても子どもや育児そのものよりも自分についての不安や焦燥感が強いことを見ましたが、これが無職の場合に強いのです。このような結果は、この研究に限らず多くの研究が一致して認めているところです[9]。

さて、無職で家事・育児専業ということは、子どもの養育は〝母の手で〟という考え方を実践している人といえるでしょう。日本では、以前から妊娠・出産を機に退職する女性は少なくなく、結婚による「寿退職」と並ぶ、いわば慣行でもありました。今日でも、出産を機に退職する女性は、日本では他国に比べて多いのが現状です。

無職で家事・育児に専念しているという一見平穏無事な生活が、なぜ不安や焦燥を強めるのでしょうか？　それは、自分の将来を展望したとき、現在家事・育児だけしている自分はいったいどうなるのか、将来に備えた準備をしたい、しかし家事・育児をいっさい任された生活ではその時間も心のゆとりもない、そして職業世界はどんどん変わっていき、自分がかつて働いた経験はものの役にも立たなくなる、といった不安や焦燥を抱くのは当然のことでしょう。

## 「育児不安」の規定因としての「専業母親」

夫婦と子どもの世帯において、有業の母親の占める割合（％）を図6―3に示しました。二〇〇二年、二〇〇七年、二〇一二年を比較すると、子どもをもつ世帯の母親の有業率がどの年齢（階級）でも増えていることがわかります。二〇〇〇年以降、共働き世帯が増加しています。

無業の妻が一人で、一人か二人の子どもを専業母親として引き受けることは、一九八〇年代の一般的な家庭のあり方でした。子どもの非行の低年齢化が問題とされ、母親の育児のあり方に原因があるのではという意見がマスメディアで取り上げられていた時代でした。三歳までは母親による育児が子どもの発達を促すとする「三歳児神話」、女性は子どもを産む性であるがゆえに母性本能を備えるとする「母性神話」の言説、育児の担い手は母親であるという「母親規範」などが広く受け入れられ、妊娠、退職、出産、専業主婦という女性の生き方が大多数で、女性の年齢別就業率を表すと、二〇～三〇歳代に落ち込むM字型曲線を示していた時代でした。

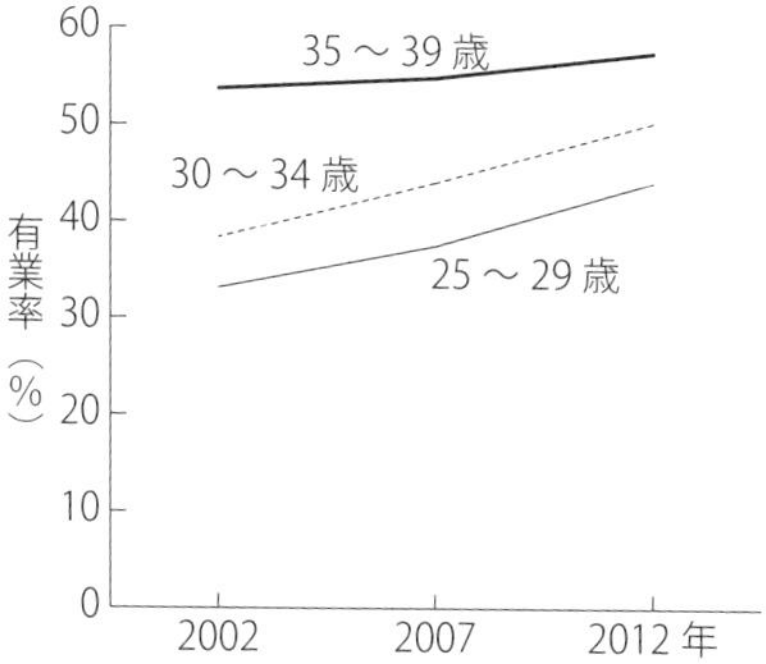


**図 6-3　夫婦と子どもの世帯の妻の年齢別有業率の推移**(10)

このような背景のもと、牧野カツコ(11)が育児不安について明らかにしました。妊娠・出産、引き続く育児を経験しながら、母親として子育てを引き受けたものの、喜びや楽しさだけでなく、疲労感、焦燥感、怒りなどさまざまな感情を体験します。迷ったり、戸惑ったりすることも多いのですが、夫は仕事に追われて忙しく、協力が得られません。身近に家族・親族・地域の人など、頼りになる人や気軽に相談できる人も見あたりません。地域におけるコミュニティの崩壊が進み、母親が一人で子育てを抱えざるをえない状況では、子どもはかわいい、子育ては大事と思いつつも、孤独な子育ての中で、不安な情緒の状態を呈する母親たちの姿がありました。（子どもは）「自分の手で育てる」という女性の生き方を選択してはみたものの、一人で背負うには重すぎ、育児不安を抱えてしまう女性が多かったと考えられます。

女性は「なぜ仕事を辞めるのか、辞めるとどうなるか」を研究したところ、女性自身がこの〝母の手で〟と考えての退職もありますが、それ以上に多かったのは、自分は仕事を続けたかった、しかし夫や夫の親から「〝母の手で〟が一番だ」「育児は君（妻）に任せて自分は安心して仕事をして稼ぐから」といった、夫やその親からの説得を受けての退職でした[12]。

二〇〇〇年頃を境に、共働き世帯が男性雇用者と専業主婦からなる世帯よりも多くなっていきます。就業している母親の方が、専業母親よりも、育児不安が低いという結果も明らかになりました[13]。妊娠—出産—子育てを経た母親たちが、「女性＝子育て」という構図に異議を唱え、仕事と子育ての両立という生き方を選択していったこと、高齢化率が高まり、女性の労働市場への進出を後押しするような産業構造と人口構造の変化が相まって、女性の生き方が変化したものと考えられます。

## 背景にある高学歴化・有職化

日本では高学歴化が急速に進み、大学進学率は男女とも五〇％前後という世界で有数の高学歴社会です。これはいまから四〇年ほど前、女性の大学進学は男性より低く、せいぜい二〇％前後だったことを考えると驚くべき変化です。

高学歴化、つまり高等教育は高度な知識や技能を獲得させますが、それだけではありません。ものの考え方を欧米化の方向へと促し日本的な価値観から欧米的な価値観へ向かわせます[14]。また、どのような活動を志向し満足するか、何をもって幸福と思うかといった動機づけや生きがいを変えます。高学歴になるほど、日常的家庭生活上のことではなく、社会的活動と達成への動機づけが強まります[15]。このことは高学歴化以前の母親では育児不安はほとんどなかったのが、年を追って強まっている一因でしょう。

この高学歴化と連動して女性労働の増加──つまり女性に有職者が増加しました。そもそも女性労働が顕著に増加した背景は、単に、女性が働きたがったからではありません。まず労働力の女性化──肉体労働が減じそれに代って労働の機械化・コンピュータ化が出現したことで、女性に職業世界が拓かれたのです。同時に産業構造が変化し、サービス業の著しい増加も女性労働を飛躍的に増加させました。

いまから三、四〇年前には、大学を終えた後、女性がフルタイムの職に就くことはまれでした。「腰かけ」といわれたように、「社会を見るための」結婚までの一時的就業でした。そこで、自分の都合で辞められるパートがいい、非正規のポストがむしろ都合よかったのです。女性は結婚し妻になり母となるのが当然とされ〝母の手で〟がよしとされていたのでした。しかし、次第に女性労働、それもフルタイムや専門職などが増加していったのです。それは高等教育の普及つまり高学歴化と連動しています。

このような高学歴化と有職化は女性の生活と心理を変化させました。職業をもつことは高等教育によって培われた社会的達成への強い動機づけが満たされ、社会的・職業的活動の中で達成感や自分の力への自信、さらに自己啓発への意欲を醸成させます。有職の母親で育児不安が低いのは、こうした社会的活動と自己認識を背景にしています。逆に無職の母親、とりわけ高学歴の場合には、「妻でもなく母でもない個人として」の生活領域も達成感も味わえない、閉塞的な状況に陥るのでしょう。そのことが無職の母親に強い育児不安をもたらしているのです。

ところで、育児不安は何も母親、女性に限った現象ではありません。育児休業をとった数少ない男性・父親は、いい体験だからと積極的に育休をとっており、日本では模範的な男性といえるでしょう。しかし、この男性・父親についての研究は、彼らが育児・家事だけの生活をするうちに、「赤ちゃんを抱っこしている手をぱあっと離してしまいたいとの衝動を感じた」「誰かから電話がかかってこないかなー子ども相手でなくおとなと話したい」などと述懐したと報告しています[16]。一任された育児、そして大人個人としての活動を疎外されることは、孤独感や閉塞感をもたらすのです。

産業心理学は、どのような条件が精神的健康をもたらすかについてたくさんの研究を蓄積しています。そこで明かにされたことの一つは、複数の活動に主体的に関与することの重要性でした。この場合、二つの活動が異質のものであること、そしてどちらにも積極的に関わる——換言すれば〝お手伝い〟ではなく、主体的に参加することが重要だということです。これは、最近しきりにいわれる〝ワーク・ライフ・バランス〟の重要性につながります。日本とオランダの父母を対象に、生活（家事・育児）と仕事とがどのようなバランスでされているかと育児感情との関連を見たところ、父親であれ母親であれ両立できている人は、子どもや育児に対し肯定的な感情を抱いていることが明らかにされています[17]。

一つのことに偏っている状態、つまり男性での「仕事一筋」、女性での「家事・育児だけ」は、いずれもワークとライフのバランスを欠いていることですが、このことが、精神的健康を阻害するといえます。無職の母親で育児不安が強い事実は、ワーク・ライフ・アンバランスの結果と見ることができるでしょう。

## 「育児不安」の規定因としての父親の育児不在

日本の母親の「育児不安」を牧野が取り上げたことで、追い詰められる母親の葛藤が明らかになり、母親の過重負担について、社会の関心が高まりました。牧野は、「母親の育児不安の中には、母子癒着ともいえる過度の母子一体化と、子どもへの拒否、あるいは無関心等の感情の両者を含んでいる」と、母親のアンビバレントな心のうちを説明しています。三歳以下の子どもをもつ正規雇用就業と専業母親を含む三六四名の母親を対象として、育児不安が高い人と低い人を比較した結果、夫婦関係が良好であるほど、家族以外の人間関係を広くもっているほど、子どもから離れて自分の時間がもてているほど、育児不安が低いことが明らかになりました。家族以外の人と話す機会がない、近所づき合いがない、社会的活動・趣味の時間がない、夫との会話時間が短いなど、誰からもサポートされず孤立する母親は、「子育てを負担に感じ」「世の中から取り残され」「視野が狭くなった」など、育児の負担感を強く感じていると説明しています。

母親の育児不安を強める要因として父親がどれほど育児に関わっているかが深く関係しています。これまで親や親子関係の研究といえば、ほとんどが母親と子どもの研究でした。とりわけ日本ではそうでした。父親は長いこと研究対象ではなかったのです。日本では、男性は「親になる」けれども「親はしない」、つまり、実際に育児をすることが少ないのです[18]。それが最近、父親を対象にした研究がようやく増えてきました。父親が育児しないことは、もう一人の親である母親に影響しているのではないか、との問題意識からです。

**図6―4**に見るように、家事・育児に使う時間を他国と比較した国際調査は一致して、日本の男性の育児時間も子どもとの遊ぶ時間も他国に比べてきわめて少ないことを明かにしています。日本の男性は「父親になる」が、「父親をする」ことがきわめて少ないことがわかるでしょう。換言すれば、日本の男性は

ワーク一辺倒の状況といえるでしょう。

さて、このような日本の状況を踏まえて、四〇〇人ほどの乳幼児をもつ父親について家事・育児量を調べて、その影響が検討されています。**図6―5**は父親が日常、どのくらいどんな育児をしているかを調べ、その量によって育児参加群と不参加群とに分け、その二群の配偶者つまり母親の育児感情を比較したものです。

**図6―5**から、育児参加が少ない父親（ここには育児をまったくしない父親も少なくない）の妻（つまり母親）の育児への感情は、つまらない、楽しくない、お先真っ暗だ、子どもが嫌になることがある、など否定的なものが断然強いことが見て取れるでしょう。このように父親の育児不在が母親の育児感情を悪化させることは多くの研究が明らかにしているところです。

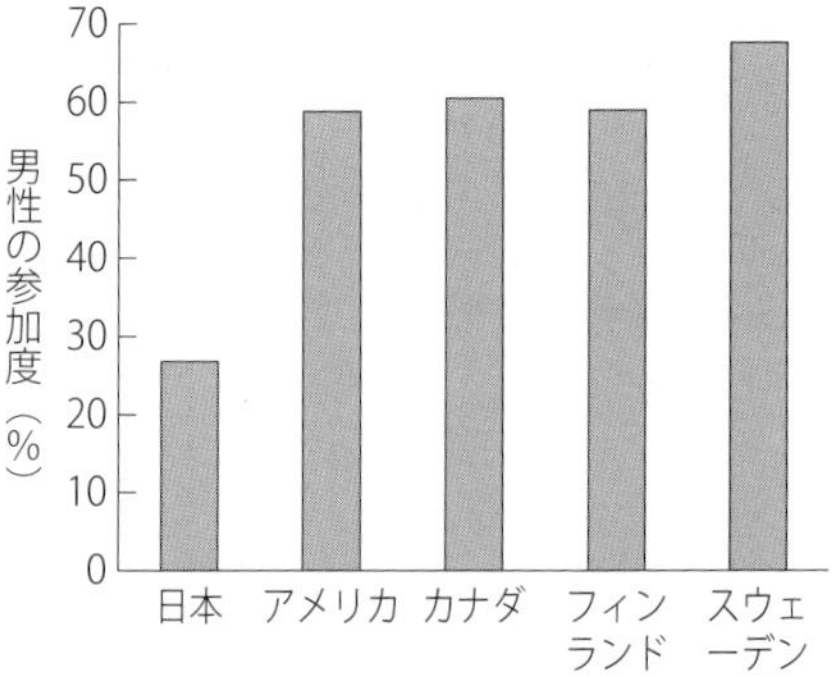


**図 6-4　家事・育児時間についての国際比較**[19]

注：女性の家事関連時間（家事，育児，介護，買い物など）を 100 とした場合の男性の参加度。

先に出産を契機に女性がなぜ仕事を辞めるかの理由の中に、夫から「子育ては母が一番、君に任せて自分は安心して仕事する、稼ぐ」といった理由があることを述べました。子育てを一任され夫は仕事だけの状態が、このように妻（母親）の育児不安を強めているのです。けっして「安心」できる状況ではない、かえって不安や不満が強いのです。このことは、先の〝母の手で〟を引き受けて一人で育児に奮闘している母親に育児不安が強かったことに通じるものです。

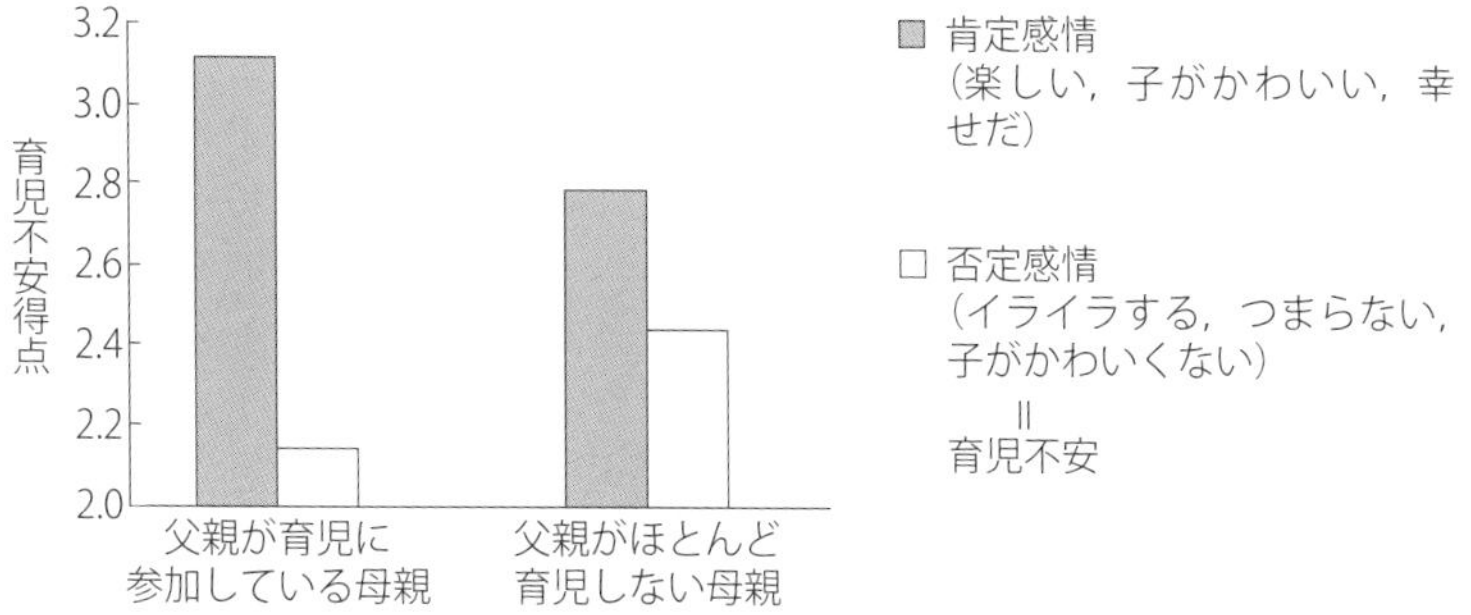


**図 6-5　父親の育児参加と母親の育児感情**[20]

## 4　なぜ父親不在が母親に悪影響を与えるのか

母親が無職で育児専業ということは、同時に父親の育児不在状況といえましょう。父親不在がなぜマイナスの影響をもつのでしょうか？　そこには少なくとも二つの理由が考えられます。

### アロマザリング——共同育児の必要性

その第一は、人類の子育てはそもそも共同育児・アロマザリング——複数の人による育児によって可能なことです。他の動物に比べて、人間の育児は破格に長い時間がかかる、またいろいろなことを教えることも必要です。他の動物では、自分で歩けて食物をとれればもう一人前。親の育児はそれまでです。それに比べて、長期にわたって多種多様な能力を身につけさせることは、一人の親だけでは不可能です。一人だけで頑張っても限度があり、また偏りも生じるなど弊害もあります。複数の人、それも血縁の親に限らずさまざまな特徴と力をもっている人が、子どもに関わることが必要なのです。人類は共同養育、また血縁を超えた多様な人による養育——アロマザリングが必須なのです[21]。

かつては、おおむね大家族で近隣との密な関係がありましたし、仕事も家族の近くでされていましたから、母親だけが育児するというようなことはなかったのです。それが都市化や小家族化、家庭と職場の分離などから、共同保育やアロマザリングを意識して行わなければならないようになってしまったのです。最近、育児の社会化、「みんなで子育て」、共同育児といったことがしきりにいわれるようになりました。それは、〝母の手で〟は孤立した育児になる危険性大、放置すれば母親だけの孤立した育児になる危険性を予見してのことです。

## 妻（母親）が抱く夫と自分との不平等感

〝母の手〟だけの育児、そして、父親不在が母親の育児感情を悪化させ不安に陥らせる第二の理由として、妻が夫に対して抱く不平等感があります。これについては第5章や第7章でも指摘されている通りです。

日本では育児であれ病人やお年寄りの看護であれ、ケアを担っているのは断然女性――母親であり妻、さらに娘、嫁などです。〝ケアの女性化〟といわれる状態です。

育児に限ってみてもケアの女性化は歴然です。育休は男女労働者に与えられている権利ですが、育休の取得は女性では多いのに対して、男性・父親の育休取得は地を這うごとく低いのです（図6―6）。これでは、育休をとる男性はよほど奇特な人、あるいは変人と思われかねないほどです。

このように育児から降りている夫、仕事一筋の夫を、妻はどう見ているでしょうか？　稼いでくれてありがたい、自分は仕事しないですんで楽だ、などと思っているでしょうか？　そうではありません。育児不安の中身を見ますと、専業母親が現状に不満や焦燥感を抱き、将来に不安を抱いていました。その中には、家事・育児はまったくせず妻に全部任せている状況への批判があります。
　いまから十数年前の新聞の投書欄に、「ずるいんじゃない」という過激な見出しをつけた投稿がありました。何が「ずるい」と感じているかといえば、「夫と自分は同級生だった、対等に議論し勉強もした、そして二人とも就職し、結婚した後もそれぞれ励まし合って生活してきた。それがいまは自分は家事・育児だけ、夫は仕事だけの生活、日曜も祭日もなく育児などまったく論外。二人は年齢も学歴も同じ、そして仕事する力だって負けないのに、夫だけが仕事をし、そして自分はその場を失われている」ことを「ずるいんじゃない」と憤慨しているのでした。

　この妻がどのような事情で仕事を辞めたかの事情は不明ですが、当時は育休も普及していなかったこともあるでしょう。ともあれ、年齢も学歴も、そして職業上の能力もほぼ等しい対等だった二人が、子どもの誕生を機にまったく生活を異にし、妻は自分の能力を発揮し社会で達成する機会も喜びからも疎外されてしまった、夫は多忙な仕事にけっこう満足しているのに——という状況なのです。

　家事・育児・介護など家庭内の仕事はいずれもケア労働です。家族内ケアといわれます。これは夫と妻でどう分担されているでしょうか？　妻が仕事をもっていようと、い

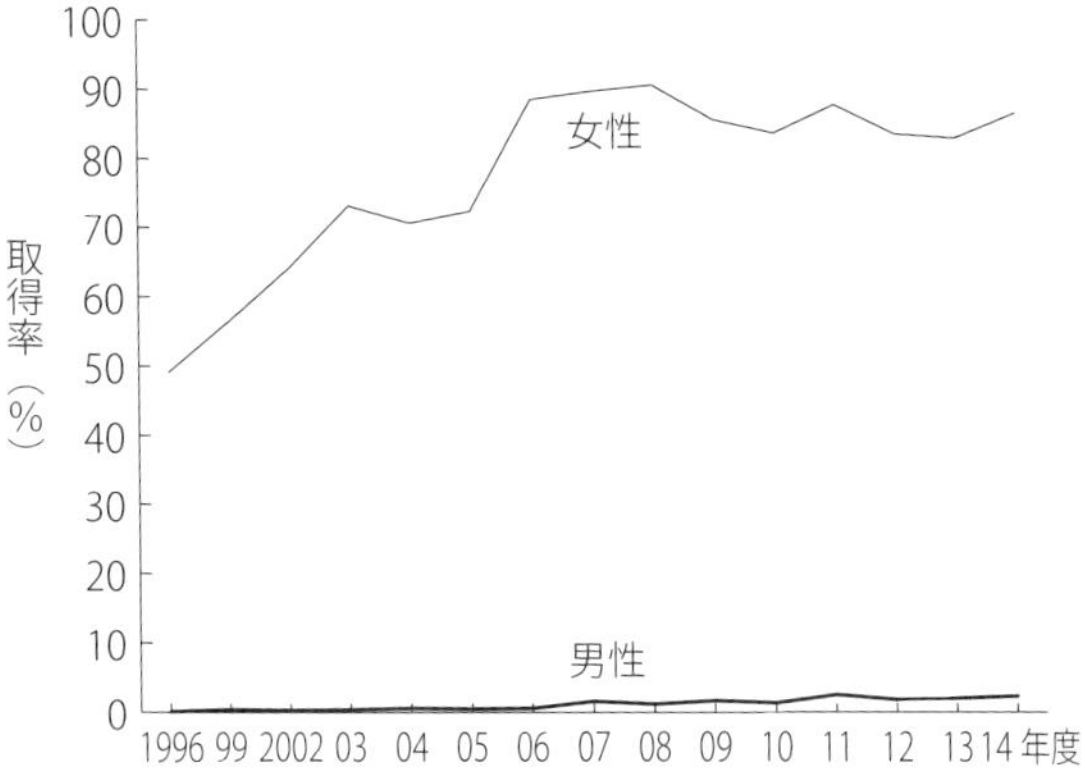


**図 6-6　育児休業取得率（民間事業者）**[22]

注：2011 年度は岩手県，宮城県，福島県を除く。

まいと、家事・育児は妻がしており、夫は妻がフルタイム職だろうと家事・育児時間は無職の妻の夫とさしたる違いはないというのが日本の実情です。このことは多くの研究が一致して認めています。

そして重要なことは、家族内ケアが非対称——夫の参加が少なく、多くが妻に偏っている場合、妻の不満や不公平感が強いことです[23]。家族内ケアを自分だけがしている妻は、社会的活動から疎外されてしまった孤独感と、対等であるべき夫との間に不平等感を抱く、まさに「ずるいんじゃない」との感情を抱いているのです。

〝ケアの女性化〟は少子と親の長命の事態によってもう破綻している、つまり、女性だけではケアは担いきれなくなっています。なのに、いまなお家族内ケアは妻・母のものとされているという、構造的な矛盾があることはすでに序章で述べたところです。職業世界では女性労働が増加しつつあるものの、家族内ケアは依然として女性の役割とされ、〝ケアする女性・ケアを受ける男性〟という非対称的な関係をつくっています。このことに妻たちは不満を抱き「ずるいんじゃない」と抗議しているのです。しかし、この解決は自分一人ではできず、追い詰められている、それが育児不安の一端といえましょう。

欧米諸国の男性の家事・育児時間は日本の男性に比べて格段に長く、また多岐にわたる家族内ケアを実践しています。それは、頼まれての子どものお守りや調理のお手伝いではなく、主役になって実践しています。しかし、欧米でも以前は妻・母は家事・育児、介護などを一手に引き受け、女性は「家庭の天使」とほめたたえられ、女性が一手に家族内ケアを引き受けていました。しかし、社会変動——家事の機械化、女性の労働参加増などの社会変動を受けて、男性は仕事だけでなく家族役割も積極的に担うようになったのでした。社会の変化を受けて、家族・夫婦のあり方が検討され、従来の性別役割分業から徐々に脱してきたのです。日本はこれがない、あってもあまりに遅く、いまだに「男は仕事、女は家庭」が基本路線、女性は仕事をもっても家事・育児の責任は担う、「女性は仕事も家庭も」の状況です。

父親（夫）の育児不在は妻の心理に悪影響をもつだけにとどまりません。休日に父親がどのくらい子どもの世話や遊び相手をするかを調べて、その時間の長さごとに第二子が誕生する率を比べたのが**図6—7**です。

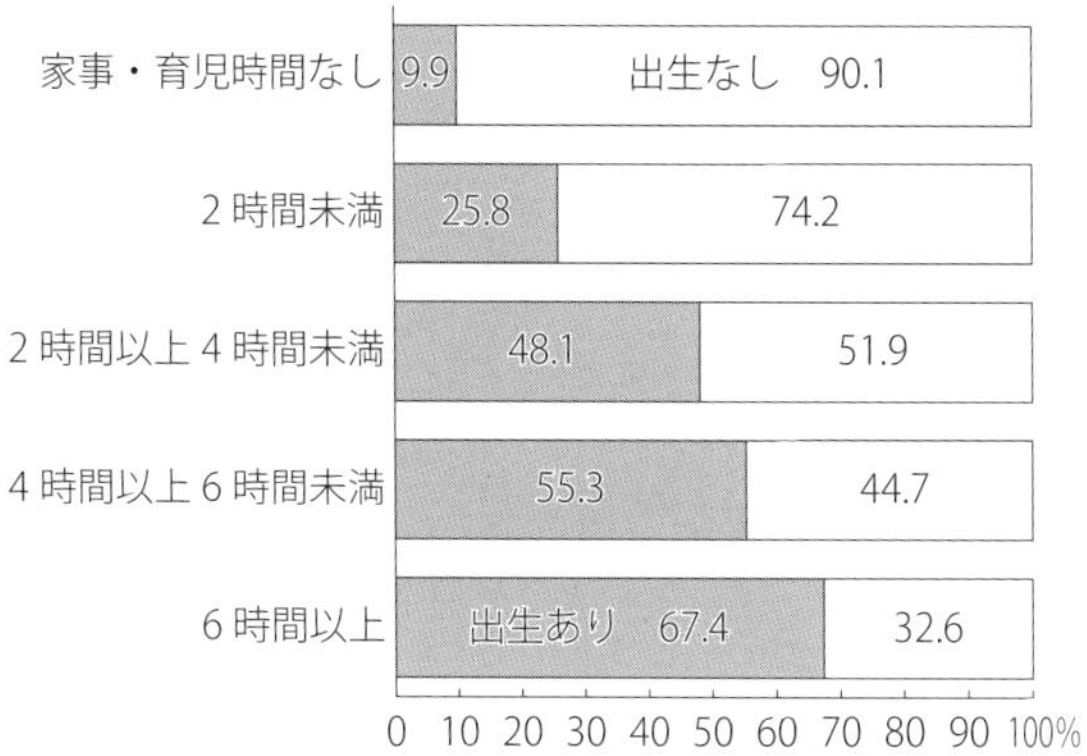


**図6-7　父親の休日の家事・育児時間別に見た8年後の第二子誕生**[24]

父親の育児や子どもの相手をする時間が長いほど、第二子誕生の傾向が強いことが、この**図6—7**で一目瞭然です。夫の育児不在は、妻の育児不安を招き夫への不満を強めるなど妻の心理を悪化させる、しかしそれで終わらないのです。こんな状況では妻を「もう産むまいぞ」という気持ちにさせるのでしょう。第5章で第二子を産まない理由について述べましたが、第一子のときの夫の育児不在を見て、これを二度と繰り返すまい、ということでしょう。父親の育児不在は少子化の隠れた要因であることがわかります。

政府が本気で少子化を止めようとするなら、男性の仕事一辺倒の生活を是正する方策が必須です。育休取得は父親の権利であり責任だということを、具体化する方策なしには解決しないでしょう。

## 5　おわりに

日本の母親に顕著な育児不安とは、少子高齢という史上はじめての事態が女性にアイデンティティ再考を迫ったもの、つまり、女性の発達の問題であることを見てきました。そしてこの育児不安を強める要因は、社会の変化にもかかわらず残存している夫と妻の性別役割分業にあり、これはワーク・ライフ・バランスの問題であることも述べました。女性――母・妻は少子長命となったいま、妻・母としてだけではダメ、一人の個人として生きる必要に気づいたのです。それが不安や焦燥感、さらに、怒りや抗議の声となっているのです。一方、男性――夫・父親は女性に比べて変化が鈍く、いまも「仕事人間」として業績や昇進を目標に励んでいるのが大勢です。

けれども、この男性のゆくえは、けっして明るいものではありません。かつては、定年まで勤め上げて退職した後、しばらくは悠々自適、家族から大事にされる老後の生活がすごせたものでした。

それが一変しました。長命化とは、即、退職後の時間の延長です。「ご苦労さま」と労われるでしょうが、それは長くは続きません。以前のように、安穏なご隠居の日々とはなりません。退職前はいっさい人任せだった家事や近隣とのつき合いなしに、長い老後は生活できません。〝亭主は丈夫で留守がいい〟とされてきた亭主が、退職後ずっと家にいることになるとどうなるでしょうか？

一般に、男性は仕事で業績を挙げ出世・昇進するほど、部下や係の人が些事はしてくれる、家では家事はおろか身のまわりのことも妻に世話される、ということになります。このような状況で退職した男性は、家事はもちろんのことささいな身のまわりのことを処理する能力も乏しいのが常です．端的にいって仕事上で偉くなるほど〝粗大ゴミ〟化が進みます。こうした夫は、退職後も以前と変わらず、家事、家族内ケアはいっさい妻任せ、そして「お茶」「飯はまだか」などと連発する、そして妻の外出を「どこに行くのか」「また出かけるのか」などという夫は珍しくありません。それが妻の心身の不調をもたらし、〝夫在宅ストレス症候群〟と名づけられてもいます。

これは個々の夫を攻撃しても始まりません。どうしてそうなったか、長命は男性に長い老後をもたらし、そこでは家族内ケアを担うことが必要になった、その認識を欠いているのです。欧米の男性が日本の男性より家事・育児を積極的に担っているのは、長命になった人生では男女いずれもが家事・育児を担うことが必要だと認識し、それを実践しているからです。

日本ではいまも〝男は仕事、女は家事・育児〟〝女は仕事をしても家事・育児もしっかり〟、という性別役割分業から脱却できていません。このことは幼少時からの男女のしつけや教育にも反映されています。日本人が他国に比してきわめて長命となり、他方、労働や家事・育児の機械化・外部化が進んだいま、家事・育児は性別を超えて担う必要があり、また可能となりました。どのようなスキルをもつことが必要か、換言すれば教育・しつけの目標は何かを真剣に問い直すことが迫られています。

## コラム9　なぜ少子に虐待か——家族臨床から見えること

●平木典子

厚生労働省は一九九〇年から児童相談所で取り扱われた一八歳以下の子どもの虐待相談件数の統計を取り始めてきましたが、その数はこの二〇年間に七〇倍に激増しています（**図1**）。二〇一三年度の虐待の種類と数[2]は、一位は「身体的虐待」（殴る、蹴る、投げ落とす、激しく揺さぶる、火傷を負わせる、おぼれさせる、首を絞める、縄などで縛って一室に閉じ込めるなど）で三五・四％、二位は「心理的虐待」（言葉で脅したり、無視したり、兄弟の間で差別扱いしたり、子どもの前で家族に暴力を振るう〔DV〕など）の三三・六％、三位は「ネグレクト（養育放棄）」（押し入れや車に閉じ込めたり放置したり、食事を与えない、不潔なまま放置する、病気になっても病院に連れていかないなど）の二八・九％、四位は「性的虐待」の二・二％となっています。

近年の特徴は、一位を続けてきた身体的虐待の件数が減少し始めているのに比して、心理的虐待とネグレクトが増加し、二〇〇九年に前年度の二倍になった心理的虐待が二〇一二年にはそれまで二位だったネグレクトを抜いて二位になったことです。ただ、近年のネグレクトは、長期に置き去りにされた衰弱死、長時間車中に放置され

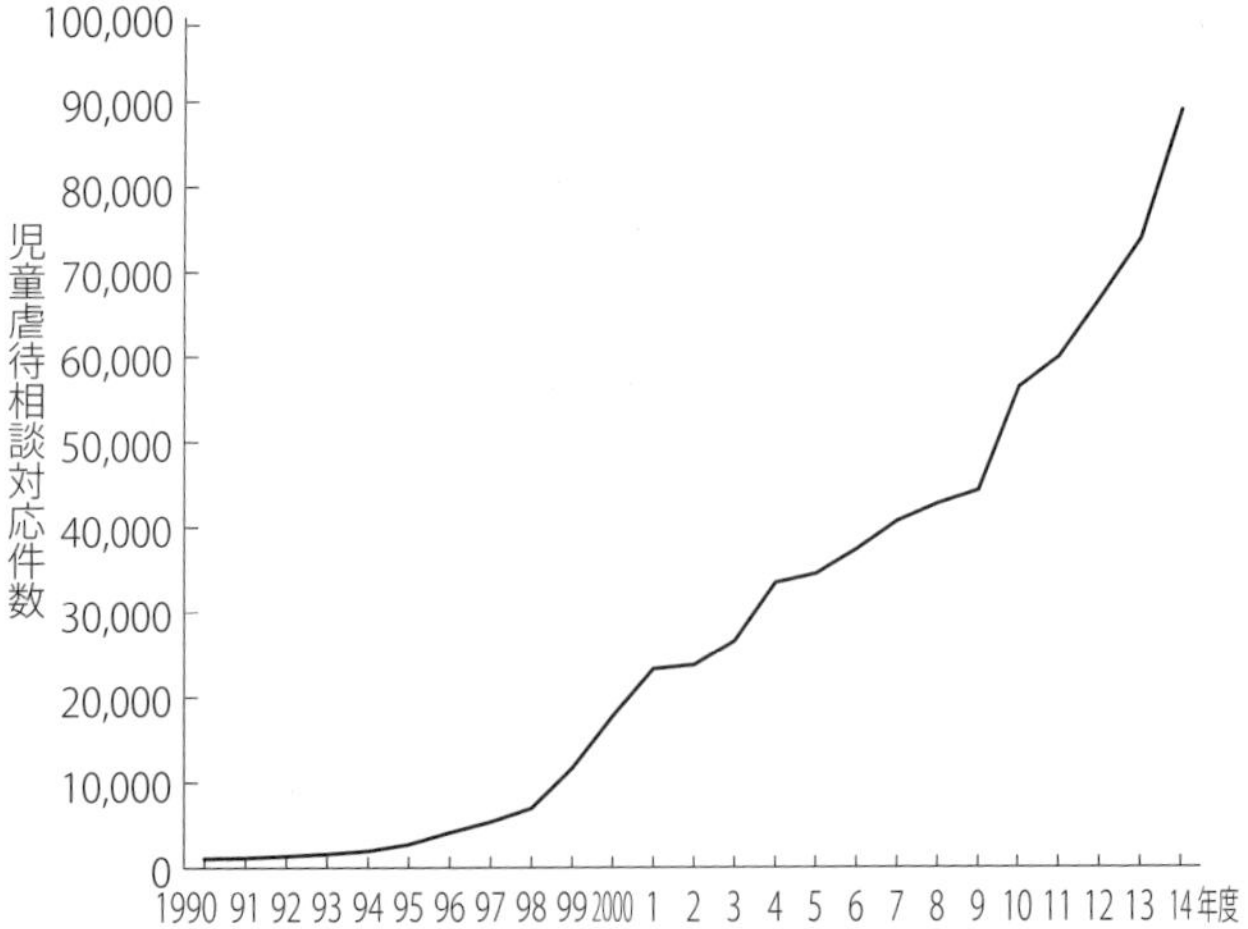


**図1　児童虐待相談対応件数の推移**[1]

注：2014年度は速報値。

た熱中症での死亡、一人で留守番をさせられた間に火事で焼死など、死に至る痛ましいものが目立ちます。一方、親の密かな子どもいじめともいえる心理的虐待は、心身が徐々に蝕まれて多様な症状として表現されたり、心に深く傷を負った子ども自身が自死を選んだりする深刻な問題です。

虐待の背景には、「世代間連鎖」「生活上のストレス」「しつけ、教育のつもり」の要素があります[3]。

世代間連鎖による虐待とは、虐待されて育った親が愛情や倫理観の欠如からではなく、適切なしつけ方を知らぬまま自分の親の攻撃的・虐待的言動をモデルにして「泣き止まないといらだってどなる」「言うことを聞かないと殴る」といった言動をとることです。生活上のストレスによる虐待は、経済的困窮、孤立した育児の負担、夫婦の不仲、離婚の増加などで、未熟な子どもが出す当たり前の欲求に応えられない状態です。ただ、これらの問題には、保健所や児童相談所、児童家庭支援センターなどが支援に取り組んでいます。

近年、「しつけ・教育のつもり」の心理的虐待の中には、臨床の現場では頻繁に見られながら虐待の件数に取り上げられることも、親や周囲に意識されることもない「やさしい」虐待があります。

避妊、堕胎、生殖医療の進歩と個人の自由の拡大は、父母に子どもを少なく産み、経済力と時間をかけて子育てをする戦略をもたらしました[4]。親の「よかれ」や「あなたのため」という口実の下で幼児期から始められる親主導の習い事や塾通い、親の望む大学や会社を目指した受験勉強などは、子どもの個性や自分らしさの発達を目に見えないところで、長期にわたって阻んでいることが少なくありません。自分らしさの発揮がままならないことに何らかの形で気づいている子どもたちは、早ければ小学校の授業中の居眠りや抑うつ、中学生の不登校や摂食障害、引きこもりといった心身の症状で、遅ければ自分で自分の人生の方向を選択しなければならない三〇歳代の後半になって職場不適応や自己像の不確実さとして表現されます。

ところが、社会と親が求める生産性と能率を重視した近代産業社会の狭い価値観に順応できない者は「落ちこぼれ」や「ニート」「多動症」「非行」などの名のもとに不適応のレッテルを貼られます。このような言動は、じつは「善意」の名の下で個性や自由、人権が無視されてきた子どもの「密かな虐待」への言葉にならない抗議です。子どもや若い大人の自己回復のチャンスと受け取ることが必要なのではないでしょうか。

# 第7章　もたれ合う家族
## ――日本の家族文化の問題

●船橋恵子

家族は大切だけれど息苦しい面もあると感じている人は、意外に多いようです。一般に親しい関係においてプラス・マイナスの感情が生じるのは、当然といえるでしょう。けれども、何か日本社会に固有の息苦しさがあるような気がします。私が観察したフランスやスウェーデンやアメリカの家族では、夫婦関係や親子関係、子育てや介護について、もちろん日本と同様にさまざまな問題はありますが、それほど息苦しさはないように見えます。その背景には、日本の育児や介護の社会化の不足とともに、日本社会の底に流れている、ある種のもたれ合いの家族文化があるように思われます。本章では、日本の家族文化とその背景に焦点をあてて考えてみましょう。

## *1* なぜ現代日本では子どもが自立しにくいのか？

### 子育てのゴールは自立

ヒトの赤ちゃんは、誰かが世話をしなければ生き延びることができません。その意味で、子は親（保護者）に生存を頼っていますが、誕生した瞬間からすでに、子の生命は子自身のものであり、親とは別の人格です。母親は、分娩によって、胎内に育んでいた子と身二つに分かれます。誕生の瞬間から母子は一体ではありません。子どもに全面的に頼られることが、どんなに大きな喜びと責任であっても、親子は別の人格です。

子育ては、「子別れ[1]」なのです。ほ乳類としてのヒトの親は、子どもをかわいがって受け止める反面、煩わしいと子を離すときもあります。子どもも、育っていく過程で世話をしてくれる大人に愛着を示したり、反発したりしながら、少しずつ自立性を高めていきます。適切な距離をとりながら子どもの成長を見守るのが親の役目であり、子どもが親から自立することが子育てのゴールといってよいでしょう。親子は、生活をともにする親密な関係から、相互に自立する特別な他者の関係へと発達していくのです。

その際に、子どもが親以外のモノに愛着を示したり、親以外の人との関わりをもつことは、大きな意味をもっています。子どもは、親だけでなく、親族や近隣の人々、保育園や幼稚園、学校などの人間関係を通じて社会化されていきます。子育ては家族だけではとうていできません。家族は閉じたシステムではなく、社会とともにあるシステムです。

子どもの自立は、身辺の生活自立、精神的自立、経済的自立（就職）、居住の自立（離家）等々としてとらえられてきました。産業化以後の社会ではどこでも、子どもが親の支援から自立するまでに、長い時間を必要とするようになっています。一人前の働き手になるために高等教育を受けることが必要になるにつれて、「離家」の年齢も高くなってきました。高度な専門職に就く場合は、教育期間がさらに伸びます。一般に階層が高いほど親の保護の下に長くとどまり、階層が低いほど「離家」が早いという傾向が見られます。

「離家」は、ある日突然起こるのではなく、一般に時間をかけて行われるプロセスです。大学生になって親の家から出ても、学費や生活費を送金してもらったり、夏休みには帰ることができる居場所として親の家があったりします。やがて就職し、結婚してみずからの家庭をもてば、多くの場合「離家」は完成します。

## 「離家」が明確な欧米、曖昧な日本

「離家」の様相は、社会によって違います。欧米では、成人した子どもと親が同居することは少なく、大学生にもなれば奨学金やアルバイトで自活し、親の家を出るケースが多いようです。背景には、結婚した若い夫婦は親と同居しないという核家族規範とともに、若者に対する社会的支援の仕組みの違いがあります。

例えばアメリカ合衆国では、私学が中心的役割を担っており、学費はかかりますが、親の所得階層に関係なく、優秀な成績を修めた学生に奨学金が給付されます。また、キャンパス内に学生向けのアルバイト機会がたくさんあり、学生は授業を受けていない時間にスクールバスの運転手、学生食堂のサービス係、図書館の整理事務などをして働いています。大学院生にもなると、ティーチング・アシスタントやリサーチ・アシスタントとしてみずからの専攻を生かして稼ぐことができます。

スウェーデンでは、高等教育は国公立がほとんどですから、学費はかかりません。また、奨学金制度が充実しているため、若者は早く親元から離れて自活できます。一度社会に出た若者が失業すると、奨学金を受けながら高等教育を受けて専門知識を身につけ、IT産業などに再就職していきます。このように学生が働きながら学ぶことができる仕組みが整っていれば、子は成人すると親の家を出て自活し、親とは適切な距離をとりながら交流するようになります。

ところが日本では、自宅通学の大学生がかなりいますし、就職後も親の家から通勤して「離家」しない場合があります。日本の企業の一部が自宅通学の女子学生を採用に関する暗黙の条件にしていた時期もありました。

## なぜ日本では「離家」が曖昧なのか

その制度的背景としては、子育ては家族の責任であり、子どもの教育費も基本的には親が負担すべきであるとする「家族主義」の考え方が挙げられます。児童手当は、近年さまざまな改善が試みられ金額も増えましたが、ヨーロッパ諸国の児童手当と比べると低い水準です。高等教育には私立と公立がありますが、公立でも学費と就学関係費は高く、親の負担は重いのが現状です。日本の奨学金は、親の所得水準が高ければ、いくら優秀でも受けることができません。歴史的には、親から離れて若者が親方のもとで職業訓練を受ける仕組みがありましたが、現代日本には若者が親から離れて自活するための仕組みが乏しいといえます。そのため、日本の親は長期にわたって子を支え続けなければなりません。

歴史的背景としては、戦後日本社会の変動の中で若者が自立することが難しい状況が生まれたことも指摘できます(2)。

戦後復興期（一九四五〜一九五四年）は、夫婦家族制の理念は登場したけれども、伝統的家族規範が強く、高等教育への進学は裕福な階層のみ可能であり、多くの農民層では、子どもは重労働に従事する両親を手助けしたくて、早く労働力として成長しようとしました。働き始めた子どもは、はじめてもらった給与の一部を親に送ったりしたものです。

高度経済成長期（一九五五〜一九七三年）は、農村から都市への人口移動、高等教育への進学率の上昇、新規学卒雇用慣行の誕生、恋愛結婚の増加、「稼ぎ手の夫と専業主婦の妻」モデルの広がり、「子どもは二人」規範の定着、教育する母親像などに示される、近代家族が広がりました。

ポスト成長期（一九七四〜一九八九年）は、高度経済成長の完熟を土台に、高等教育が当たり前となり、進学競争の激化とともに校内暴力や教育する家族の問題が発生し、大人になるための試行錯誤が長期化しました。豊かな階層では、就職しても親の家にとどまり続けて自分の収入を遊びに使える「独身貴族」現象が生まれ、下層では、十分な教育を達成しないまま不安定な雇用環境に入っていく若者たちが生み出されました。

構造転換期（一九九〇年以降）は、新規学卒雇用・年功賃金・生活保障を特徴とする日本型雇用が揺らぎ、正規雇用の縮小とともにフリーターやアルバイトが常態化し、親から独立して結婚できる若者が減ってきました。成人後も長く未婚で親元にとどまる若者を「パラサイト・シングル」とよぶようになりましたが、実際はこのような構造転換の隙間に取り残された若者たちが多かったのです。

今日必要なのは、子どもを自立させる責任を家族だけに任せておくのではなく、社会的に若者の自立を支援していく仕組みです。しかしながら、その仕組みづくりを妨げているのが、日本の家族主義と母性観です。

## 2　日本の家族主義と母性観の問題点

### 「直系家族規範」の根強さ

一般的には高度経済成長期に日本でも核家族化が進んだと思われていますが、じつは多数いるきょうだいのうち長男だけが結婚後も親の家にとどまり、他のきょうだいが独立したため核家族世帯数が増えたにすぎません。老親と夫婦と子どもから成る直系家族は、高度経済成長期にも一定数を保ちました。社会学者の盛山和夫(3)は、すべての子が老親をおいて家を出る欧米の「核家族化」とは区別して、きょうだい数が多いために起こる核家族の増加を「自然核家族化」とよんでいます。

日本では、核家族数の増加にもかかわらず、核家族規範は強まらず、直系家族規範が残りました。そのため、結婚し家を出た子が家族ぐるみで盆や正月に親の実家に帰る習慣は、今日でもなお続いており、帰省ラッシュは日本独特の現象です。このように日本社会では、成人後も親と同居あるいは隣居することに文化的抵抗感がありません。親子の緊密な関係が続くので、老親に余力があれば、すでに成人した子どもに対しても、いつまでもできるだけのことをしてあげたいという意識が生まれるのです。

### 家制度の残存

日本の家族主義の問題は、家族の法制度にも表れています。婚姻制度と夫婦同氏と戸籍制度が分かちがたく結びついています。戸籍は、国民登録、親族登録、住民登録を兼ねている国民統治方法で、戦前の家父長制の名残をとどめています。戸籍筆頭者はほとんどが男性であり、筆頭者が亡くなって除籍されても、筆頭者としての記載は残り続けます。つまり、子は婚姻により独立戸籍をつくらない限り、永遠に父の戸籍の一員であり続けるのです。これは、無意識のうちに私たちに一家の代表は父親であり、特別の存在であることを知らしめるものです。夫婦同氏も、当事者の選択に任せた結果、日本では圧倒的多数が夫の氏をとります。戸籍制度は日本に固有のもので、ヨーロッパでは個人単位の国民登録になります。

諸外国で、婚外子差別禁止や共同親権の実現、さらに同性婚を認めるに至るまで、家族法の改革が進んでいるなかで、日本民法の変革の動きは乏しいといえましょう。フランスと日本の家族法を比較研究している水野紀子[4]は、日本民法は多くのことを当事者にゆだねて弱者の保護を十分に行っていない（例えば離婚時の取り決めなど）という点で、本来的な家族法としての機能において無力であるけれども、家族イデオロギーを宣明するものとしては強力であると述べています。

個人が家制度に浸されているのは、社会的な慣行にも根ざしています。例えば、結婚式や葬式、お墓などで「家」は姿を現します。直系血族及び同居の親族は互いに助け合わねばならないという民法七三〇条の規定があるため、生活保護の受給や介護保険制度の運用の現場で、家族主義的な利用制限がかかります。例えば介護保険では、一人暮らしだと受けられる家事援助が、同居家族がいる場合は家族がすべきものとされて受けられません。

## 「母性神話」へのとらわれ

さらに私たちの無意識に働きかける言葉の一つに「母性」があります。保健医療の専門家の世界では、「母性」とは単に母親であることや母親である期間を指しているにすぎないのですが、歴史的・社会的にいろいろな意味がつけ加わって幻想化されています。例えば、「女性には新しい生命を産み出して育む力がある。僕ら男にはできないことだ」と礼讃する男性がいます。善意で心からの敬意を表していることはわかるのですが、ちょっと待ってください、そのような母性礼讃がじつは女性を苦しめるのですよ、と言わなければなりません。

そもそも「母性」という言葉は、古来から日本の文化にあったのではなく、大正期に乳児死亡率を下げるために母親の自覚を求める文脈で使われるようになりました[5]。当時、①母子は一体である（子は母のすべてであり母は子のほかには何もない）、②産みの母はすべてを犠牲にしても育児に専念しなければならない、③母の愛は盲目なので育児知識を学ぶ必要がある、という主張がなされました。それまでは貧しい農民の間では嫁は野良仕事に忙しく、育児は祖父母任せだったのですが、そのような祖父母による民俗的育児法を否定して、男性小児科医の指導に従った「科学的育児」が推奨されました。具体的には、母乳の価値を認識すること、時間決め授乳、早期の離乳、抱き癖をつけないこと、排泄の訓練などです。

しかし、母性が美化され強調される裏で、徳川時代には少なかった親子心中、特に母子心中が大正期に急増しました。母親に経済力がないため、母子の生活が行き詰まってしまうと、自分が死んでしまえば子ははたして幸福になれるかわからないと思い詰めて、子どもを道連れにしてしまうのです。このような歴史的経緯の中にすでに、今日の孤立した母親の育児の問題点がはらまれています。

## 「母性神話」の社会的定着

戦後もなお、日本では産みの母による献身的な子育てが賛美され、「母性」が社会的な物語構成のキーワードであり続けました。

教育社会学者の山村賢明[6]は、戦後のテレビやラジオのドラマを分析して、「母」の観念が社会的に果たしている役割を描き出しました。ドラマの中の母は、さまざまな苦労に耐えて自己犠牲によって子どもに尽くし、子ども（特に男の子）はそれを支えにしてみずからの達成に向かいます。母はまた、子にとって最後に帰っていくことができる心のよりどころであり、救いでありました。しかし、子はそのようなありがたい母の犠牲を償うことができないので、罪悪感を抱きます。母は子にみずからの存在証明を見出し、子も母の期待にみずからの将来を見出すのですが、このような母子の相互依存関係は、重たいものではないでしょうか。

また、マスメディアによって「母性喪失」という名の母親バッシングも行われました。社会学者の田間泰子[7]は、一九七三年を中心に盛んに行われた子捨て・子殺し報道を分析して、実際の統計的傾向とは裏腹に「父親不在の、母親による子捨て・子殺しの物語」のみが紡がれてきたことを明らかにしています。

女性は子どもを産むのが自然で、子どもが生まれたら溢れる愛情で献身的に育てるのが当然であるという「母性神話」は、子どもができない不妊の女性、事情によって中絶を選んだ女性、育てることができずに子どもを手放す女性、懸命に育てるほど子育てがつらいものに感じられていく女性たちを苦しめてきました。[8]母親に対して歴史的に自己犠牲と過剰責任が要求されるようになり、「母性神話」が社会の支配的文化になることによって、家族のさまざまな問題が生じているのです。「母性神話」はもたれ合う家族関係の鍵になっていると考えられます。

## 母が重い

近年の小説の中にも、母が重いというテーマで話題になった作品があります。粉飾のない本当の自分の生き方を求めながら、実家の母の度重なる入退院に翻弄され、また夫との精神的に深い交流が得られない女性の状況をリアルに描き出した小説が、水村美苗[9]の『母の遺産』(二〇一〇〜二〇一一年、『読売新聞』連載小説)です。心の通うことが乏しかった実母の介護と看取りが、娘にとっては大変重いものであり、母の死によってはじめて娘が母から解放されるという物語は、多くの読者の共感をよびました。また本当に自分のやりたいことを夫に理解されず、どこかすれ違っている夫婦の空しさも、この小説にはみごとに描かれています。もたれ合う家族ではなく、個を基盤にした連帯家族を求めてもがくさまが、現代の読者の共感をよぶのではないでしょうか。

臨床心理の世界でも、娘のためによかれと思ってあれこれ介入する母の問題が指摘されています。例えば母娘の二人三脚で受験を乗り越えていくケースなど、合格後に娘が自分は母の操り人形だったと感じてしまうことがあります。カウンセリングセンターを主催する信田さよ子[10]によれば、「母性愛」にとりつかれている母と娘は、独裁者としての母と従者としての娘、殉教者としての母と永遠の罪悪感にさいなまれる娘、同志としての母と絆から離脱できない娘、騎手としての母と代理走者としての娘、嫉妬する母と芽を摘まれる娘、スポンサーとしての母と自立を奪われる娘といった様相を帯びて、ともに息苦しい関係にはまり込んでいきます。溺れかかった母と娘が自分自身を取り戻すためには、まず相互に自立するべく離れることだといいます。

そして、このような密着した母娘関係の背後には、存在感のない父親の問題があります。信田さよ子は、カウンセリングセンターに子どもの問題でやってくる母親の話を聴いていくうちに、じつは問題は夫婦の間にあって、対等に協力し合う夫婦関係の欠如が、成人後の母子密着という形をとって表れることが多いと述べています。

## 3　共依存から自立に基づく相互ケアへ

### 親密な他者

家族関係は、どのように組み立てていったらよいのでしょうか。ずばり、親しき仲にも礼儀ありです。最も親密な相手こそ、一心同体ではない「他者」なのです。

このようにいうと、冷たいと感じられる方もいらっしゃるかもしれません。しかし、人間は他者に成り代わることはできません。われわれが相互に深く理解し合い共鳴することができるのは、他者を他者として尊重してはじめて可能なことなのです。親子であれ夫婦であれ、親友・恋人であれ、どんなに親密な相手でも、侵すことのできない独立した人格であり、みずからの意思と生命をもつ主体です。他者性を自覚し合うところに、深い相互理解と愛が生まれます。同じ釜の飯を食べた仲、日々の生活をともにする家族だからこそ、相手のことは何でも自分がよく知っていると思い込みがちですが、相手の人格を尊重することが重要です。

医療の世界では、すでにインフォームド・コンセントが常識となりつつあります。担当医師が患者の病気について専門知識をもつとはいえ、患者の体は患者自身のものであり、医師の専門的な説明を受けたうえで治療法を選び、その帰結をみずから引き受けるのは患者自身であることに、いまや異論を唱える人はいないでしょう。意識のない患者、重い認知障害をもつ患者に代わって家族が意思決定をせざるをえない場合でも、当人がどのように考えるだろうかということを推測しつつ判断することが多いと思います。そのように当事者中心に考え、優位性や親密性に寄りかかった支配を防ぐことが、人を尊重するための基本であると思います。

## 日本社会に蔓延する共依存関係

じつは、家族の中だけでなく、日本社会全体にも共依存的な関係性が広がっています。例えば、日本の労働者は勤勉だといわれますが、自分で考え抜いて得た思考をしっかりもっているでしょうか。まるで子どもが親や教師の期待を敏感に察知するように上司の考えを察知して、気に入られるように動いていないでしょうか。日本社会には、個人の考えを貫くより、上の意向に無批判に従うという行動パターンはよく見られます。

哲学者の森有正[11]は、日本社会に蔓延している人間関係のあり方を「二項関係」として概念化しました。日本社会に固有の関係性は、「我」と「汝」が対峙していない、例えば親子関係をとってみると、子は自分の中に存在の根拠をもつ「我」ではなく、「汝」である親の「汝」として自分を経験している、というのです。まさに前節で紹介した信田さよ子のいう母娘関係です。森は、親子関係に闘争と反抗がある場合にせよ、和合と服従がある場合にせよ、「親と成人した子が真に個人として成立するとするならば、そこには分離と無関心とが本質的事態としてはある筈である」と指摘しています。そして、「一足とびに言ってしまえば、そういう事態が、近代の日本における「家」からの解放、「自我」の確立、「革命」、の不在の深い理由となっているのではないであろうか」と問いかけています。

森有正は、「二項関係」を「二人の人間が内密な関係を経験において構成し、その関係そのものが二人の人間の一人一人を基礎づけるという結合の仕方」であると定義し、その特徴として「相互嵌入《かんにゅう》性」と「垂直性」を挙げています。「相互嵌入性」とは、相手によって自己が定義される依存状況を表しています。「垂直性」とは、親子、君臣、師匠と弟子、上司と部下などの上下関係にある者が、天皇を頂点とする日本社会の垂直的社会秩序の中にはめ込まれていることを表しています。つまり物事の客観的な是非ではなく、目上の者への忠誠と目下の者への恩恵が準拠になる関係性です。森は、一人称、二人称、三人称という言葉を使っており、「二項関係」は情意的な二人称関係であり、その対極にあるのが、一人称（自己）と三人称（他者）との関係を主軸として、対等な諸個人が理性的・意志的に構成する市民社会であると述べています。

いささか抽象度の高い議論になってしまいましたが、森の議論は、親子関係に潜む共依存関係と同様な共依存関係が社会全体を覆い、政治家が派閥を組み、選挙の支持母体の特定利害に敏感な体質にも通ずるような、日本社会の問題点まで見通せる認識枠組みではないかと思います。西欧市民社会を理想化してはなりませんが、親しい関係において異見を述べにくい風潮は乗り越えていきたいものです。

## 自立に基づく相互ケア

これまでの議論は、けっしてケアという行為を否定するものではありません。人はケアなしに生きられない赤ん坊として生まれ、ケアが必要な状況をたびたび経験し、死んでいくのです。ケアは人間社会に必要な活動であり、また他者への配慮を学ぶことは人間の発達にとって重要なことです。ケアを人生の一部に組み込むことは、意味のあることです。

問題は、ケアが家族の中に閉じ込められ、女性に割り当てられることによって、女性が圧倒的なケアの要請に翻弄されて自己の人生を見失っていくことです。特に日本の女性は、結婚して夫の身のまわりの世話をし、子どもを産み育て、老親の介護を担うことを社会的に期待されており、生涯を通じてケアラーであり続けます。時には子育てと介護が同時に降ってくるダブル・ケア状況に陥ることもあります。ケアの要請と女性とを理論的にいったん切り離して再構築していくことが、女性の主体性回復には必要です。

そのためには、家族のケアが女性だけでなく男性にも開かれていることと、社会的なケアの仕組みが豊富に用意されていることが重要です。女性も男性も、まず自己を生き切るということが必要です。そのうえではじめて、相手を個として受け止めることができ、他者を尊重するケアが可能になるのではないでしょうか。

相手の気持ちを思いやるきめ細やかな感性を維持しつつも、息苦しさや重たさにならない、新しい風通しの良い相互ケアの家族文化を日本社会につくっていきたいものです。

## コラム10　嬰児殺に見る命の重み

●川﨑二三彦

児童虐待防止法が二〇〇〇年に制定、施行されてから、早くも一五年が経過しました。この間、児童虐待に対する社会的な関心は高まり、さまざまな施策が展開され、多くの関係機関等が努力を重ねてきました。しかしながら、厚生労働省の資料によれば、法律施行後に虐待によって死亡した子どもはすでに一〇〇〇人を超えているといいます。

こうした死亡事例と向かい合うのは簡単なことではありません。並大抵ではない苦労をして家族や子どもと関わってきた援助者にとっては大変つらいものがありますが、死亡した子どもの無念に思いを馳せればいたたまれず、言葉を失ってしまう。亡くなった子どもたちに対して私たちができることは、おそらくは、その死から学び、今後に生かすべき課題を掘り下げ、教訓とする以外ないのではないでしょうか。

ところが、歴史的に見れば、私たちの社会は、必ずしもこうした死と十分に向き合ってきたとはいえないように思います。ここでは、その一つである「嬰児殺」について考えてみましょう。というのは、児童虐待による死亡事例の中で、特に大きな比率を占めるのが〇歳児、中でも日齢〇日児、すなわち生後二四時間以内の虐待死だからです（図1）。

嬰児殺の歴史を追っていくと、人権意識の発展を辿るような感覚がありました。言葉を換えれば、生まれたばかりの命を一個の人格をもった人間として認めるために、私たちは長い時間を必要としたといえるかもしれません。

古くは一六世紀半ばの戦国時代、窮乏した庶民が子どもを捨て、あるいは堕胎や圧殺するなどが数多く行われていたことがわかっています。折しも日本に来ていたポ

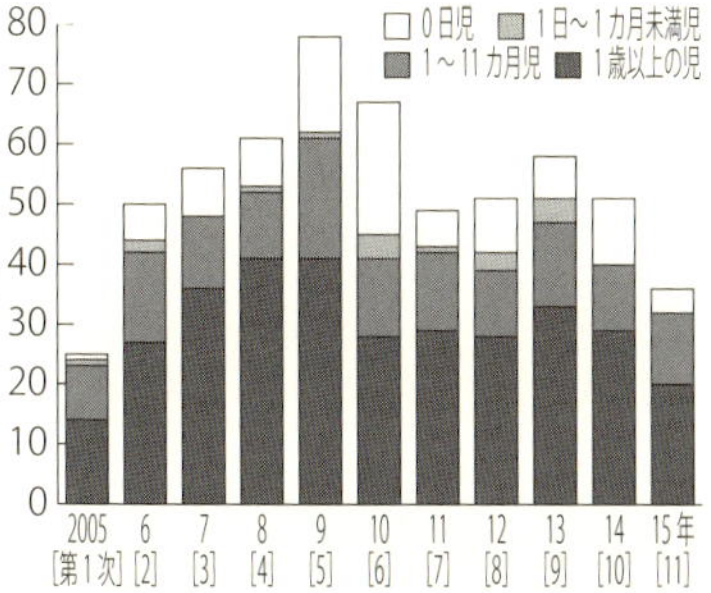


**図1　死亡した子どもの年齢（心中以外）**[1]

注：集計期間は以下の通り。2005年（第1次報告）：2013年7月1日～12月，2006年（第2次報告）～2008年（第4次報告）：1月～12月，2009年（第5次報告）：2007年1月1日～2008年3月31日，2010年（第6次報告）以降：4月1日～翌年3月31日。

ルトガル人の医師ルイス・アルメイダは、これを聞き、府内（現在の大分市）に救済の施設を建て、牝牛を飼って牛乳で養育しようと試みたといわれています。

また、江戸時代にも、けっしておおっぴらに公認されていたわけではありませんが、「マビキ」の慣行が広く行われていたことは広く知られており、明治時代になっても、全国各地で堕胎・マビキの禁令が出された一方で、出産に立ち会った産婆が、親のたっての頼みで取り上げたばかりの嬰児を亡き者にしたといった報道もいくつか散見されています（第3章参照）。

では、憲法が制定され、児童福祉法も施行された戦後の日本では、子どもの人権が確立されたといっていいでしょうか。たしかに、嬰児殺が犯罪であることは明確になりましたが、量刑のあり方に疑問を抱く人が出てきました。というのは、加害者のほとんどが執行猶予つきで、他の殺人と比べて、刑が軽すぎると考えたからです。刑法学者であった植松正は、一九五一年の論文で、「あたかも嬰児なるがゆえに、その生命は輕んぜられて當然と見られているかの如き觀を呈している」と指摘しています(2)。

ところで、こうした嬰児殺が社会の高い関心をよぶ事象が発生します。それが、一九七〇年代初頭の「コインロッカーベビー事件」で、駅構内などに設置が進んでいたコインロッカーに、嬰児死体が遺棄される事件が頻発したのです。しかし、当時の関心の中心は、どちらかというと「母性喪失」だとか「母の自己中心主義」といった形で加害者の母親に向かい、殺害された嬰児の人権という角度からの言及は少なかったように思います。このときは、一九七四年には、厚生省（当時）も事態を重く受け止めたのか、「児童の虐待、遺棄、殺害事件に関する調査」などを実施しましたが、結果的には単年度のみの調査に終わり、子どもの虐待や、虐待による死亡事例について、継続的な関心が向けられることはなかったといわざるをえません。

ですから、こどもの命そのものと正面から向き合い、命の重み、つまりは生まれたばかりの子どもの基本的人権を尊重することがようやく社会的関心事となるのは、児童虐待防止法が制定、施行され、児童虐待が著しい人権の侵害であると規定された本法の第一次改正の頃からといえるかもしれません。

とはいえ、その解決の道のりはまだまだ遠く、私たちは、あらためて児童虐待や虐待による死亡を防ぐために、真摯に取り組むことが求められているのではないでしょうか。

# 第8章　家族が変わる、老親介護も変わる

## ――二一世紀の高齢者の介護と暮らし

●染谷俶子

### 1　老親扶養の変化

二〇一四年における日本の六五歳以上人口は全人口の二六・〇％で、世界の高齢化の最先端を走っています。また、平均寿命については、男性は八〇・五〇歳、女性は八六・八三歳で、世界最長命国です。とりわけ女性は、二〇一一年（東日本大震災）を除き、一九八五年以来世界一を保持し続けています。

人口の高齢化と長命化に加え、少子化と女性就労の増加は、老親介護の負担を増幅しています。〝東洋の国である日本は、家族の絆が強く、家族外からの介護サービスを好まない。子どもと同居し、老親を扶養するのが親孝行で日本の伝統文化である〟という社会規範が、つい最近まで強く存在していました。しかも明治政府以来の「イエ」を基盤とする旧民法のもとでは、長男が親の資産を単独相続し、一方で親の扶養を担っていました。それは第二次世界大戦後に民法が改正されるまで継承されました。民法改正によ

り親の資産は子どもたちが平等に相続するという均分相続になりました。また、親の扶養は長男のみの責任ではなく、子どもたちが平等に担うことになりました。

長男が老親扶養を担うといっても、実際に長男は介護役割を果たしていません。介護を担うのは長男の配偶者、つまり嫁でした。長男と結婚する女性は、はじめからその役割を担うという社会規範が浸透していました。しかも、民法が改正されて数十年が経過しても、長男の嫁の老親介護の役割規範はなかなか消えていません。現在でも、地域によってはその規範が生きているところもあります。

一方、若い世代の女性たちには、夫の親に対する扶養義務意識は非常に薄れ、むしろ自分自身の親に対する晩年の介護支援を考えていることも注目されます。それは血のつながる自分の両親に対する「私の親」という思いと、舅姑は「あなたの親」という表現によく表れています。

また、第二次世界大戦後の教育を受けて育った現在の高齢者の大半は、自分たちの世代が老親介護で苦労したその経験から、子ども世代に同様の負担を負わせたくない、とも考えています。

本章では、超高齢社会、少子化、社会保障と高齢者福祉サービスの発展などの社会経済的環境の変化に伴い、老親扶養意識、とりわけ老親介護がどのように変容してきたか、を述べていきます。

## 2　高齢者介護の背景——少子高齢化と女性就労の増加

### 人口高齢化の要因

いうまでもなく日本は世界最長命国で、国民の四人に一人が六五歳以上という、いまや人類史上初の超高齢国家です。マスメディアをはじめとし、巷ではこの現象のマイナスの側面が強調され、高齢者人口の増加は社会のお荷物として、日常茶飯に発信されています。ここでは、超高齢社会への変貌の背景について述べます。

日本の平均寿命は、第二次世界大戦終了後の一九四七年において、男性五〇・〇六歳、女性五三・九六歳でした。第二次世界大戦直後の人生五〇年時代から、約七〇年後の二〇一五年には、〝人生九〇年〟といわれる時代を迎えています。七〇年弱の間に、男女とも平均寿命はおよそ三〇年延長しました。言い換えると、第二次世界大戦直後の平均寿命が五〇歳であった頃、二〇歳で成人したその後の人生は三〇年でした。現在では二〇歳以後の人生は約六〇年あることから、一九四七年時点の人々の〝二倍の大人の時間〟がある、ということができます。

いうまでもなく、長命化、少子化により人口高齢化が生じます。それは日本のみに生じているのではなく、時間差はあるものの地球規模で生じることが、先んじて日本に生じていることを示しています。アジア諸国、そしてアフリカ諸国にも少子化が生じていることから、今世紀半ばすぎには、世界規模で少子高齢化に向います。一九九〇年代初頭において、日本は欧米先進諸国と同程度の高齢化率でした。急速に高齢化の進む要因には、少子化と平均寿命の延びのみではなく、移民の受け入れも大きく影響しています。アメリカ、カナダ、オーストラリア、ＥＵ諸国においては、国外から移住してきた若者たちが子どもを産み、人口高齢化の鈍化に寄与しています。そこで労働人口の減少対策としても移民の受け入れが議論されますが、日本の政府はその方向に舵を切れません。

また日本の平均寿命の急速な伸びに、保健医療の発展、国民の健康志向の向上、生活環境の改善等が貢献しています。古代から君主たちは、不老長寿の薬を求め、長寿の実現にさまざまな努力を払いました。

現在の日本では、平均的国民がおよそ九〇年の長命を果たすことができています。平均寿命世界一であるのは幸せなことであるにもかかわらず、社会に暗い影を落としているのはなぜでしょう。

## 人口高齢化の社会に与える影響

長命化は喜ばしいことにもかかわらず、何かと社会に暗い影を落とします。少子化により子ども数が減り、生産年齢人口が減り、社会的に扶養するべき高齢者人口が急増します。つまり、年金基金を積み立てる人口が減少し、年金受給人口が増加し、年金の財源確保が難しくなっていきます。また、高齢者人口の増加は、医療・介護サービスの需要を増大させ、その社会的対応に迫られます。従来、若者と最も消費活動の活発な現役世代を中心とするビジネスが流通していました。しかし高齢者人口の増加と高齢者層の消費を対象にした企画へと、経済活動も変化していく必要が生じました。さらに国内市場も従来の若者と生産年齢層の消費者に焦点をあてたパターンの維持が困難になり、超高齢社会に即した生産体制、市場経済へのシフトが迫られることになります。

また、地域社会においても、さまざまな変化が生じます。若者は職を求めて都市に移住し、地方の過疎と高齢化が加速します。例えば、一九八〇年代において、鹿児島県の過疎地域では、若者たちは職を求めて都市に移住し、親はそのまま年老いていきました。その結果、村には老いた親たちが残され、高齢者単身世帯と高齢者夫婦世帯が急増しました[1]。

このような現象は地方のみならず、近年、大都会周辺の住宅団地にも生じています。地方の高齢者は子どもと同居していなくても、近隣関係が密で、近くに親族が住んでいる場合が多く、一人暮らし高齢者がまったく孤立する心配はあまりありません。しかし都市部では、親族が近くに住んでいることはあまりなく、近隣関係も希薄で、まったく孤立する可能性が高くなります。その結果一人暮らしの高齢者が人知れずに亡くなり、近隣が気づかずに何カ月も経過して発見されるというような惨事が生じ、事態の深刻さが表面化してきました。次に、このように日本の超高齢社会がもたらす課題について、家族との関わりから述べていきます。

## 3　家族機能・家族役割の変化と介護の社会化

### 家族の変容

超高齢社会では、社会を構成する単位である家族が大きく変化しています。第二次世界大戦終了後の一九四七年当時、合計特殊出生率は四・五四で、いわゆる団塊世代の兄弟姉妹は、四人または五人でした。平均的な家族の人数は、両親と子どもを加えると六〜七人。老親の同居する家庭ではそれに一〜二人増え、九人家族もまれではなかったのです。その後少子化が進み、二〇一四年における出生率は一・四二となり、老親との同居率は四〇％程度に低下しました。二〇一四年現在の一家族の平均人数は二・四九人となり、もはや両親と子ども二人という構成を標準核家族とするのは無理になりました[2]。

家族規模の縮小ばかりではなく、家族の役割機能にも大きな変化が見られます。

### 既婚女性のライフコース

既婚女性のライフコースを、一九二〇年と長命化が顕著になった一九九二年を比較してみます（図8―

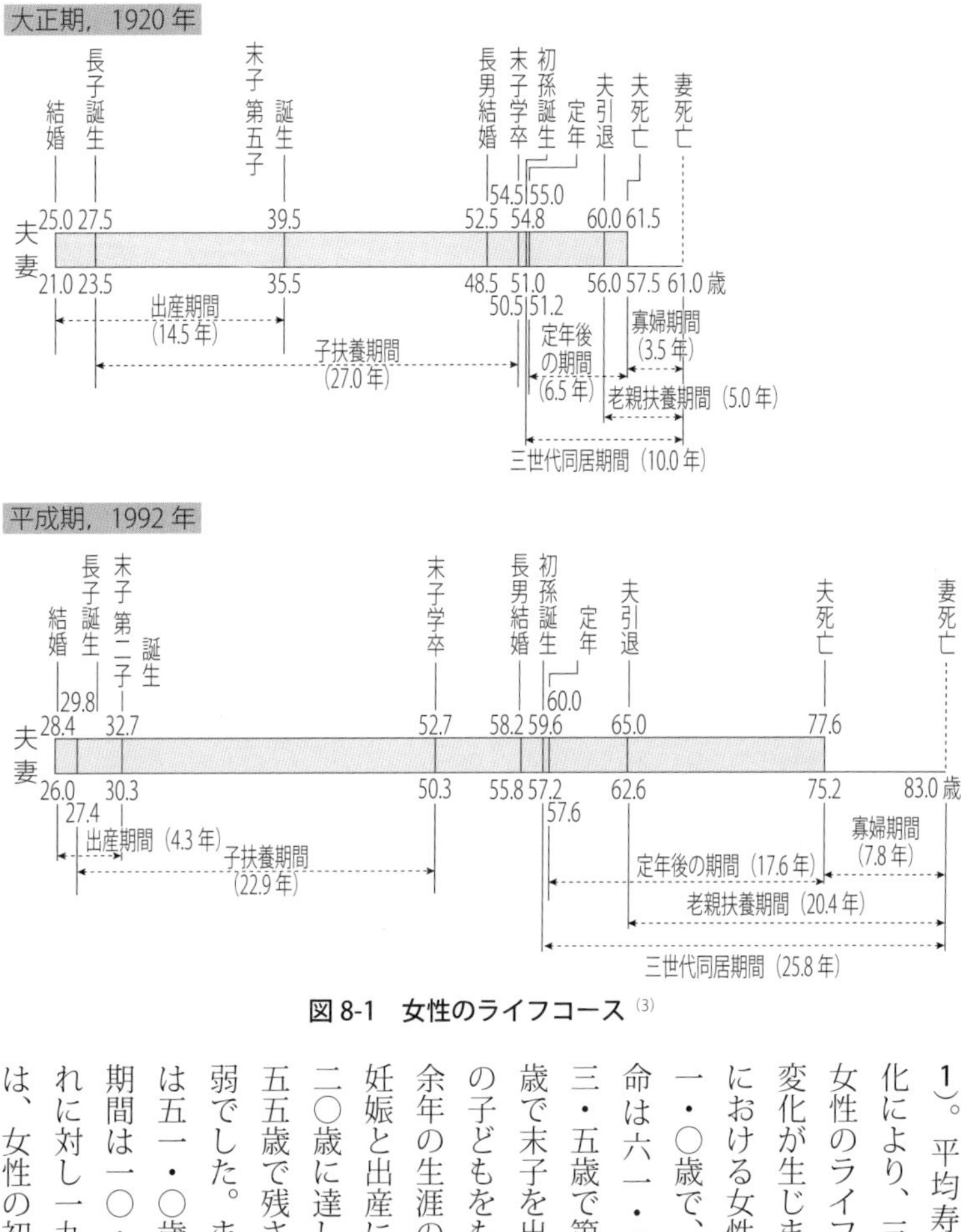


**図 8-1　女性のライフコース** [3]

1）。平均寿命の延びと少子化により、三世代同居家族の女性のライフコースに顕著な変化が生じます。一九二〇年における女性の初婚年齢は二一・〇歳で、二一歳の平均余命は六一・〇歳でした。二三・五歳で第一子、三五・五歳で末子を出産し、平均五人の子どもをもちました。六〇余年の生涯の一二年間以上を妊娠と出産に費やし、末子が二〇歳に達したとき、母親は五五歳で残された人生は五年弱でした。また、初孫の誕生は五一・〇歳で、三世代同居期間は一〇・〇年でした。それに対し一九九二年の統計では、女性の初婚年齢は二六・

〇歳で、結婚年齢時からの平均余命は八三・〇歳です。第一子の誕生は二七・四歳、第二子を三〇・三歳に出産し、子どもの平均数は二人、末子の義務教育終了は四五・三歳で成人時は五〇・三歳です。また、三世代同居期間は二五・八年となり、自分の親との同居期間とほとんど変わらぬ長さです。末子成人後もまた三三年の時間があり、末子の義務教育終了時は、まだ人生の半分に到達したにすぎません。一九二〇年時点において、女性の生涯は出産と子育てで占められていたものの、近年では、出産と子育て後に、人生の半分が存在します[4]。

二〇一四年の女性の平均寿命は八六歳を超え、合計特殊出生率は一・五を下まわる現在、出産・子育て期の人生に占める割合は、いっそう低くなります。

出産・子育て期の短期化は、女性の人生に自由と開放をもたらしました。しかしその反面、少子化と長命化は、親の晩年の介護負担を増大する結果を生み出しました。団塊世代の兄弟姉妹は四、五人でしたが、団塊世代女性の出産期である一九七五年から一九七六年には、合計特殊出生率は二・〇〇を割り、子どもは二人以下になりました。一人っ子も増加し、一人っ子同士の結婚では、将来四人の老親を抱える時代を迎えました。団塊世代の子育て期は専業主婦時代でもありました。しかし団塊ジュニア世代は、すでに共働き世代へと移行し、もはや団塊世代の晩年の介護は、実質上、子どもに頼れない状況になりました。

## 4　高齢者の家族介護を軽くする

家族の機能と役割の変化とともに、一九八〇年代に入り老親の介護が社会問題化してきたことを述べました。そこで家族の介護負担に対し、どのように社会的な対応がなされたかについて述べてみます。

## 日本の高齢者福祉の発展

日本の高齢者福祉は一九六二年の国民皆保険と国民皆年金の施行から始まりました。医療保険と老後の生活保障としての年金制度の施行は、子世代の老親に対する経済的扶養負担を大きく軽減しました。つまり、高齢者の子どもへの経済的依存度を著しく軽減し、晩年の経済的自立を可能にしました。一九五〇年代の高度経済成長期から雇用労働者人口が増加し、一九七〇年頃には、従来最も多かった第一次産業従事者と自営業者人口の合計を、サラリーマン世帯人口が増加して逆転します。その結果、一九八〇年代に入ると、サラリーマンとして勤続し、定年退職後に厚生年金を受給する、経済的に自立した高齢者が急増しました。さらに、定年時に退職一時金を受給できる高齢者が、その後二〇〇〇年に向け増加しました。これが高齢者の経済的自立を可能にした重要な要因の一つです。バブル経済崩壊後の経済不況が続いた結果、現在ではゆとりのある高齢者層は減少し、高齢者の貧困化が課題になっています。

晩年の身体機能の衰えを支える公的な介護については、一九九〇年の「高齢者保健福祉推進10ヵ年戦略（通称：ゴールドプラン）」の施行まで、所得査定のない、つまり経済状況の良し悪しを問題としない、誰もが対象になる普遍的高齢者福祉サービスは存在していません。それ以前は、困窮者に対する公的扶助としての高齢者福祉サービスで、つまり自治体が救貧対策として実施する、利用者の自己負担なく提供する限定的なもの（選別性の福祉）でした。それゆえに、福祉サービスを受けることは、社会的弱者としての烙印を押されることで、「お上の世話にはなりたくない」という抵抗感が伴いました。

一九九〇年に始まるゴールドプランは、自治体が必要に応じて、所得にかかわらず、ホームヘルパー派遣等の地域サービスと、特別養護老人ホームへの入居を提供することになりました。しかし利用料は、所得に応じてサービス料を支払う（応能負担）方式でした。所得制限が外され、サービスの拡大が図られたものの、自治体の判断によってなされ、個人が入所施設を選ぶことのできない、という措置制度に変わりなく、従来の福祉サービスへの偏見は払拭されませんでした。

## 介護保険制度の導入

それに対し二〇〇〇年度に施行された介護保険制度は、従来とは大きく異なります。四〇歳以上の国民に対し自治体が運営する強制保険で、介護を必要とする六五歳以上の人々に、所得にかかわらず利用料の一割負担でサービスを提供する、普遍的介護福祉サービスの開始でした。介護認定により、要支援度、要介護度が判定され、その限度額内において利用料の一割負担でサービスが受けられます。その結果、ホームヘルパー派遣から介護施設入居に至るまで、民間企業の参入も伴い、さまざまな福祉サービスが全国津々浦々に展開されました。介護保険がスタートして一五年が経過し、家族や親族以外の介護を受けることを拒否し、抵抗感の強かった国民の意識は大きく変化しました。要介護の高齢者人口の増加、介護スタッフと財源の不足等、現在、制度維持の困難な諸課題に直面しています。

介護保険制度の社会にもたらした影響は大きいものでした。十分な介護サービス提供を期待できないままでも、介護者の共倒れや介護のために辞職するいわゆる介護離職をかなりの程度防止する役割を果たしてきました。

今日、介護保険サービスの利用は定着し、もはや外部からの介護を受けることを不名誉と思ったり、恥ずかしいと思ったりする気持ち、つまりサービス受給のスティグマは過去のものとなりました。それにより、子ども世代の老親介護に対する役割規範は大きく変容しています。老親の自立意識の高まりとともに、団塊世代以後の世代では、自分の親に対する介護支援意識が強まる一方、夫の親に対する役割意識は希薄化しています。親世代も息子より娘への期待が大きくなり、かつては跡継ぎ息子を切望した時代から、心置きないつき合いができる娘が好まれる時代になりました。とりわけ都市部では、イエ意識は影を潜めました。

イエ意識に縛られた嫁の介護は過去のものになりつつあり、晩年の子どもとの同居による介護は減少しています。しかし家族内介護は女性が担うことが多く、また介護の社会化を担う介護サービス・スタッフも圧倒的に女性で占められています。この状況を「介護の女性化」といいます。しかし一九八〇年代において主要介護者の約一割が男性でしたが、近年、妻が先に要介護状態になった場合、夫が介護に当たることが増加し、二割弱になりました[5]。また、夫の老親介護に対し、夫みずからが介護にあたる場合も生じ、従来の「イエ」の伝統とは異なる現象が生じています。

## 5　高齢者の住まい方の変化

長命化、少子化社会の家族の機能と役割変化について述べてきました。家族の小規模化の大きな要因には、子どもの減少のみならず、高齢者の経済的自立による子どもとの別居の増加があります。一九七〇年半ばには、六五歳以上人口のおよそ八割が子どもと同居し、そして当時、それがアジアの国日本の西欧社会との違いである、と考えられていました。しかしその子どもとの同居世帯は次第に減少し、二〇〇〇年度に介護保険が施行されてからは四割程度に下がりました。その内訳を見ると、二〇一三年時点で未婚の子との同居は一九・八％で、三世代同居の一三・二％を上まわっています[6]。そこにはバブル経済崩壊後、そしてリーマン・ショックによる就職困難期に、安定した職を得られなかった子ども世代が独立できず、親の経済力に依存した形で生活する、いわゆるパラサイト・シングルの人々が多く含まれています。これは、経済力のない老親が子世代から扶養を受けていた、かつての老親と子どもの同居とはまったく逆の現象の出現です。

さらに近年の特色に、子どもが自立して親の家から出た後の「空の巣」(empty nests)、といわれる夫婦二人の暮らしはそのまま晩年に引き継がれ、高齢者夫婦二人の暮らしになります。しかしその後、配偶者の一人が亡くなった後も一人暮らしが続き、一人暮らし高齢者世帯が着実に増加しています。かつて高齢者の一人暮らしは〝独居老人〟と称され、社会病理現象と扱われました。一人になると、子どもの家に移ったり、子ども家族が移住したりして同居がなされました。これは一九八〇年代まで一般的で、「晩年型同居」「一時別居」と称されていました[7]。

しかし現在では、六五歳以上のおよそ四人に一人が一人暮らしをし、介護が必要になるとサービスを受け、また子どもの「遠距離介護」によって、「最後まで別居」が一般化しつつあります。老親自身も、「子どもに負担をかけたくない……」「自分の生活を保ちたい……」という気持ちが強く働いています。

自宅での一人暮らしに不安を抱くことも多く、そのニーズに対応すべく、近年では子どもとの同居以外の選択肢が出現しています。自立型の有料老人ホームは、日本においても一九七〇年代に出現しています。しかし当時の社会的ニーズは低く、子どものいない、または同居を好まない一部の富裕層に限定されていました。二〇〇〇年代に入り、大多数の高齢者が子どもに扶養されずに経済的に自立した暮らしの維持が可能になり、高齢者住宅、サービス付き高齢者専用賃貸住宅、有用老人ホーム等の供給が急増します。いまや玉石混交といわれるほどに多様化した形で、高齢者専用の住居が出現しています。

## 6　有料老人ホームという暮らし方の選択──アメリカ、オーストラリア、日本

### 有料老人ホームという晩年の暮らし方

筆者がアメリカ留学中の一九七〇年代後半に、すでにカリフォルニア州、フロリダ州に大規模な高齢者コミュニティが出現していました。それらはリタイアメント・コミュニティ（retirement communities）、または、リタイアメント・ビリッジ（retirement villages）とよばれ、五五歳以上の人々を対象とする周囲を囲われたゲイテッド・コミュニティ（gated communities）です。アメリカでは、子どもとの同居は一般的ではなく、高齢者自身で晩年をすごす方法として出現しました。当時の私には、「檻に囲われた暮らし」に思えましたが、治安への配慮で、むしろ「守られた安心な暮らし」でした。一九八〇年代までは、広大な敷地に一万人を超える高齢者の街をつくり、寒さの厳しい北の州から、サンサンと太陽の照るカリフォルニアやフロリダに移住することは、ファッショナブルな晩年のライフスタイルでした。しかし一九九〇年代に入り、大都市内、または郊外に規模を縮小した高齢者住宅が建設されるようになりました。住み慣れぬところへの大移動ではなく、近いところへの転居で、従来の人間関係と地縁を断ち切ることなく暮らしの安心を買う、という選択肢が好まれるようになりました。小規模化といっても、室内プールなどのレジャー施設を備え、独立したアパートの自立型（independent living）、介護支援を受けて暮らす（assisted living）、要介護状態で暮らす（nursing units）の三種の暮らし方が、人生最期までの暮らしを約束する終身介護（continuing cares）としてあります。

有料老人ホームという晩年の暮らし方の選択は、一九七〇年代には、日本には必要と感じられなかった晩年の暮らし方です。日本においても、このような晩年の暮らしの選択は一般化しつつあります。しかしアメリカ、オーストラリアのように、広い土地の利用が困難なため、小規模で入居費は高額になります。近年、一般市民に最も無理のない選択肢としてあるのは、高齢者賃貸住宅（高専賃）またはサービス付き高齢者専用住宅です。古くなった公団住宅を改造し、高齢者専用住居、若い家族用住居、コミュニティ広場などを備え、世代間交流を図る企画も出現しています。自分の子ども家族と同居しなくても、地域社会の中で世代間交流を図り、都会の団地住民の高齢化と高齢者の孤立を防ごうとする、さまざまな試みが始まっています。

## 各国の有料老人ホームの特徴

筆者は長年、アメリカ、オーストラリア、日本の高齢者居住施設（retirement homes, retirement villages, 日本の有料老人ホーム）における聞き取り調査を手がけてきました[8]。移住についての動機、転居により得たものと失ったもの、新しい居住環境の満足度などについて、比較検討を行いました。このような居住形態はアメリカで一九七〇年代から発展し、他国にも普及しました。アメリカとオーストラリアの高齢者福祉の大きな違いは、アメリカでは個人の責任に委ねられ、普遍的福祉サービスがないことです。一方、オーストラリアでは、一九九〇年代から、民間企業の参入を取り込みながら、北欧の福祉国家レベルの在宅福祉と施設福祉を整備してきました。オーストラリアでの有料老人ホームは、アメリカより歴史は浅いものの、敷地にゆとり、公的資金の支援もあることから、設備の充実したものが普及しています。アメリカの高齢者にとって、晩年の自宅暮らしには大きな課題があります。治安の悪さ、運転ができなくなったときの交通手段、公の在宅福祉サービスの欠如、サービスを購入するときの経済的負担、などです。またアメリカでは、子ども、親族が遠距離に居住する場合も多く、リタイアメント・コミュニティ、リタイアメント・ビリッジへの転居は望ましい選択肢として普及しています。むしろそれだけの経済力があることがステイタスとさえ受け止められているようです。それに対しオーストラリアでは、公的な福祉サービの普及もあることで、アメリカほどの普及とはいえませんが、設備の整った、贅を尽くしたホームも出現し、経済力のある高齢者層の晩年の暮らしの選択肢の一つになっています。また、教会、慈善団体等、非営利団体が運営し、政府の援助を得て所得に応じた入居費を課しているホームも多く見られ、福祉ニーズに応じた入居が可能になっています。

日本の有料老人ホームは、所有権の購入はまれで、終身利用権の購入が一般的です。どちらにしても、中間階層にはかなり高額な入居費用です。大都市部では建設費がかさむため、高額入居金を支払っても、アメリカやオーストラリアのようなゆとりあるホームへの入居は望めません。むしろ近年では、土地にゆとりのある地方都市のホームは、入居金が抑えられ、設備とゆとりのある住居環境を整えています。また近年、設備とサービスに、目を見張る進歩が見られます。共有施設の充実、レクリエーション・プログラムの多様化、そして食事についても好きなときに好きな物を利用できるダイニングルーム等、従来の概念を覆すホームが出現しています。

アメリカの富裕層が入居するフィラデルフィア郊外のホームでは、通常の集合住宅表示と同様に住所が扱われ、一見、リタイアメント・ホームとは判別できません。自立型に入居した場合、単に別のコンドミニアムに転居したかのようです。自立型のホームに入居して、最も楽しげに見えるのはアメリカでした。彼らは転居に慣れており、また新しい人間関係を気軽に構築することに長けています。ダイニングルームでは、毎晩、あたかもパーティを楽しむかのような光景がありました。オーストラリアでは、アメリカほどには一般化してはいないようです。転居により安心と安全を得ても、失ったものとして、「長年手がけてきた自宅の庭」という答えが想像以上に多く聞かれました。これに対して日本では、子どもがいない、いても自立を望む、経済的にゆとりのある、という人々の選択が一般的です。また個人の居住空間にゆとりがないため、自宅からの転居にはまだかなりの決心が必要に感じました。筆者の調査では、子どものいる高齢者でも、子どもが近くに住んでいない、または子どもに介護負担をかけたくない、という理由から選択する人が多く、むしろ子どものいない入居者が少ないという結果でした。まだ一般化した状況ではないものの、日本においても晩年の居住の重要な選択肢になっています[9]。

アメリカから発展した有料老人ホームは他の西欧諸国に広がり、近年、日本においてもかなりの発展が見られます。そこには入居費用の高額な有料老人ホームだけではなく、高齢者専用のシニア・マンション（高齢者専用住宅）、介護サービスのある高齢者賃貸住宅など、子どもに頼らなくても暮らせる、晩年の暮らし方の多様な選択肢が見られます。それは紛れもなく、現在の日本の高齢者たちの、〝一人暮らしでも安心〟、というライフスタイルを求めるニーズが増加していることの証、といえるでしょう。その傾向は、現在、家族による介護志向の強いアジア諸国においても起こっています。

## 7　アジア主要都市の老親扶養意識——老親扶養の変化

一九七〇年代には、日本の高齢者は孫子に囲まれ、三世代家族の中で暮らすことが「幸せな暮らしの原型」でした。しかし長命化、少子化の中で、家族機能と役割は変化し続け、高齢者の子どもとの同居は減り続けました。二〇〇〇年度には、その社会変化に対応すべく介護保険制度が発足すると、ますます高齢者の別居志向は高まり、伝統的アジアの高齢者扶養意識は希薄化しました。著者は経済発展の著しいアジア諸国は、どのような状況であるのか、大変興味を抱きました。

そこでアジア主要都市における女子大学生を対象とする、老親扶養意識調査を実施しました。調査対象地域は、ソウル（韓国）、クアラルンプール（マレーシア）、香港、シンガポール、南京（中国）、東京（日本）の六大都市です。[10] 対象は女子大学生で、各都市で二〇〇〜三〇〇のアンケート調査を実施し、比較検討しました。ソウルと東京では、グループ・インタビューによる聞き取り調査も行いましたが、ここでは老親扶養意識の興味深い結果のみを述べます。

女子大学生の母親は、「晩年にどのような支援を望んでいるか」について、日本の母親は「とりわけ何も望んでいない」が最も多く、韓国、シンガポールでは「経済的支援」が高くなりました。さらにどの国においても、「心理的サポート」を強く望んでいることが共通していました。また「誰に介護を希望するか」については、すべての都市で娘が圧倒的に多く、息子の嫁への期待は非常に低くなっていました。施設などのケアに関しては全体的に低いものの、その中では日本が最も高く、晩年の暮らしに対し、「娘と息子のどちらに期待するか」では、すべての都市で息子よりも娘への期待の高さが明らかでした。

とりわけソウルの結果は大変興味深いものでした。儒教思想が強く、父系制の強い社会でしたが、近年の社会変化はひときわ顕著です。現在の女子大学生は結婚後、夫方両親との同居を否定し、母親たちも娘に期待を寄せています。今回の調査結果からは、アジア諸国においても、老後のサポートについての期待は息子よりも娘に注がれていることが明らかでした。韓国は皆年金制度、介護保険制度を施行しました。しかし公務員と特定の企業従事者以外、年金受給額は少なく、生計維持は困難な状況です。介護保険による福祉サービスも日本に比べて未発達です。また借金をしてまで子どもに教育費を費やし、自分の老後資金の蓄えは難しくなります。大多数の高齢者は老後の経済的自立は困難で、また子どもから、親孝行として老後支援を期待することも困難な、厳しい環境におかれています。

アジア最高の平均所得があり、世界的にも最上位層にあるシンガポールでは、国は老親扶養を家族の責任としています。福祉の普及と発展より、経済発展を優先してきた典型といえます。近年、国民所得は急増し、一人あたりの年収は日本の約一・五倍あります。しかも中国人社会では共働きが一般化していることから、一世帯あたりの平均年収は日本のおよそ二倍になると予測できます。そこで近隣諸国から低賃金でメイドを雇い、家事、高齢者介護、子どもの世話などを任せている家庭が増えています。高齢者のいる世帯の三分の一に、住み込みのメイドが雇われている、という調査結果も出ています。家族の福祉ニーズは社会的に対応せず、個人に委ねるという国の政策です。この傾向は、香港にも同様に見られ、日本では不可能な家庭内介護の選択肢です。外国人メイドによる老親介護の対応は、現在のところ機能しています。しかし近隣諸国の経済発展と高齢化が進むと、日本の高度経済発展期に、地方から都市への住み込みの家事従事者が消え去った、と同様のことが起こると予測します。また、住み込みの外国人メイドは、介護職者ではなく、介護の素人です。それゆえに、いつまでも頼れる選択肢とはいえないと考えます。

産業化は、日本のみならず、アジアの国々の暮らしに変化を与えています。大家族が老いた親と同居して扶養する伝統的な暮らし方は、少ない子どもで親の長い老後を支えることになり、困難になります。女性就労の増加も家族の介護力を弱めています。日本では介護保険による介護の社会化を推し進めることで、解決しようとしてきました。他のアジアの国でもそれぞれの状況を踏まえて、家族が対応できないことに対し、多様な対応がなされようとしています。

## コラム11 「親孝行の終焉」の示唆するもの

●深谷昌志

「親孝行」は、儒教的には人倫の基本といわれてきました。現在でも、儒教的な感覚が残る北京やソウルで、子どもを対象とした調査[1]を実施すると、八割以上の子どもが、結婚後、親と同居し、親の老後の面倒をみると答えます。子どもが親に尽くす「孝行」という行為が人の道と思われている社会です。

親の面倒をみた子が、やがて、親になり、今度は、その子が子どもの世話になる。孝行を軸として、輪廻が見られます。見方を変えると、家族、あるいは、親族の中にいれば一生の安寧が保証される家族的な福祉が定着している社会です。北京やソウルで見られる学歴競争の姿も、子どもの高学歴は、親の安寧を保証することに通じます。

そうした北京と対照的な姿をロサンゼルスやシアトルで見受けます。高校卒業後、子どもが親から自立する社会です。大学の寮が充実していますから、子どもは自分の家を離れます。それと同時に、子どもは自分名義の学費ローンを組み、卒業後、就職して返済するのが通例です。

アメリカ社会では、親は、一八歳まで、子どもの養育義務を負いますが、それ以降は、子どもは独立し、親は親だけの生活を始めます。もちろん、親の老後に多くの問題が生じますが、それを社会的な福祉が支えます。多くの大人が、自分の親の老後は見なくとも、ボランティアとして、地域の社会福祉活動に参加する社会でもあります。

同じ視点で、東京の子どもをとらえてみましょう。大学進学の学費は、当然のように、親が負担します。その限りでは、北京に近い社会です。しかし、東京の子どもを対象に調査[2]を行うと、結婚後、親との別居を望む子が七割を越えます。同居が親孝行の前提でしょうから、親孝行の終焉した社会です。

こうした姿を、より正確にいえば、東京の子どもは、北京的な意味での親の支援を受けるが、親の面倒はみない。あるいは、ロサンゼルス的な自立を求めるが、親からの経済的な支援は受ける。いわば、親に甘える子どもの誕生です。どうやら、子どもの育て方を間違えた気がします。いまさら親孝行を期待できないとしたら、ロサンゼルスのように、子どもの自立を促すことが、今後の課題のように感じられます。

# 第Ⅲ部

# 命の終わり方——「長命」は「長寿」か

# 第9章 人間の尊厳と死
## ——「死の尊厳」の語られ方を読み解く

●大谷いづみ

## 1 「死ぬときぐらい好きにさせてよ」?

### 「死ぬときぐらい好きにさせてよ」

二〇一六年一月五日、一九世紀イギリス・ラファエル前派の画家ミレイの「オフィーリア」を模した流麗な絵とともに、「死ぬときぐらい好きにさせてよ」という文字が全国紙に飛び込んできました。ハムレットに恋い焦がれてかなわず入水自殺したオフィーリアの顔は、よく見ると性格俳優として知られる女優の樹木希林さん。ドキッとさせるようなコピーのあとには

「人は必ず死ぬというのに。

© 宝島社，2016。

長生きを叶える技術ばかりが進化して
なんとまあ死ににくい時代になったことでしょう。
死を疎むことなく、死を焦ることもなく。
ひとつひとつの欲を手放して、
身じまいをしていきたいと思うのです。
人は死ねば宇宙の塵芥。せめて美しく輝く塵になりたい。
それが、私の最後の欲なのです」

という文章が続きます[1]。宝島社のこの企業広告は、Yahoo! ニュースのトップや報道番組で取り上げられたこともあり、すいぶん話題になりました。

本広告の広告意図は「日本の平均寿命は年々更新され、今や世界一。いかに長く生きるかばかりに注目し、いかに死ぬかという視点が抜け落ちているように思います。いかに死ぬかは、いかに生きるかと同じであり、それゆえ、個人の考え方、死生観がもっと尊重されてもいいのではないか」「死について考えることで、どう生きるかを考える。若い世代も含めた多くの人々の、きっかけになれば」と、宝島社のウェブサイトに掲げられています。意表をつく絵図と配役やキャッチコピーとは裏腹に、こうした広告意図の文章は、ある文脈やアカデミックな舞台では以前から取り上げられ、検討されてきたことでもありました。

「人工呼吸器や胃ろう、人工透析などのチューブにつながれて〈死ぬに死ねない〉現代にあって、〈延命治療〉を拒否し〈自分らしく、人間らしく、尊厳をもって自然に死ぬ〉ことを〈選ぶ〉」——いわゆる「尊厳死」の考え方です。

## 安楽死と尊厳死——言葉の混乱

日本では、医学や法学分野でいわゆる延命治療の差し控え・中止を「尊厳死」、致死薬の投与を「安楽死」と区別しています。そして、直接死なせる「安楽死」はためらわれるけれど、無理な「延命」は拒否して「自然に」死にたい。——こういった心情は、いざ事態に直面したときは別として、一般大衆に無意識のうちにおおむね受け入れられているようにも思われます。

他方、欧米で「尊厳死」(death with dignity/dying with dignity)とは、通常、致死薬の処方による、いわゆる医師幇助自殺のことを指し、日本で定義する「安楽死」に近い意味をもちます。メディアが時折「尊厳死」の語を混乱して用いるのはこの理由によるのですが、本章では、こういった言葉の齟齬《そご》を含め、「人間の尊厳と死」について考えてみたいと思います。

## 2　死の変容──世紀の狭間で

### 大量死の時代に

第二次世界大戦後の半世紀を民間医療機関の医師として、医事評論家として医療に取り組んだ川上武（一九二五〜二〇〇九）は、晩年に『戦後日本病人史』という大部の本を編み、「二一世紀の死と生死観」と銘打った章の冒頭で、「生と死のパラダイム転換が行われ、バイオテクノロジーで人間の生命の延長が期待されているが、現実には〝死〟という点では二一世紀は世人の常識をうらぎる恐るべき世紀になっていく可能性が大きい」と述べています。[2]　つまり、二〇世紀後半、人口は増えても死亡率が低下し続けたために安定的に推移してきた年間死亡者数は、一九九〇年代には再び増加し始め今後は急増すること、とりわけ団塊の世代が高齢期に入って、日本はいわば大量死の時代を迎えようとしていることが予想されているのです。

同書で川上が振り返る二〇世紀の死の変容と二一世紀の死への展望には、大きく分けて二つの流れがあります。第一の流れは、医療技術革新による「死」の変容（人工的に延命された生）が安楽死・尊厳死・自然死を求める運動につながり、その解決策として主に欧米キリスト教圏から緩和ケアやホスピスやスピリチュアルケアの活動が導入されてきたものの、西洋的な死に対する態度への疑問から、日本人の死生観としてぎりぎりまで健康に老い、ぽっくり死にたいというポックリ信仰とともに、第二次世界大戦中の特攻隊や将校の自決が例示される、というものです。これは、生命倫理学や死生学という、一九六〇年代から七〇年代にかけて医療が発達した時期に生成・誕生した新しい学問の中で語られる「死」の描写としてはなじみ深いものといえるでしょう。冒頭で取り上げた「死ぬときぐらい、好きにさせてよ」の広告意図は、じつはこの流れにそっくり沿ったものなのです。

## 個人化される「死」

川上の記述の第二の流れは、社会的要因による「死」の変容で、ここではバブル以降の過労死や自殺の増加、アメリカの医師幇助自殺、交通死（川上は加害者による「殺人」であるという遺族の立場に寄り添い「交通事故死」とはいいません）、孤独死（生活保護未受給者の餓死や阪神・淡路大震災仮設住宅での孤独死、独居高齢者の突然死など）に加え、死刑や、職業病・公害病を意味する「社会病」など多岐にわたっていて、第二次世界大戦後の半世紀を民間医療機関で医師として地域医療に取り組みつつ医事評論家として医療をめぐる問題の矛盾を社会的側面から追及してきた川上の半生をうかがわせるものとなっています。もちろん、生活保護未受給者の餓死、独居高齢者の孤独死、死刑、過労死や自殺は、いずれも「人間の尊厳と死」という本章の主題から逸れるものではありません。にもかかわらず、なぜ、安楽死や尊厳死、あるいは終末期医療といった問題では、川上がいう社会的要因による死の変容について触れられることがないのか、これは、考えてみるべき特徴といえるでしょう。

実際、川上の同書の記述も、上記の二つの流れが総合的に考察されることなく嚙み合わないまま、筆者である川上の戸惑いで終わっています。第一の流れに取り上げられているのは、いわゆる「植物状態」からの人工呼吸器撤去の可否が争われたカレン・アン・クインラン事件（第4節参照）、延命治療とその象徴としての〈スパゲティ症候群〉、「安楽死」を条件つきで容認し世界でも注目された日本の名古屋高裁判決

（一九六二年。現在に至るまで適用事例はない）や東海大学「安楽死」事件（一九九一年、一九九五年結審）、「安楽死」先進国オランダの実態、オランダで積極的安楽死の処置を受けた日本人女性、ネーダーコールン靖子さんの死や小泉純一郎元首相の尊厳死宣言など、生命倫理学や死生学のみならずメディアでも大きく取り上げられてきた事例ばかりで、それらは先述したような典型的な図式で記述されており、その図式に、川上自身、疑問はあるものの、「気がかり」と戸惑いに終始しているようです。次節では、この「気がかり」や戸惑いの正体を検討してみましょう。

## 3　安楽死・尊厳死と人口問題

### 人口爆発への恐怖

川上武は、二一世紀の始まりにあたって、〈死〉の問題を人口動態という統計的な裏づけの中で検討しようとしたのですが、いわゆる「尊厳死」という言葉が日本ではじめて用いられた一九七〇年代にも、日米で安楽死と関連して人口問題が語られています。

アメリカの安楽死運動を牽引した社会倫理学者、ジョセフ・フレッチャー（一九〇六〜一九九一）は、一九七〇年代前半に積極的安楽死（死の苦痛を除去するために死に直結する行為を施すこと）を主張した論文「倫理と安楽死」を発表しました。この論文は、ワシントン大学の内分泌学と代謝学の講座長であったロバート・H・ウィリアムズによって編まれた『生きることと死ぬこと――いつ、なぜ、どのように』に掲載されました。同書では、ウィリアムズやフレッチャーを含む二一名の著者によって、生命の起源、遺伝子操作、人口爆発、臓器移植、死と死にゆくこと（筆者は現代ホスピスの創始者であるシシリー・ソンダースと並んで、死生学のルーツの一人とされるエリザベス・キューブラー＝ロスです）、行動科学、暴力、ドラッグ、犯罪、結婚、同性愛やトランスセクシュアルなど、生死に関する問題が多岐にわたって取り上げられています[3]。

編者ウィリアムズによる、人口の過密がドラッグや暴力、同性愛やトランスセクシュアルの増加の原因となるという叙述には、アフリカ系アメリカ人の公民権運動、フェミニズムや同性愛者の人権運動など、社会の価値観の急激な変化に揺れる一九七〇年代初頭のアメリカの空気とともに、人口爆発の危機を訴えたローマクラブのレポート『成長の限界』（一九七二年）の衝撃が反映しているともいえるでしょう。ウィリアムズによる「生命の繁殖、調節、終結――避妊、中絶、自殺、安楽死」という章では、不妊と断種・中絶・羊水穿刺を用いた人口管理、繁殖の量と質のよりよい管理、臓器移植、終末期、自殺、安楽死という項目が続いていて、人口の管理統制の方途として、出生前診断と選択的中絶や臓器移植、自殺、安楽死の容認が論じられていることに、戸惑いを感じざるをえません。

## 安楽死・尊厳死と優生学

しかしながら、同様の記述は一九七六年に日本安楽死協会（現、日本尊厳死協会）を設立して日本の安楽死運動を牽引した太田典礼にも見られます。安楽死運動に本格的に取り組んだ一九七三年、太田は、『安楽死のすすめ』を上梓し、「人口問題」の項を設けて人口の老化と人口爆発について記述した後「だからといって、安楽死をというわけではないが、見込みなき延命は問題になってきた」と結んでいます[4]。この頃、いわゆる「植物人間」の存在がときおりメディアに取り上げられていました。有吉佐和子の小説『恍惚の人』がベストセラーとなって、現在認知症とよばれるようになった「呆け老人」が顕在化したのもこの頃のことです。太田は、そんな時代状況の最中、安楽死の対象として「死期の遠い不治」を挙げ、しかもその範囲を「中風、半身不随、脳軟化症、慢性病の寝たきり病人、老衰、広い意味の不具、精薄、植物的人間（傍点は大谷による）」に拡大し、これらの人々を「半人間」とよんで「ただ社会的負担になる人命」とし、「社会の大きな負担であること」「益なき人命」が将来必ず問題になることを、本人、家族が自覚すべきであると述べているのです。人口の増加に供給食糧の増加は追いつけないとするマルサスの人口論の影響を受けて、産児制限によって貧困層を救おうとする新マルサス主義が生まれました。第二次世界大戦前から産児調節運動、優生運動を展開した太田にとって、安楽死運動もこの文脈にあったと考えて差し支えないでしょう。

親のない子の生活・教育保障、子のない親や単身者の老後保障、障害者や慢性病者の治療・生活・労働保障という三つの社会保障の充実を求めるなかで二〇世紀後半の医療を見つめてきた川上が、人口動態を見据えて二一世紀に迎える大量死の時代のありようを、一つの方向性は「尊厳死」と断じながらも、「気がかり」と戸惑いを隠せなかったのは、安楽死運動が内包する優生のにおいを意識的・無意識的に感じ取っていたからではないでしょうか。

## *4* 「安楽死」から「尊厳死」へ

### 「dignity」の訳をめぐる葛藤

さて、太田典礼が日本安楽死協会を設立した一九七六年四月一日、アメリカ合衆国ニュージャージー州でいわゆる「植物状態」からの人工呼吸器撤去の可否が争われたカレン・アン・クインラン裁判の州最高裁の判決を報じる『朝日新聞』紙上で、日本ではじめて「尊厳死」という言葉が使われました。米英の「死ぬ権利」運動において主張された「尊厳をもって死ぬ権利」の訳語として用いられた「尊厳死」という言葉は、その後紆余曲折を経ながら、まずは法学分野で、やがて医学分野で使われるようになっていきます。[5] しかしながら、太田自身は、「尊厳死」という言葉を宗教性をもつものとして嫌い、「品位ある死」という訳語を使い続けました。

## 「尊厳」からも「安楽」からも遠く離れて――ナチス・ドイツ「安楽死」政策

その太田が、みずからが設立し理事長を務める日本安楽死協会を日本尊厳死協会と改めたのは、第二次世界大戦中、ナチス・ドイツの政権下で、二〇数万人の心身障害者が、「安楽死」の名のもと、組織的に虐殺されたことによります。ナチス・ドイツは一九三三年に政権についた直後から優生政策をとっていましたが、第二次世界大戦の開始に先立って、生産性のない精神障害者、身体障害者、難病者の組織的殺害に着手したのでした。その殺害方法は対象者を殺害のための専用施設に移送隔離しガス殺するもので、後にユダヤ人や同性愛者、少数民族などの虐殺に用いられて、アウシュヴィッツで名高い殺人工場の原型となりました。

第二次世界大戦後の安楽死推進運動は、ナチス・ドイツの「安楽死」政策のいわば「血塗られた」歴史を拭い去ることを余儀なくされました。アメリカで安楽死運動を牽引した社会倫理学者のジョセフ・フレッチャーは、一九六〇年代初頭に「反苦難死」(anti-dysthanasia) という言葉の創出と普及を試みています。[6]「尊厳死」という言葉を嫌った太田も同じ壁にぶつかりました。脳性まひの当事者団体である「青い芝の会」を始めとする身体障害者団体や松田道雄ら当時の知識人からの激しい反対にあった太田は、一九八三年、ついに会名を現在の「日本尊厳死協会」に改めます。この会名改称にあたって、太田は、会員向けの会報に、「消極的安楽死の思想を普及させるためには、「どちらの表現が正しいか誤りか」ではなく、その時その時の内外の情勢を考えて運動に有利な表現を採用すればよいわけであります。今回の改称はあくまで今日の情勢への対応に過ぎません」と述べてその戦略的意図を説明しています[7]。

ハダマーの殺害施設（現，ハダマー精神病院）。当時，遺体を焼く煙が毎日上がっているのを近隣の人々は目のあたりにしていた

## パーソン論と排除の思想

太田が「尊厳」（dignity）という言葉がもつ宗教性を嫌ったように、欧米キリスト教圏の安楽死運動は、「殺すなかれ」という戒めをもつキリスト教に対抗するために、それがみずからの意思に基づく新しい権利であることを強調してきました。それが「尊厳をもって死ぬ権利」という言説となって形づくられたのが一九七〇年代のこと。その背後には、ナチス・ドイツと同様に、人口の質の向上を目論んで生産性のない存在を死なせることを倫理的に正当化しようとする考え方があったのです。

こういった事態とともに、人工妊娠中絶の合法化や、臓器移植の必要から「脳死」概念が生み出されるのと並行して、理性的で自己意識のない人を、生物としてはヒトであるけれども「人格」をもたない（＝パーソンではない）存在であるとする考え方が、生命倫理学者によって主張されるようになっていったことも確認しておかなければなりません。パーソン論とよばれるこの考え方に立てば、胎児や脳死者、いわゆる「植物状態」とよばれる遷延性意識障害者だけでなく、理性的で自己意識をもたない難病の新生児も認知症高齢者も重度の精神障害者も、すべからく「人間」ではないから、生ませないことも死なせることも可能になります。さらには、そういった人々を臓器提供者として遇することも可能です。いまや世界中で「臓器不足」は深刻ですから、人体を資源と考えれば、一石二鳥ともいえるでしょう。

とはいえ、「自分らしく、人間らしく、尊厳をもって死にたい」という願いは誰もがもつ素朴な願いであって、それがこのような考え方に結びつくなどということは、たいていの人には承伏しがたいものです。そこで、次節では、一つの寓話的な小説を糸口に、この問題を考えてみましょう。

## 5　人間の尊厳／品位――『わたしを離さないで』が語るもの

### 「犠牲になる」ための生

イギリス最高の文学賞であるブッカー賞を受賞した作家カズオ・イシグロの小説『わたしを離さないで』で描かれた時代は一九七〇年代から一九九〇年代。現代から見れば過去の話でありながら、画期的な医療技術の発達で人間の平均寿命が一〇〇歳を超えた架空のパラレルワールドで、臓器提供だけを使命として造られ全寮制寄宿学校ヘールシャムで育成された、キャシー、トミー、ルースの三人のクローンた

**カズオ・イシグロ／土屋政雄訳『わたしを離さないで』（ハヤカワ文庫）**

ち（小説でも映画でも「コピー」と称されます）が送る、短い人生の青春の数ページが描かれています。書評でも映画評でも慎重に秘された作品の設定は、小説でも映画でも（そして二〇一六年一月一五日から放映が始まった日本に場所を移したテレビドラマでも）、じつのところ早々に、ヘールシャムの方針に疑問をもつ新任のルーシー先生によって明かされます。

ルーシー先生は、生徒たちに、彼らの人生は自分たち教師とも時折訪れる「外の世界」の人とも違うこと、彼らには臓器提供するだけの短い未来しか許されていないことを告げ、さらにこう語ります。「あなた（コピー）たちの未来は決まっている。臓器を提供して終えるまでの短い時間。見苦しくない人生（decent life）を送るために、自分が何者でこの先何が起きるかを知っておいて」と。

ところで、キャシーたち「コピー」は、なぜみずからの仮借なき運命にあらがおうともせず、絶望から自殺しようともせず、諦念とともに受け入れていくのでしょうか。当然のごとくわき上がる問いは、原作者であるイシグロにも繰り返し問われてきたようです。この問いに、イシグロは、以下のように答えます。(8)

「なぜ逃げようとしないのか。そう質問されたとすればこう答えるしかない。この物語では死と向き合うことを描きたかったからだ。――私たちは年老いていき、少しずつ体の自由が利かなくなってやがて死を迎える。人生を全力で生きることはできるが、運命を避けることはできない。だからキャシーたちは運命から逃げようとはしない。逃げる先もないんだ」

## 犠牲と引き替えに与えられる承認？

「見苦しくない人生」(decent life) は、ヘールシャムの鍵ともいうべき言葉です。この言葉が、誰によって、誰に向けられているかに注目してみましょう。先述したように、これは、ヘールシャムでルーシー先生が生徒たちにその未来(がないこと)を告げたときに彼らに語られた言葉です。生徒たちの残酷な運命に同情するルーシー先生が彼らを思って明かした真実——。それゆえに、ルーシー先生は校長のミス・エミリーに解雇されてヘールシャムを去ることになりました。

他方、ブルーレイ版の特典映像には「ヘールシャム・キャンペーン・ポスター集」として五種のポスターが収録されており、映画ではそのうちの二枚が額装されて「マダム」の家の居間に飾られていて、ヘールシャムの目的がこう述べられています。「その目的は **decent life** を送る **individuals** の臓器を提供される機会を、プロジェクトに寄付するあなたに与えること」だと(ポスターではゴシック部分がひときわ大きなポイントで強調されています)。ここで考えたいのは、decent life をエミリー先生の言葉の邦語訳のように「見苦しくない人生」と読むこともできるけれど「人並みな生活」と読むこともできるということです。decent life と並んで強調されている individuals は当然コピーたちのことを指しているのですが、individual が動物(animal)、創造物(creature)、人間(human being)など多義的な意味をもつことも、何ともアイロニカルです。養鶏場のような他の施設と違って、ヘールシャムではコピーたちに美術や工芸など人間並みな教育とケアの行き届いた生活を保障しているのですが、それはすべて「外の世界」の「人間」からの寄付で賄われています。このポスターはその寄付を募るためなのですから、コピーたちにケアの行き届いた

「人並みな生活（decent life）」を与えるための寄付金は、コピーたちがその教育のゆえにみずからの運命を甘受して「見苦しくない人生（decent life）」を全うし「人間」に臓器を提供するため、つまるところコピーのためではなく「人間」によりよい臓器を担保しておくための保険だといわんばかりです。

文芸評論家の加藤典洋は、この物語が描くエミリーたち「人間」とキャシーたち「コピー」の関係について、「読む者は、より弱く、偽物の生を生きる疑似人間のほうが、本物の人間よりもディーセントで、人間的ですらある、という不思議な読後感をここから受け取る。「人間」であることは、必ずしも「人間的」であるための、必要条件ではないようなのだ。そこで虐げられた者は、第三世界性にもプロレタリアート性にも自分の悲惨さの理由を求めることができない。彼らはどこにもアイデンティファイできず、また、しないことで、誰よりも、遠くまで行き、これまでになく多くを深く経験する」と述べています[9]。

偽物の生を生きる疑似人間のほうが、本物の人間よりもディーセントで、人間的ですらある――同じことを、「見苦しくない、品位ある死」をおよそみずからの死に方の権利であるかのように語りながら、その実、「中風、半身不随、脳軟化症、慢性病の寝たきり病人、老衰、広い意味の不具、精薄、植物的人間」を死なせる論理を目論んだ太田典礼や、人口爆発の危機が叫ばれる時代に、人口の管理統制の方途として出生前診断と選択的中絶や臓器移植、自殺、安楽死の容認を論じたジョセフ・フレッチャーやロバート・H・ウィリアムズの言葉に見出すのは、杞憂にすぎるでしょうか。

## *Never let me go*――わたしを逝かせないで

「ディーセント」（decent）という英単語を、ある世代の人々は、筆者同様に、大江健三郎のノーベル文学賞の授賞記念講演[10]とともに思い出すかもしれません。大江はこの講演の最後に、重度の知的障害をもって生まれた息子、光さんが、ほとんど言葉をもたないけれども（あるいはそれゆえに）鳥の歌に耳を傾け、さらにはみずからの胸の奥に、言葉によっては探り出せなかった暗い深い悲しみのかたまりを音楽として表現し、そのかたまりが光さん自身を癒やし快復させているのみならず、同じ時代を生きる聴き手たちを癒やし快復させていることを紹介し、人類の全体の癒しと和解に、どのようにディーセントな貢献がなしうるかを探りたいという言葉で締めくくっています。

もちろん、ここで述べたいのは、「尊厳（ディグニティ）」と「品位（ディーセント）」のどちらがより適切であるか、ということではありません。太田典礼が、ナチス・ドイツによって血塗られたイメージを払拭するために、本来は嫌っていた「尊厳死」の語を採用して、「日本安楽死協会」を現在の「日本尊厳死協会」と改めたことを考えれば、言葉の変容の背後に何が隠されているかを考えることを忘れてはならないでしょう。けれど、それ以上に、誰が、誰に向けて、どのような意図でそれらの言葉を語っているのか——私たちが考えなければならないのはそこにあります。言葉の柔らかさ、美しさのゆえに、それが内包する恐ろしさに気づけないでいることもあるでしょう。だからこそ、そのことに、自覚的である必要があるはずです。少なくとも八〇年ほど前のドイツで「安楽な、よき死（＝安楽死）」の名のもとになされたことを、現在の私たちは知りうるのですから。

小説『わたしを離さないで』の原題は *Never let me go* ——コピーたちはみずからの運命に抗うことなくディーセントに運命を受け入れていきます。けれど、タイトルからは「わたしを逝かせないで」という、コピーたちの、太田典礼に「半人間」と断ぜられた人々の、ナチス・ドイツ下で虐殺された人々の願いが、静かに私たちに語りかけてくるようです。

## コラム12　平均寿命と健康寿命

●菅原育子

日本は長命な国の一つといわれます。二〇一四年の日本人女性の平均寿命は八六・八三歳、男性は八〇・五〇歳で、いずれも過去最高を更新しました。この平均寿命の長さは、女性は世界一位、男性は世界三位にあたります。

ある集団において現在特定の年齢の人が平均あと何年生きられるか期待される年数を示すのが「平均余命」です。そのうち〇歳の平均余命を特に「平均寿命」といいます。例えば二〇一四年で見ると、六〇歳の平均余命は女性二八・六八年、男性二三・三六年です。したがって、二〇一四年に六〇歳の日本人女性は、平均すると八八歳か八九歳まで生きるという計算になります。日本では、各年齢の平均余命が毎年一回発表されていますので、よりくわしく知りたい場合は厚生労働省のホームページ[1]から「生命表」にアクセスしてください。

日本人の「平均寿命」は、一九五〇年には女性六二・九七歳、男性五九・五七歳でしたので、この六五年ほどで二〇年以上延びたことになります。「平均寿命」が延びた要因は、おもに乳幼児の死亡が減ったこと、そして、公衆衛生の改善や栄養状態の改善、医療技術の進歩などにより、青年から高齢者までの死亡が減ったことによります。

ところで近年、「健康寿命」という言葉を聞くようになりました。「健康寿命」とは何で、なぜこのような言葉が注目されるようになってきたのでしょう。「健康寿命」とは、〇歳を起点にして、集団全体で見たときに「健康」でいられる平均的な年数と定義されます。健康であるということをどう測るかさまざまな計算の仕方があるのですが、おもに用いられている指標は、「平均寿命」から、障害や疾病を有する期間、または、日常生活を送るうえで介護や介助を必要とする年数を差し引いて計算されます。つまり、「健康寿命」は、健康上の問題で日常生活が制限されることなく、自立してすごせる期間のことをいいます。最新の報告では、**図1**のように、二〇一三年時点で女性七四・二一年、男性七一・一九年です。

この二〇年ほど、日本を含め世界中で「健康寿命」の概念や算出方法について検討が重ねられてきました。「健康寿命」という新しい指標が生まれた背景には、「平均寿命」の延びや医療技術の躍進があります。寿命がどんなに延びても、寝たきりだったり、ひどい痛みを伴いながら単に延命されたりするだけならば、それは望ましい人生の姿ではない、「健康」で生きられる時間を延ばすことこそが重要だ、という世界的な合意があったのです。

日本でも「健康日本21（第二次）」（国の健康に関する基本方針と目標を示すもの。第二次は二〇一三年度から開始）の大きな柱として「健康寿命の延伸」が据えられました。「健康寿命」を延ばす、つまり、自立してすごせる期間をなるべく延ばして要介護状態になるのを防ぐために、日本各地で高齢者を対象とした体操教室の開催や、高齢者の社会参加を促す取り組みなど、さまざまな介護予防施策が打ち出されています。

それと同時に、寿命という言葉はとても強い意味をもちえます。「寿命」という言葉はもともと、生まれてから死ぬまで、または、物が使用に耐える期間を表しており、寿命が尽きたらそこで終わりという不可逆的な意味合いをもっているからです。一方で人の体は、健康状態が改善したりリハビリによって自立生活が再び可能になることがありますし、自立した生活が難しくても人生は続きます。個人の人生においては、自立生活が困難になったらそこで人生が終わり、ということではないことを十分に理解しながら「健康寿命」という言葉を用いる必要があるでしょう。

「健康寿命の延伸」を主張するときには、えてしてその先の人生、すなわち要介護期間は否定的に描かれますが、老いて亡くなるという過程の中で、この介護される期間は多くの人に訪れます。高齢者の健康や生活状況を長年追跡した研究により、加齢に従って心身の機能の多くが低下する一方で、人生満足感や幸福感は低下せず、むしろ高まる傾向があることが明らかになってきました。身体が思うように動かず、若い頃のようには活動できなくても、人生でいまが楽しい、年をとることは思っていたより悪くない、と感じる人が少なからずいるのです。高齢社会においては、健康寿命を延ばす方策とともに、要介護状態での暮らしを「幸せだ」「生きていてよかった」と思えるものにするものは何なのか、「豊かに老いて亡くなる」とはどういうことで、どうやれば実現できるのか、についても、深く考え、方策を探ることが不可欠です。

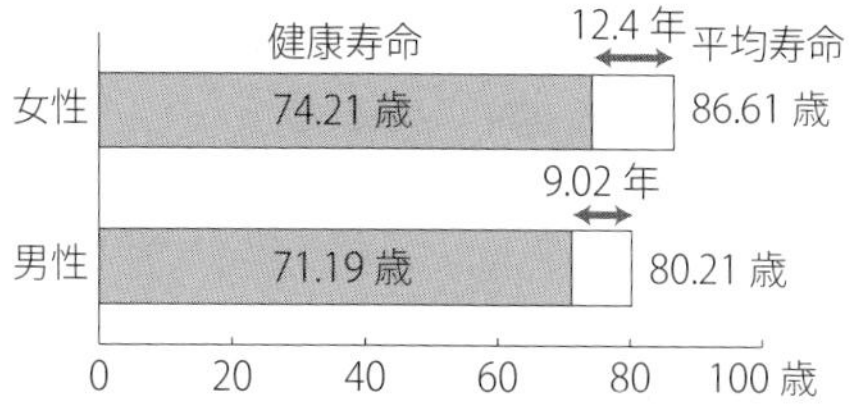

**図 1　平均寿命と健康寿命（2013 年）** (2)

# 第10章　変わるお葬式、消えるお墓
## ――その実態と現代人の意識

●小谷みどり

## *1*　変わるお葬式

### お葬式の役割の変容

お葬式には、①遺体の処理、②霊魂の処理以外にも、③社会への告知、④遺された人たちの感情の共有という大切な役割があります。

かつてのお葬式は、故人の後継者を地域にお披露目する儀式でもありました。故人の妻が存命でも、長男が葬儀の喪主をする習慣が長らくあったのはそのためです。喪主を務める人が、跡継ぎだと考えられていたのです。

しかし最近では、故人が男性の場合、息子がいるかどうかにかかわらず、故人の妻が喪主をすることが一般的になっています。地域共同体のつながりが薄れ、三世代同居の世帯が減少してきたこと、サラリーマンが増え、親や家の仕事を引き継ぐケースが減ってきたことから、お葬式が、後継者のお披露目の場ではなくなってきたことが背景にあります。その意味では、社会への告知という役割は薄れてきているといえるでしょう。

お葬式には、遺された人たちで感情を共有し合うという大きな役割もあります。昨今では、宗教的な葬儀式よりも、参列者が故人とお別れする告別式のウエイトが大きくなっている現状があります。

お葬式が社会的な儀式ではなくなり、故人とお別れすることがお葬式の大きな意義になってきたことにより、慣習やしきたりに必ずしもこだわらなくてもよいと考える人が増えています。むしろ、故人らしいお別れの形を考えたいという要望が強くなっています。

なかには、生前葬をしたいという人もいます。亡くなってからでは、集まってくれる人に感謝の気持ちを伝えることができないからと、生前に、自分で自分のお葬式を主催するという趣旨です。筆者の知人は、末期のがんで余命半年と診断されたのをきっかけに、友人たちに集まってもらって生前葬をしました。亡くなったときには火葬だけにしてほしいというのが、生涯独身を貫いたこの女性の願いでした。生前葬をしたいという連絡を受けた友人たちの中には、彼女の余命が限られているという事実に最初は戸惑い、出席を躊躇する人もいたようですが、実際に出席してみると、心おきなくお別れができてよかったと感じたようです。

自分にとってお葬式をする意味は何なのか、誰のためにお葬式をするのかは、人によってもさまざまです。社会や時代の変化とともに、お葬式の意味合いも変わってきているからです。

## 多様化するお葬式

### （1）社会の背景

昨今、お葬式が小規模化しています。公正取引委員会が二〇〇五年に葬祭業者に行った調査によれば、お葬式の参列者が減少したと回答した業者は六七・八％に上りました。

東京都内では、お葬式をせずに火葬のみですませる直葬が三割近くを占めています。お葬式代が出せず、参列する家族が誰もいないケースばかりではなく、お金がないわけでも家族がいないわけでもないのに、火葬のみですませるケースが増えているのが最近の特徴です。お葬式をするにしても、家族だけですませたいと考える遺族が多くなっています。

こうした背景の一つに、死亡年齢の上昇が挙げられます。厚生労働省『人口動態統計』によれば、二〇一三年に亡くなった人のうち、八〇歳以上だった人は全体の五九・四％と六割近くを占めましたが、一九九〇年では三八・七％、わずか一五年前の二〇〇〇年でも四三・八％しかおらず、半数以上の人は八〇歳までに亡くなっていました。このことから二〇〇〇年以降、長生きする人が急増していることがわかります。

八〇歳以上で亡くなると、故人の友人の参列が少ないうえ、故人の子どもたちがすでに定年退職を迎えている可能性が高く、故人や遺族の仕事関係で参列する人も少なくなる傾向があります。親戚づき合いや地域とのつながりが希薄になっていることも、参列者の減少につながっています。バブル景気の時代には、一般的なお葬式でも参列者は優に一〇〇人を超えていましたが、そのほとんどは遺族の仕事関係者など、故人とは直接面識のない人でした。いうなれば、昨今のお葬式は社会的な儀式ではなく、きわめてプライベートな儀式になってきたということでしょう。かつては町内会で訃報の回覧板がまわってきましたが、そうした光景もなくなりつつあります。

お葬式の小規模化には、経済的な側面も影響しています。例えばいまや葬儀社を利用せずに葬儀を出す遺族はほとんどいませんが、こうした傾向が全国に定着したのは高度成長期以降のことです。都市化や核家族化の進展のみならず、バブル期には盛大な葬儀が増えたこともあり、特に一九九〇年代以降は親族や町内会だけでは葬儀を出せなくなり、葬祭業者の関わりが急速に増大していきました。

葬祭業者への依存傾向は、葬儀を行う場所の変化にも現れています。日本消費者協会の全国調査によれば、過去三年以内に葬儀を出した人のうち自宅で葬儀をした人は、一九八五年調査では五八・一%と過半数を占めていましたが、一九九一年調査では五二・八%、一九九九年には三八・九%、二〇〇七年には一二・七%と減少し続け、二〇一四年調査ではわずか六・三%となり、代わって葬儀会館を利用した人は八一・八%に上っています。

ところが葬祭業者への依存傾向がますます強まるなか、一九九〇年代後半以降、高騰する葬儀費用やお仕着せの葬儀に不満を抱く生活者が増えました。前出の日本消費者協会の調査では、参列したことがある葬儀について「形式的になりすぎている」「不必要なものが多すぎる」「世間体や見栄にこだわりすぎている」などと回答した人は一九九五年調査以降、急増します。

こうした従来の葬儀への不満が、葬儀をサービス財として選択するという消費者意識を芽生えさせ、自分のお葬式について生前に考える契機ともなりました。昨今、死の迎え方や葬儀や墓などを元気なうちに考え、準備しておこうという風潮が高まっています。数年前、ある雑誌がこれを「終活」と命名し、「死」を連想させせないキャッチーな単語が巷で一気に広がりました。

しかし少なくとも一九九〇年代以前は、死んだ後のことは遺族が考えるべきであって、死んでいく本人が自分のお葬式についてあらかじめ考えておくという発想はありませんでした。なぜなら、これまでの日本の社会では、特に人生終末期から死後までの手続きや作業は家族や子孫が担うべきとされてきたからです。ところが昨今、家族の形や住まい方が多様化し、家族や子孫だけでは担えない状況が生まれています。

厚生労働省の統計によれば、六五歳以上がいる世帯のうち三世代世帯が占める割合は一九八〇年には五〇・一%と半数を占めていましたが、二〇一四年には一三・二%にまで減少しています。代わって、夫婦のみ世帯が三〇・七%、一人暮らし世帯が二五・三%と、六割近くの高齢者が子どもとは一緒に住んでいません。ちなみに国立社会保障・人口問題研究所の二〇一四年推計によると、二〇三五年には東京では、世帯主が六五歳以上の世帯のうち、四四・〇%が一人暮らしとなるといいます。

夫婦二人暮らしか、一人暮らしの高齢者は、「別居する子どもに迷惑をかけたくない」あるいは、「頼れる家族がそもそもいない」という問題に直面している可能性があり、死の迎え方や死後の葬送についてあらかじめ考えておかねばならない時代になったともいえます。

## （2）お葬式の個性化

昨今、お葬式に自分（故人）らしさを求める人が増えています。家族やごく親しい人たちを中心としたお葬式が増えてきたこと、また元気なうちからお葬式について考えておこうという人が増えてきたことがその背景にあります。

例えば、かつては「お葬式の花」といえば白や黄色の菊が定番でしたが、最近では、ピンクやブルーの明るい洋花が使われることが主流になっています。段を組んで彫刻の飾り物や輿が載った従来の「白木祭壇」よりも、明るい雰囲気の「花祭壇」を選ぶ人が増えています。ひまわりやバラなど故人が好きだった花を使うほか、故人のイメージや趣味を花で再現する演出もあります。清楚な人だったなら百合や胡蝶蘭を多用した祭壇、ゴルフが趣味だったなら、ゴルフ場をイメージした祭壇といった具合です。

明るい雰囲気の祭壇に合うよう、遺影も変化しています。仏頂面に和服を合成した白黒写真に代わって、最近の主流は、洋服を着て微笑むカラー写真です。花で飾った大きな額に遺影を入れて祭壇に安置するので、かなりインパクトがあります。

旅立ちファッションも同様です。経帷子《きょうかたびら》に頭巾といった「死に装束」ではなく、故人愛用のスーツや洋服を着せるケースが増えています。女性向けに、ドレス風の死に衣装を販売する店もあります。故人のお気に入りの洋服などを着せる人も少なくありません。映画『おくりびと』では、故人に服を着せる納棺師が描かれましたが、こうしたプロが旅立ちの衣装合わせをしてくれます。

また、音楽や歌で故人を送りたいと考える遺族もいます。出棺時に音楽が流れることも増えました。プロの演奏家や音楽家をお葬式に派遣する会社もあります。クラシックや宗教音楽に限らず、故人が生前に好きだった演歌やポップスなど、ジャンルにとらわれない音楽が流れるのが最近の特徴です。みんなで故人が好きだった歌を合唱することもあり、生前の故人を思い、涙する参列者はとても多いようです。

故人の人生やこだわりを反映したお葬式が増え、お葬式の多様化はますます進んでいます。火葬のみですませる直葬も、大きな意味ではお葬式の多様化の表れでもあります。

## 2　お墓の現代的問題

## お墓の無縁化

日本のお墓は「○○家の墓」が一般的です。こうした家墓は、継承を前提としているところに特徴があります。民法では、家系図や祭具、お墓（これらを祭祀財産といいます）を継承する人を慣習に従って定めるとしています。

したがって、継承者は同一の苗字や親族関係である必要はありません。民法では長男優先とも定めていませんから、結婚して苗字が変わった娘や次男が継承することには、まったく問題はありません。しかし、「長男がお墓を守る」という明治民法に由来する家意識が私たちの中に根強く存在しているのも事実です。「娘しかいないので、お墓を継承する人がおらず、無縁になってしまう」、あるいは「自分は次男だから、新しくお墓を建てなければならない」と思っている人は少なくありませんが、これらは、思い込みにすぎないのです。

とはいえ、民法が規定する先祖祭祀の継承がもたらす現代的問題の一つに、墓守をする人がいない無縁墓の増加が挙げられます。筆者が二〇〇九年に行った調査（三五歳から七九歳までの全国の男女六〇〇名）では、自分のお墓は無縁化しないと回答した人は一三・九％しかいませんでした[1]。しかも子どもがいる人でも、過半数の五二・七％が無縁化する可能性があると考えていました。子どもがいるかいないかにかかわらず、いまや、先祖のお墓を継承する人がいないという問題を多くの人が抱えているといえます。

高松市では一九九〇年度に一一カ所の市営墓地で無縁墓の実地調査をしたところ、約二万四五〇〇基のうち約七五〇〇基の使用者がわからず、三基に一基が無縁墓という実態が明らかになっています。熊本県人吉市の場合、二〇一三年に市内の全霊園九九五カ所の現況調査をしたところ、一万五一二三基あるお墓の四割以上にあたる六四七四基が無縁墓で、中には八割が無縁墓となっている霊園もあったそうです。そのうち、一四カ所ある市有墓地には二七八一基のお墓があるものの、無縁墓は一九一三基で、約七割を占めています。無縁墓の中には、子孫や遺族が勝手に骨壺を持ち出し、墓石だけが放置されているものも少なくないといいます。無縁墓の増加は想像以上に深刻で、もはや霊園自体が無縁化しているといっても過言ではない状況にあります。

それでは、なぜ無縁墓が増加しているのでしょうか。一つには、お墓の継承者がいない人が増えていることが挙げられます。日本では少子化に歯止めがかからず、すでに年間の死亡者数が出生数を上まわる人口減少社会に突入しています。しかも一人っ子同士の長男長女の結婚により、一家に夫系、妻系の複数のお墓を抱える家庭が今後、ますます増加します。そのうえ、いまや、男性の六人に一人は生涯シングルの人たちです。結婚しない人や子どもがいない人はこれからも増え続けるでしょう。

さらに人口の地域間流動が激しくなり、「生まれ育った土地で結婚し、一生を終える」という人生モデルが主流ではなくなったことも、無縁墓増加の原因です。子孫にとってはなじみのない土地に先祖のお墓があるという状況が生まれているからです。今後も人口減少が止められない地域では、継承する人がいないお墓は増えていき、やがて集落の墓地自体が実質上、無縁化する可能性もあるのです。

こうしたことから、お墓の引っ越し、いわゆる「改葬」をする人もいます。しかし改葬は継承問題の先送りであって、解決策にはなりえません。未来永劫、継承する子孫が絶えない確証はないからです。子孫がいないなどの理由で、先祖のお墓を更地にし、遺骨を散骨するなどして片づける「墓じまい」を選択するする人たちも出ています。お墓の無縁化は社会全体の問題でもあり、時代や社会に即したお墓のあり方を社会全体でそろそろ真剣に考えなければなりません。

## 無縁化させない仕組み

そのためには、まずお墓を無縁化させない仕組みを構築しなければなりません。具体的には、継承を前提とした永代使用ではなく、継承者の有無にかかわらず、どんな人も平等に使用期間を定めるという方法が一例として挙げられます。申し込んだ時点から二〇年や三〇年は使用でき、期限がくれば更新することもできるといった仕組みです。

お墓を無縁化させないための二つ目の方向性は、血縁を超えた人たちでお墓を共有するという考え方です。子々孫々での継承を前提とする「家墓」に対し、いわゆる「永代供養墓」「合葬墓」「合同墓」などとよばれているお墓です。血族や姻族ではない人たちの遺骨を合葬する施設であり、故人の子々孫々が継承するのではなく、お寺やＮＰＯ、高齢者住宅、趣味仲間の会、企業などの運営者が管理していく仕組みなので、葬られる人に跡継ぎがいるかいないかは関係ありません。

無縁化防止の三点目の方向性は、そもそもお墓をつくらないという単純明快な選択です。宗教学者の島田裕巳は二〇一四年に出版した著書『０（ゼロ）葬』[2]の中で、遺族が火葬場から遺骨を引き取らない選択をゼロ葬とよび、これこそがお墓を建てる、守るといった心理的負担、金銭的負担から解放される手段だと主張し、世間の耳目を集めました。遺族が遺骨を引き取らないとはいっても、誰かが合葬墓へ納骨するなどして遺骨を処理しなければならないのですが、お墓をつくらなければ遺族に迷惑をかけないという考えに共感する人は少なくないかもしれません。

お墓をつくらない現実的な方法として挙げられる一例は散骨です。実際、散骨を希望する人の中には、「お墓を建てると遺族に迷惑をかける」と考える人は多いようです。自宅に骨壺を安置したり、遺骨の一部を細かく砕いたものをペンダントに入れて身につけたりする遺族もいます。

お墓の形は、子々孫々で入るものだけでなく、血縁を超えた人たちで入るもの、そもそもお墓をつくらない無形化など、広がりを見せています。

## 3　変わるお墓

### あの世の住まい

昨今、「子どもに迷惑をかけたくない」と、生前に自分のお墓を建てて準備しておく人が増えています。民営墓地では、遺骨がまだ入っていない生前に建てられたお墓の方が多いところもあります。もともとはバブル景気の頃、生前に建てるお墓を「縁起がよい」「長生きする」「子孫が繁栄する」などと墓石業者が触れ込み、相続税対策になることもあって、お墓をあらかじめ建てておく人が出てきたのが発端です。

生前にお墓を建てるとなれば、お墓を「死後の自分の住まい」としてとらえる傾向が出てきます。「墓地、埋葬等に関する法律」では、「埋葬又は焼骨の埋蔵は、墓地以外の区域に、これを行つてはならない」と定めていますが、どんなお墓に誰と葬られるかという点については規定していません。

これまでの日本社会では、偕老同穴という言葉があるように、夫婦は同じお墓に入るのが常識だとされてきましたが、そう思わない人も特に女性に出てきています。第一生命経済研究所が二〇一四年に全国の六〇、七〇歳代の有配偶男女六〇〇人に対して実施した調査結果では、自分が一緒に入るかどうは別にして、「夫婦は同じお墓に入るべき」と考える人は、男性では六二・二％いたのに対し、女性では四七・

三％と半数を下まわっていました[3]（図10―1）。「どんな墓に誰と入るのか」については、柔軟な考え方をもつ女性が増えています。

## 家墓から家族墓へ

二〇一一年に二〇歳代～八〇歳代までの全国男女二〇〇〇名を対象とした「お墓に関する意識調査」（科研費研究：代表者鈴木岩弓）では、「あなたは、どのような形態のお墓（納骨堂を含む）に入りたいと思いますか。現在、お墓があるかないかにかかわらず、お答えください」という質問に対し、「先祖代々のお墓」を挙げた人が最も多かったものの、その割合は三八・九％にとどまりました。一方で、「いまの家族で一緒に入るお墓」を望む人は三一・一％おり、お墓の〝核家族化〟を志向する人は少なくありません（図10―2）。

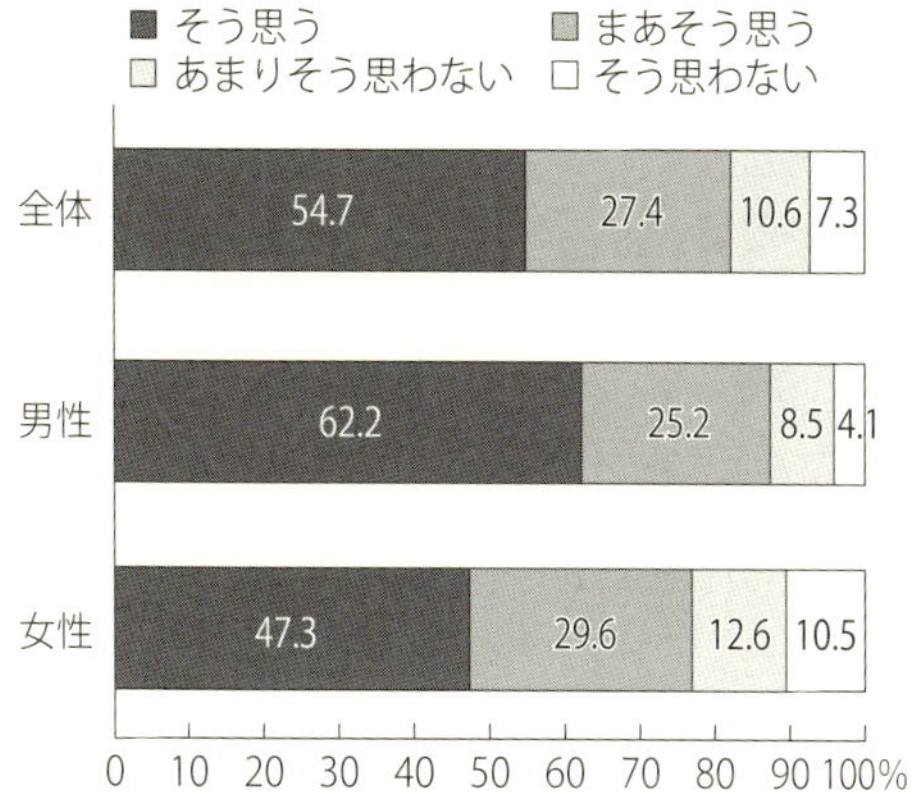


**図 10-1　夫婦は同じお墓に入るべきか（全体，性別）**[4]

前述した夫婦別墓を肯定する人たちや実際に別墓を希望する人たちは、必ずしも夫婦仲が悪いわけではありません。もちろん「あの世では配偶者と一緒にいたくない」と考える人もいるでしょうが、「一緒に住んだことのない姑とお墓の下で同居はイヤだ」「住んだことのない夫のふるさとにはなじみがなく、そんな土地にある夫の先祖のお墓に入りたくない」と考える女性は少なくなく、結果として夫と別墓を希望

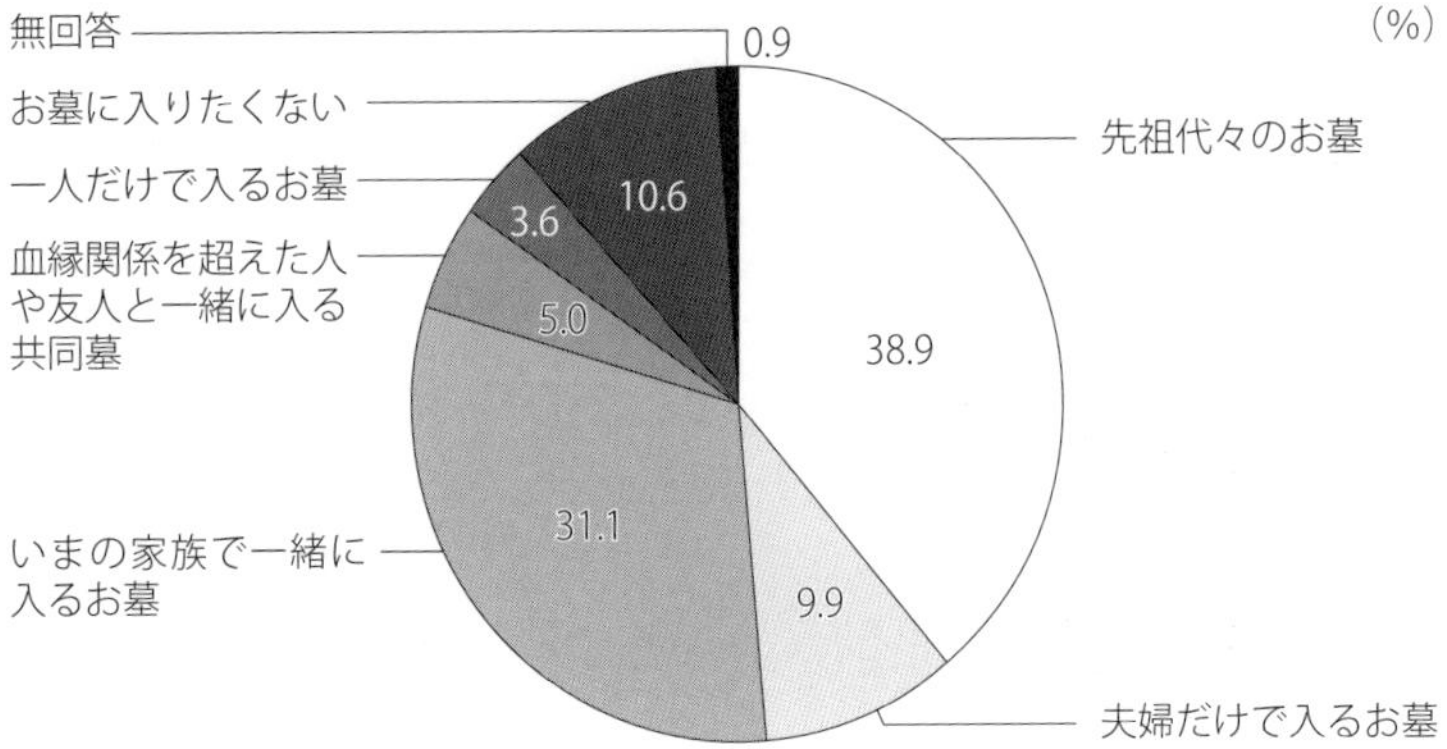


図10-2　どのようなお墓に入りたいか(5)

するケースが多いのです。

さらに一人っ子同士の結婚が増え、夫婦がそれぞれの親と一緒のお墓に入りたいと考えるケースも散見されます。このように日本のお墓は、代々継承することを前提とした家墓から、あの世でも住まいとしての家族墓へと移行しているのです。

## 4　変わらない意識

### 誰の死を想定するかで異なる死生観

昨今、死の迎え方や葬送について元気なうちに自分で考えておこうという風潮は、「私が死んだら」という立場で考える「私の死」概念の台頭を示しています。しかし死は、自分自身の問題なのでしょうか、それとも遺される人の問題なのでしょうか。亡くなるのは本人ですが、遺される人にとっても、大切な人の死は人生の一大事です。

特定の宗教や宗派の信仰をもつ人が少なくなり、「死んだら無」という死生観をもつ日本人が多くなったと指摘する説がありますが、筆者は、この説については懐疑的です。「私の死」

を想定した場合に、「死んだら無」という意識をもつ人でも、「大切な人の死」を「死んだら無」だとは思わないからです。これは、第一生命経済研究所が二〇〇六年に四〇歳から七四歳までの全国の男女一〇〇〇名を対象に行った調査でも明らかになっています。

こうした、一見矛盾した意識は、「私はお墓はいらないけれど、大切な人のお墓参りはする」といった行動にも現れています。つまり、自分の葬送について「死んだら無」という前提で思考すると、当然、「お葬式はしなくていい」「家族だけでこぢんまりとしてほしい」、あるいは「お墓はいらない」「海に流してくれればいい」などとなります。しかし遺される人の立場になった場合、その人を大切だと思っていれば、「死んだら無」だとは思えません。大切な人だからこそ、遺された人たちは本人の意思を尊重しますが、お葬式をしない、お墓もない、となれば、死の悲しみを共有する仲間や場もないまま、死を受容できないでいる人もいるのです。

実際、こんな問題があります。故人の意思に従って遺骨を海にまいたものの、命日やお盆などにお参りするお墓がなく、「どこに向かって手を合わせればいいのか」と悩む遺族がいます。数年前、『千の風になって』という歌がはやりました。亡くなった人は千の風になって空を吹きわたっているというイメージが多くの人の心にとても響いたのでしょう。歌詞の中に「私のお墓の前で泣かないでください。そこに私はいません。眠ってなんかいません」というくだりがありますが、この歌が流行した頃、お寺や墓石業者の中には、「お墓が売れなくなったらどうしよう」と不安視する声が少なくありませんでした。

ところが実際には、墓参行為は減少するどころか、「千の風になって」「お墓の前で泣かないでください」などと刻まれた墓石を建てる遺族もいたうえ、「千の風」という名称を使った墓石業者や霊園はあちこちに出現しました。私たちの多くは、自分が死んだら無だと思う反面、亡くなった大切な人は自分をい

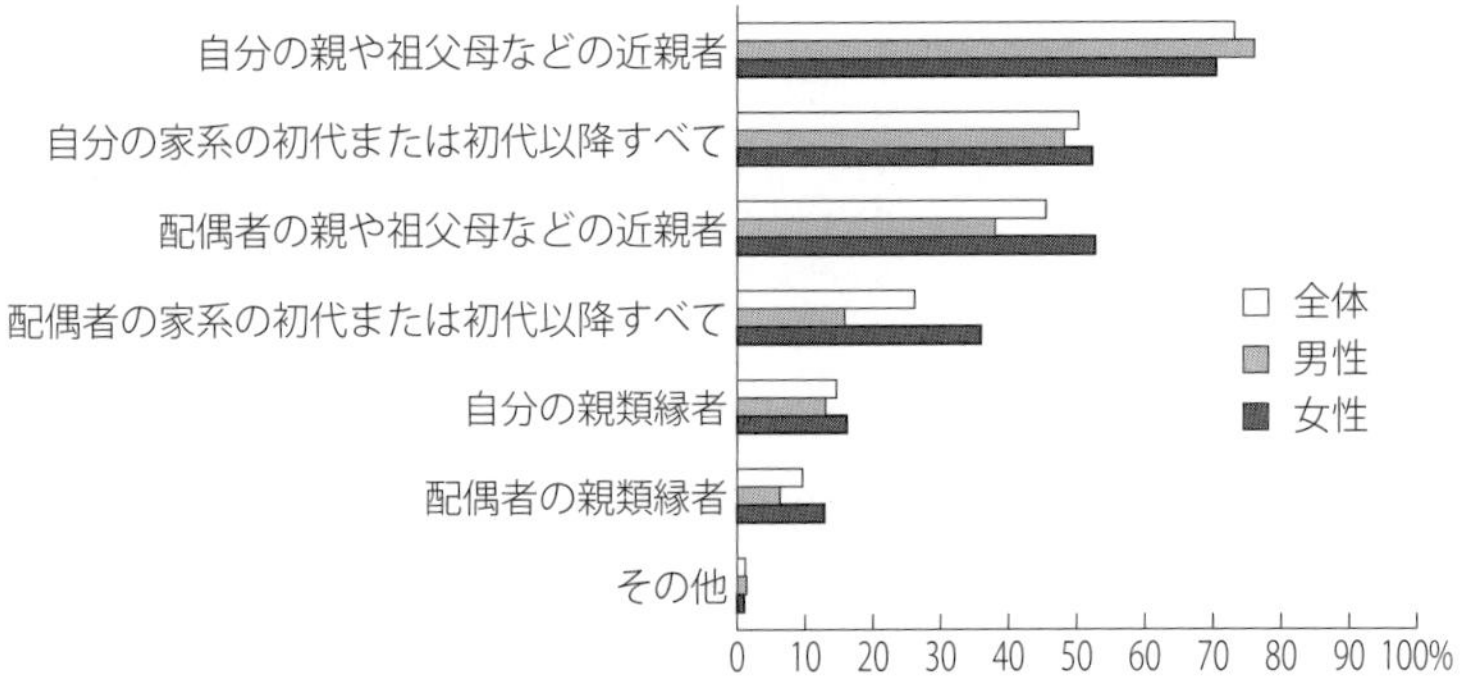


図 10-3　先祖とは誰か（複数回答）[7]

つでも見守ってくれているという二重の矛盾した感覚をもっているのです。

## 現代人にとっての先祖とは

　また筆者が二〇〇九年に三五歳から七九歳までの全国の男女六〇〇名に行った調査では、お墓参りを年に数回以上する人は七割を超えていました。お墓の形は多様化しても、いまなお多くの人にとって、お墓は死者を偲ぶ大切な装置であることに変わりありません。このような墓参行為率の高さは、家意識に基づく先祖崇拝からではなく、顔ぶれが特定された故人への親密性が背景にあるからではないかと考えられます。

　そもそも先祖の概念も変わりました。三省堂『大辞林〔第三版〕』によれば、先祖とは「家系の初代。また、その血統に連なる先代までの人々。祖先」とあるものの、筆者の調査では、先祖を「自分の親や祖父母などの近親者」とイメージする人が七割超と圧倒的に多く、「自分の家系の初代または初代以降すべて」を挙げる人は半数にとどまっています[6]（**図10―3**）。特に女性は「自分の親や祖父母などの近親者」とともに「配偶者の親や祖父母などの近親者」を挙げる人が少なくないことから、現代人にとっての先祖は、顔ぶれが特定され、自分にとって親密な血族や姻族というイメージが強く意識されるようになっているといえます。

「お墓に行くと、亡くなった人に会える気がする」「先祖は私たちを見守ってくれている気がする」と感じている人は過半数を占めることも、このことを裏づけています。戦前までは「家」存続という規範に基づき、先祖の祭りを絶やさないことが大切だと考えられてきましたが、現代の先祖祭祀はこうしたイデオロギーとしての「家」の強化のために行われているのではなく、特定の故人祭祀として変容しながら存続しているのです。顔を見知った近親者である先祖は死後、私たちを見守る存在になり、生者と死者との近しい関係はいつまでも継続されると、多くの人が感じています。時代がどんなに変容しようとも、死者を忘れず、日常のふとした瞬間に思い出し、故人を偲ぶという行為は、遺された人が生きていくうえでの大きな原動力になるのだと思います。

## コラム13　介護保険制度

●神前裕子

日本では世界一の速さで高齢化が進み、介護を必要とする高齢者が増加し、その対策とし二〇〇〇年四月に介護保険法が施行されました。介護保険制度は、高齢者の治療や介護にかかる負担（費用、介助、介護物品、福祉施設利用料等）を社会全体で支援するための保険制度で、満四〇歳以上のすべての国民から保険料を徴収する社会保険方式の制度です。介護保険制度における要介護者または要支援者と認定された人のうち、六五歳以上の人数は、二〇一二年度末で五四五万人となっており、制度が開始された当初から約二倍に増加しています[1]。

介護保険制度は、金銭給付ではなく、介護サービスの現物給付を原則としており、「居宅サービス」「施設サービス」「地域密着型サービス」の三つのサービスが提供されています。二〇〇五年度の法改正で、介護の「予防」という考え方が導入され、現在は、「要介護1〜5」の五段階の介護認定に、「要支援1」「要支援2」が加わり、七段階評価となっています。要介護度に応じて給付額が決定され、その一割を利用者が負担しますが、二〇一五年八月から一定所得以上の利用者の負担が二割に引き上げられました。

介護保険制度を利用するには、市区町村の介護保険課で申請し、要介護の必要度の判定を受けます。要支援あるいは要介護の程度や利用者の生活場所（自宅か施設か）などの状況によって、必要なサービスは異なり、介護サービスは多様になるため、介護サービス計画は担当の「ケアマネージャー（介護支援専門員）」が立案します。なお、二〇〇五年度の法改正で設置された「地域包括支援センター」が介護の相談窓口となっており、サービス利用についての相談や支援を行っています。

介護保険制度が施行されて一五年経ち、介護を必要とする高齢者の増加に伴う給付費の増加と財政難が続くなか、国や地方自治体の負担増、利用料の値上げなど、財政的な問題は山積しています。さらに大きな問題は、介護従事者の不足と離職率の高さです。それには、介護の労働に対して報酬が低すぎることが一因だと指摘されています。また近年、要介護者への虐待が明らかになり、介護者の質の向上や要介護者のニーズをいかに取り入れるかも課題になっています。介護保険制度は要介護者を社会全体で支えていこうという大切な仕組みです。今後も、見直しを重ねながら、うまく機能していくことが期待されます。

# 第11章　長生きすること
## ――長命の価値と課題

●森岡清美

## *1*　高齢期の人間発達

### 生涯発達の問題

ちょうど一〇年前、お茶の水女子大学で「誕生から死までの人間発達科学」というテーマの研究集会が開催されました。その第一回の会合に私は聴衆の一人として出席し、企画された先生方は、人は死ぬまで発達するものと本気で考えておいでなのですか、という誠に無遠慮な、というより失礼な質問をしました。その報いでしょう、第二回の会合では「高齢期の発達は可能か」という題で報告するよう指名されました。私は観念してこの挑戦を受け止め、人の発達は死ぬ前のどこかで止まるのではないか、という想定のもとに、報告をしました。今回執筆のご依頼をいただいたのもそのご縁かと思います。

そこで、一〇年前の報告文[1]を読み返してみました。別に訂正を要するところは見当たりません。それこそ、発達が止まっている証拠といわれるかもしれませんね。しかし、「生涯発達」ということを少し誤解していたことに気づきました。発達心理学の先生方は、人の発達は青年期で打ち止めでなく、長く続くことを強調するためにこの術語を創ったのであって、発達は死ぬまで続くという主張ではなかった。生涯教育とか生涯学習というのと同じことだということに気がつき、顔の赤らむ思いをしました。しかし、私の質問は間違ったことを言ったわけではない。これまでの発達心理学者は高齢期の発達を関心の周辺にしかおかなかったのに対して、素人の私はそれを関心の焦点にもち出したのです。私の問いは高齢期発達論の基本問題の一つである、といえるのではないでしょうか。

## 人口構造上の高齢期

今日、長生きすることの価値と課題が問われるのは、高齢者が著しく増加しただけでなく、その人口比も大きく上昇して、さまざまな社会問題を発生させたからです。周知のことでしょうが、この点を確認してから、本論に入りたいと思います。ついては、わかりやすく敗戦後間もない一九五〇年と、高度経済成長期、バブル期などを経た六〇年後の二〇一〇年と、二時点の統計数値を比較してみます。一九五〇年を戦後、二〇一〇年を現在と略称して説明しましょう。

戦後では、一五歳未満の年少人口比は三五・四％、六五歳以上の高齢人口比は四・八％と、三人に一人が年少者、二一人に一人が高齢者でしたが、現在ではそれぞれ一三・三％、二三・〇％と、八人に一人が年少者、四人に一人が高齢者と逆転し、まさに少子高齢化の様相を的確に示しています。実数でいえば、総人口はこの間一・五倍増加したのに対して、高齢人口はなんと七倍の増加です。

高齢人口を六五～七四歳、七五～八四歳、八五歳以上の三階級に分けると、それぞれの人口比は戦後で三・六%、一・一%、〇・一%だったのが、現在では一二・〇%、八・一%、二・九%と上昇しました。実数でいえば六〇年間にそれぞれ四・九倍、一〇・六倍、三九・六倍の増加となって、高齢人口の中でも、より高齢の階級ほど倍率の高いのが注目されます。

日本人の平均寿命を六五歳に達した人について見ますと、戦後で男七六・四歳、女七八・四歳だったのが、現在では男八三・九歳、女八八・九歳と、この間に男は約八歳、女は一〇歳あまり伸びました。その結果、高齢人口を前記のように三階級に分けることの実際的な意味が生じたといえましょう。これは、以下に述べる老盛期、過渡期、老衰期の三区分にほぼ対応するかもしれません。

## 2　老盛期の出現

平均寿命が伸びただけでなく、健康寿命も延びて、元気老人が増えてきました。そのことは、六〇歳以上の人たちを対象に「何歳から高齢者と思いますか」と聞いた内閣府の意識調査で、一九九四年には七〇歳以上というのが過半数を占めたのに対して、二〇年後の二〇一四年には七五歳以上というのがほぼ過半数に達したこと、それに「年齢では判断できない」と答えた人の比率が高くなったことで、見当がつきます。いわゆる前期高齢者は老人というより、壮年晩期の人という方があたっているケースが多いのではないでしょうか。

この現象を鮮やかにとらえたのが、歌人築地正子さん（一九二〇～二〇〇六）の「のび盛り生意気盛り花盛り　老い盛りとぞ言わせたきもの」という一首です。この歌は歌集『みどりなりけり』に収められて一九九四年に発表されました。その頃、共同生活を営む宗教団体・やまぎし会の調査をした人から、この会では高齢者を「老蘇《おいそ》さん」とよぶということを聞きました。老いて蘇る、還暦の現代版です。最近出た天野正子さん（一九三八～二〇一五）の『〈老いがい〉の時代[2]』は、老いてこその生きがいに光をあてようとしています。

「老蘇さん」の話を聞いた十数年前、私は七〇歳代半ばのことだったと思いますが、懇親会などで挨拶を頼まれると、現職の方々に対して、「退職後にこそ〝黄金の日々〟が来ます」とよく言ったものです。もちろん、退職の身でもお金がたくさん入る、という意味ではまったくありません。退職後は時間も精力もすべて自分のしたいことに投入できる。これは在職中はできなかったことです。おおげさにいえば、組織の大義のために犠牲を強いられることがなくなる。だから黄金の日々なのです。

八〇歳代半ばになって、「退職後は黄金の日々」の説は前期高齢者にあてはまるけれど、後期高齢者はそうでないらしいことに気がつきました。かりに自分が健康でも、配偶者の介護をしなければならぬとか、いろいろ故障が出てきて、「シルバーの日々」に格下げされるのです。黄金、老い盛り、そして老いがいの日々は、いつまでも続くものでなく、期限があることに気づかされました。

築地さんが「老い盛り」の歌を詠んだのは七〇歳代前半のこと、天野さんが「老いがい」という観点から戦後の日本映画を論じたのは七五歳頃でした。お二人とも、「老い盛り」「老いがい」の真最中でした。私も「黄金の日々」の楽しさを満喫してしていました。男性は定年でいきなり老けこんでしまう、女性は親の世代を見送って子どもが巣立てば、そこから花が開く、女の老後は忙しいのよ、と最近新聞記者に語った音楽評論家・作詞家の湯川れい子さんは七九歳。

謳歌するべきこの時期は、喜寿前後あるいは傘寿前後で終わるもののようです。この時期の終わる年齢、したがって長短は人さまざまですが、終わりがあることは確かです。

築地さんにならって私はこの時期を老盛期とよんでみました。かつて老衰に対する老盛などありえぬことでしたが、二一世紀になって老盛期が出現したのです。壮年期が延びて、壮年晩期が出現したことに外なりませんが、この人口史上の変化を強調するために、あえて老盛期の名称を提案するものです。

## 3　老盛期をどう生きるか

### 老盛期は人さまざま

このようにいいますと、老盛期は幼年期、少年期、青年期のように、壮年期の次に、一定のペースで誰にも現れる人生の段階のように受け止められるかもしれません。しかし、そうではないのです。

年齢が高くなるほど、個人差が強く表れます。早く成人病に罹ったかどうか、認知症になったかどうかだけでも、高齢期は大きく様変わりします。年を重ねるに従い、ある経験をしたか〈1〉、しなかったか〈0〉の相違が積み重なってゆくばかりですから、同じような年頃でも一律にいえぬのは当然のことです。老盛期の始まりは人さまざまであるばかりか、老盛期などない人もいることでしょう。

### 老盛期の生き方

それでも、老盛期というとらえ方は現代の高齢期を理解するのに便利です。そう見なして、次に老盛期をどう生きるか、考えてみましょう。

朝日新聞社では二〇一五年の「敬老の日」を目当てに、「老いの楽しみ」をテーマとして「ひととき」や「男のひととき」への投稿を募ったところ多くの反響がありました。そのうち、新聞に紹介されたケースを二、三お借りします。

A　バレーボール歴四二年の愛知県蒲郡市のS子さん（七四歳）は、平均年齢が七〇歳を越したチームで、全員が元気に試合に参加できるようにと、日々練習を重ねているそうです。

B　埼玉県毛呂山町のN氏（七九歳）は、ジョギングや文芸同好会への投稿では心が満たされないので、ボランティアで地元の鉄柵の汚れ落としにとりかかったところ、投げかけられる感謝の言葉にこれだと感じて、活動の方向を立て直しつつあるとのこと。

C　六〇歳代半ばで夫に先立たれた東京都世田谷区のM子さん（七七歳）は、古稀を迎えて持病や衰えの不安から逃げ出したくて、とりあえず新たな一歩を踏み出そうと、独学で吹奏楽器ソプラノリコーダーの練習を始めました。呼吸法を身につけて体幹を鍛えるうちに、身と心が深く結びつくようになり、澄んだ音色に快く一日が始まるそうです。

Aを壮年期からの継続、Bを別方向への新たな展開、Cをまったく新しい出発の例として扱うことにはやや無理がありますが、挙げられた事例が少ないため、これでご容赦ください。Aでは同じ方向への継続による練度の向上、知識の深まり、視野の広がりが期待されます。芸術や芸能の錬磨、学術研究などが適例です。素人の場合はスポーツも多分そうでしょう。BとCからは、第二の人生が期待されるかもしれません。「一身にして二世を経る」人生の幕開けです。

このような「老いの楽しみ」についての読者の投稿を紹介した『朝日新聞』は、記事に大きく「いつまでもチャレンジ」というキャッチフレーズを掲げていました。老盛期の生き方の要諦は、新しいことへのチャレンジではないでしょうか。Aの継続の場合も、まだ到達していない新しい境地へのチャレンジを次々と積み重ねることにほかなりません。

## チャレンジの前提要件

「いつまでもチャレンジ」するための原動力は好奇心です。好奇心を原動力としてチャレンジするためには、満たすべき前提要件が少なくとも三つあります。第一は健康です。病気で思うように体を動かせないのでは、せっかくの自由になる時間もチャレンジのために使えません。第二は生活の経済的安定です。贅沢な暮らしはできなくてよい。日々の暮らしに心を労する必要のない、経済的安定が必要です。第三は生活をともにする人たちとの和合です。例えば同居の家族と和合できないでいては、しばしば必要になる有形無形の支援を受けることができません。以上の三要件が揃わなければ、原動力たるにふさわしいエネルギーをもった好奇心は生まれないでしょう。

三つの前提要件は老盛期になってから揃えようとしても無理です。壮年期に準備しておかねばなりません。今日、真面目に働いてきた人たちも陥る「老後破産」「親子共倒れ」が問題になり、「下流老人」が話題になっています。よく話を聞いてみると、どうやら前記三要件のどれかの不充足が問題の発生につながっているようです。他方、高齢でも健康な人の中に、四〇歳代から続けてきた毎朝一〇分のラジオ体操のおかげ、という例もあるように、若い頃からの小さい努力の積み重ねが、老盛期の幸せを左右するといえましょう。

## 4 老盛期から老衰期へ

### 過渡期

自分自身の心身の衰え、家族とくに配偶者の、認知症罹患や重症の心疾患、脳血管障害、がんの発生などによる介護あるいは死亡を機として、老盛期は輝きを失って過渡期に移り、私のいうシルバーの日々となります。おおむね八〇歳代あたりがこれに相当するといえるかもしれませんが、人さまざまで、ただちに老衰期に入る人もありましょう。先の「下流老人」の多くは老盛期抜きで、したがって過渡期なしで老衰期に落ち込むものと思われます。

この時期もチャレンジの前提要件が充足されている限り、生きがいはチャレンジに連れられて訪れます。しかし、別にチャレンジしなくても、生きることへの姿勢によっては「幸せ」を感じることができるようです。例の『朝日新聞』が紹介した投稿の一つ、横浜市のO子さん（七八歳）の文章を引用させていただきます。

「年を重ねてからの幸せは、若い頃のような特別なことではなく、すでに自分に備わっていたことに気づいて、〝幸せだなー〟と思うことが多いです。……日々、体力は落ちてきています。記憶力も落ちています。落ちているものがたくさんあります。しかし、私は年老いた〝今〟がいちばん気に入っています。気持ちは前向きです。」

この方は過渡期的な心象風景を描いていますが、じつはまだ老盛期かもしれませんね。このような幸せを感じることができるのは、それまでチャレンジ生活をしてきたから、あるいは前向きの姿勢で歩んできたからではないでしょうか。

## 終　活

今日、終活ということがよく語られます。人生を終わるための活動、準備作業です。家制度の時代には、そのおおよそのことは家督相続、世帯譲りという形で行われていました。しかし、戦後改革以後とりわけ高度経済成長期中に、家が解体して、譲るべき家督も、次世代に渡すべき世帯もなくなったので、農家など家業というべきものが存続する場合を除いて、一般には習俗あるいは制度としての終活はなくなりました。それでも一人の人間として一生を終えるための準備は必要ですから、個人としての終活、例えば墓地選び、遺産贈与、遺言書作成、さらに尊厳死のための準備などは、実際には各自行ってきたに相違ありません。しかし、注目に値しない私事とされたためか、それを指す言葉はありませんでした。

寿命が伸び、高齢者が増えた結果、各人各様に行ってきた死の準備が見える社会現象となり、就活、婚活などと並んで終活の語が登場しました。超長命時代のいま、終活は高齢者の仕事になったのではないでしょうか。

終活をいつするか、老盛期か過渡期か老衰期か、いずれにせよ、終活の中で自分史を書き、少なくとも履歴書、家族親族関係を示す家系図を整理し、朋友や旧勤務先のリストなどを作製することは、みずからの人生に一種の総括をすることになります。それに、集めた雑誌・書籍類、メモや手紙などなど、生きるなかで集積してきたもろもろの雑物を捨てることは、遺族に残す迷惑を減らすに違いありません。自分史を書く作業など、はまれば高齢者の生きがいとなることでしょう。

## 老衰期

何年か穏やかな過渡期の日々が続いた後、ついに老衰期に入ります。徐々に来るより、ちょっとした事故とか病気を機としてドカンと来るのかもしれません。米寿すぎか卒寿すぎに、というより、これも人さまざまです。そもそも老衰期までたどり着けた人は、幸運といわねばなりません。

老盛期には、かすかながら発達があるのでしょう。これまで手に入れたものの並べ替えにすぎないにしてもです。しかし、発達は過渡期には止まっている、というべきではないでしょうか。青年期までは学業の分野で、壮年期までは職業の分野で、発達を激励する制度はもちろん、発達を競わせる制度さえあって、社会の発達期待の中で人は発達を実現していきますが、高齢期になると発達期待は鈍化し、引退期待の方が膨らんでいきます。これは単なる想像ではありません。

先日、東京都国保連合会が契約する温泉施設を元教員のT氏（七九歳）が訪ねたところ、後期高齢者はサービスから除外されていることがわかって、『東京新聞』の発言欄に異議申し立ての投稿をしていました。きっと、後期高齢者はお風呂で転ぶ危険性がより多いことを慮って、敬遠されたのでしょう。

過渡期以降は、能力の低下さえ期待されることがあるのかもしれません。ここで発達期待というのは、性格特性についての期待ではなく、発達そのものへの期待のことです。

さらに老衰期になると、心身ともに崩壊していきます。例えば、これまで耐久消費財であった記憶が、瞬間消費財に衰落します。また、これまで発達によって蓄積したものも、人さまざまのスピードで溶解していくのです。

年をとって新しいことが学習できなくとも、これまでの豊富な経験によって熟達した判断ができる、などいわれることがあります。しかし、それは老盛期、せいぜい過渡期までのこと。老衰期になってもなおそのような老人力をもつ人はいるのかもしれませんが、しばしば高齢者側の虚勢ではないかと思います。溶解して乏しくなった蓄積を動員しても、そこから導き出した判断は劣化しているはずですから。劣化して頑固になった老衰者の能力を過大評価、誤解してはいけません。

発達の崩壊状況の中で、高齢者はこれに順応していかねばなりません。この順応を高齢者なりの成長と見なし、老化つまり下降的な変化（喪失）との間に動的な相互作用があることを強調して、高齢期に発達概念を適用するのは首肯できます。しかし、老衰期になっても喪失と順応との間に相互作用があるのでしょうか。私は喪失が順応を組み敷いていると感じ、最終段階までの生涯発達という考え方に無理がある、と考えるものです。

それでは、崩壊に身を任せなければならない老衰期は、生きる意味を失って無明の闇に閉ざされた日々かというと、私は必ずしもそうではないと考えます。チャレンジするべき対象があれば、それによって生きがいと喜びを感じることができることでしょう。これには過渡期について指摘した三つの前提要件に加えて、それまでにチャレンジに値する目標を獲得していることと、身近な人の支援が大切でしょう。これはすでに過渡期に妥当する要件かもしれません。

## 5　老衰期の生きがい

これまで述べた限りでは、大多数の老衰者の生きがいは、それまでの生きがいを薄く、あるいは小さくしたものということになります。しかし、老衰期独自の生きがいもあるのではないでしょうか。

### 生者との別れ、死者との交わり

過渡期以降、心身の崩壊が進むのと軌を一にして、関係の崩壊が進みます。関係からの離脱といってもよいでしょう。具体的にいえば、全面的な退職・引退を機に就業・社会的な参画が終わっています。こうして経済および政治の領域から撤退することで、先輩・後輩、同僚、同志の関係が崩壊、あるいは弱化します。そのうえ、死別によって配偶者、近親、元同僚や元同級生との交わりが絶えます。経済・政治上の離脱は社会一般のことですが、死別による交わりの崩壊は個別的で、当人の生きがいを直撃します。「死んだ者より死なれた者のほうが辛い」という警句（秦恒平）は、同世代の親しい人々との死別が続く老衰期の人たちの噛みしめるところでしょう。

老衰期はまさに崩壊の時期、心身に加えて交わりが崩壊する時期です。これら内外の崩壊によって老衰者は孤立感を深め、生きがいを殺がれます。その反面、死者との交わりが、老衰期を特色づける生きがいとなるのではないでしょうか。

生者と死者との関わりのとらえ方は、次の二つに分類されます。第一は、死者との関わりをありえないこととして否定するもの、第二は、死者との関わりが実在すると信じるものです。第一の事例は、けっこうあるのかもしれませんが、それが間違いのないとらえ方であることを証明することはできません。第二の事例は、太平洋戦争期に戦没者が親元に帰ってきた話として多数語られていますが、いくら事例を重ねても死者との交わりの実在を証明することはできません。したがって、死者との関わりについては、証明ができない点で第一と第二は五分五分です。そうなると、好みでどちらかを選ぶほかありません。

ないとするよりもあるとする方が、夢がある、元気が出るという素朴な考えから、私は第二の立場に立ちます。もちろん、第二の方が正しい、と主張するものではありませんが、これは高齢期、特に老衰期の人々に多いのではないでのしょうか。

おそらく壮年期までの生者にとって、来世は現世の次に来る遠い世界でしょう。これに対して高齢者特に老衰者にとっては、来世は現世の隣、襖一枚隔てた隣部屋です。だから、第二の立場をとる者が多くなると思われますが、それはまた老衰期の生きがいにつながるのではないでしょうか。

明治期の真宗僧侶で宗教哲学者の清沢満之（一八六三〜一九〇三）は、われわれの本質は霊的存在であり、それが身体をもつときは生、身体を離れたときは死、と考えました。[3]この考え方は、生きていて故人との交わりがあるという第二の立場を支持してくれます。しかし、ここまでいけば発達心理学の範域を超脱している、といわれるかもしれませんが、過渡期以降の高齢者はそれぞれ生と死についての哲学（死生観）をもって、親しい人との別れに立ち向かい、みずからの老いに、そして死に立ち向かっているのではないでしょうか。そうだとすれば、そこにこそ過渡期以降の人々の発達を認めることができるのかもしれません。

## 死者はどこに？

死別した人は目には見えず、耳に聞こえず、五感で感知することができません。実証的にはいっさい無になるのです。しかし、死者からの便りは心に響くのではないでしょうか。では、死者の魂が休むところは十万億土の先なのか、柳田民俗学が説くように近くの小高い山の頂なのか、幕末期のある神道家が説いたように墓地なのか。それとも千の風になったのか？

二〇〇〇年に妻を肝臓がんで喪った作家城山三郎さん（一九二七〜二〇〇七）について次女は、「現実の母と別れ、永遠の母と生きてゆく、自分の心の中だけで」「仏壇にも墓にも母はいない。父の心の中だけに存在していた」と書いています。[4] また、二〇〇七年に妻を肺がんで亡くした国立がんセンター名誉総長の垣添忠生さん（一九四一〜 ）は、「私の心の中では、妻は墓の中でなく、私のそばにいた。写真と花々を飾っている家の祭壇が、私にとっての妻の居場所だった」「居間にも置いていた妻の写真に向かって、その日の出来事を心の中で語りかけつつ、一緒に飲み、食す」と描写しています。[5]

死者は私たちがいてほしいと願うところに、いてくれるのではないでしょうか。そういうことができるのは、現身を離れた死者の特権です。

## 6 死に立ち向かう

死者との交わりは親しい人の死に伴う出来事ですが、高齢者は同時に自身の死と向き会っています。臨死期に起こりうべき苦痛への懼れ、まったく経験したことのない未知の世界に足を踏み入れる不安、唯一人で死んでいかねばならぬ孤独、死ねば再び生き返ることがない絶望感、などに圧倒されて取り乱すかもしれません。

現在老衰期にある人々は、太平洋戦争期には若者として軍営にあったか、勤労報国隊員として銃後で戦った戦争経験者です。兵士になった若者たちは、一年内外で必ず死ぬと覚悟していました。肩を組んで戦友とともに歌う『同期の桜』の、「咲いた桜は散るのが覚悟、ともに散ろうよ国のため」という歌詞は、そのまま彼らの決意でした。国のためといっても、いわゆる「国体護持」のためよりは、戦争の惨禍から祖国を守り、愛すべき郷土と愛する人々を守ることが、自分たち若者の責務であると考えることによって、勇敢に死に立ち向かっていきました。

前線で戦った若者は、平和な世ならば「不死の確信」をもちうる二〇歳そこそこで死なねばならない。彼らはそのことの意味を求め、求め得た意味づけに納得して死を受け入れようとしました。戦後の平和な時代に生き延びて高齢に達した彼らには、自然死が待っています。現代の若者は、強制された早い死の意味づけを探す苦しみから解放されました。

成熟社会とよばれる平和な現代では「死にがい」を求める必要はなくなりました。その代わり親しい人に会える望みが、高齢者を死に立ち向かわせるのではないでしょうか。愛する生者とは別れねばならないけれど、行く手には会いたい人たちが待っている。キリスト教徒のように、主イエス・キリストの御許に召される思いでなくとも、死んだ親の傍に駆けよることができる喜びが、臨死の高齢者を励まします。

浄土真宗の宗祖親鸞（一一七三〜一二六二）は、関東にいる門弟に宛てた晩年の書状の中で、「覚信房も必ず必ず先だっておまちになっておられることでしょう。必ず必ず行き逢うに違いありません。覚念房とも必ず必ず一つ所に行き逢うことでしょう。あなたに先だって行きましても、浄土でお待ち申しているでしょう」と、先に往生した門弟に、また後から来る門弟と、浄土で必ず会えるとの信念を力説しています。親鸞はきっと師法然（一一三三～一二一二）にお会いできる喜びに心踊る思いだったことでしょう。真宗門徒の墓碑に多く見られる「倶会一処」の刻銘は、宗祖のこの教えに由来するものです。浄土での再会は実見することができませんが、同じ墓所に納骨されることに、真宗門徒はまた会える望みを託した、といえましょう。(6)

親鸞の言葉も私の考えに力を添えてくれます。ただし親鸞における恩師や門弟と会える浄土、清沢の霊的存在の世界は、ともに阿弥陀如来の慈光に包まれた世界でした。彼らはこのことによって、死を超える価値に接することができたのです。

その世界は赦し赦される世界ではないか、と思います。一九四七年に教育基本法で教育の目的は人格の完成を目指すことと説かれて、以来七〇年近い歳月が経ちました。しかし、人格を完成したと見なされる人がどのくらいいるのでしょうか。ほとんどは（ことによると一人残らず）不十分なままに死を迎えます。赦されるから自分も赦すことができる。こうして、支え支えられる此岸から赦し赦される彼岸に往生していきます。その世界が浄土ではないか、と考えるものです。

私は平凡な並の人を中心に高齢期を考えてみたいと思いました。しかし、並の人の資料は存外に見当たらないのです。そのため、有識者の資料に偏し、また拠るべき資料とてないままに、自分の個人的体験や意見を語る部分が多くなったことについて、読者のご了承を乞うものです。

## コラム14　江戸時代の高齢化と看取りのシステム

●柳谷慶子

　日本の高齢化は二〇世紀の終盤に発現した新しい人口現象と思われがちですが、そうした理解は見直される必要があります。一八世紀末から一九世紀半ばに至る江戸時代後半には、六〇歳以上人口が一〇%を超える村や町が全国的に出現していました。現在の平均寿命である八〇歳を超えて生き延びる人々の存在もまれではなくなっています。この時代に長く読み継がれた貝原益軒の『養生訓』には、「短命なるは生れ付て短きにはあらず。十人に九人は皆みづからそこなへるなり。ここを以(て)、人皆養生の術なくんばあるべからず」と述べ[1]、寿命の宿命的な見方を排し本人の養生次第で長命を実現できるものと説いています。戦争死が避けられた時代にあって、個人の努力で心身の健康を保つことに大きな関心が向けられ、身分・階層や性別の差を超えて長命を手にする人々が増えていったのです。

春秋耕作図屏風（米沢市上杉博物館所蔵）

　老いても体が動く限りは働き続けるのが江戸時代の多くの老人の姿でした（**図版**）。武士の場合は主君に対する奉公義務により隠居は厳格に規制されたことで、現在のサラリーマンのような定年退職の制度はなかったのです。農民や町人も老いてこそ伝えられる経験知が大事にされ、亡くなるまで家や地域で何らかの形で仕事に関わることになりました。老いを生きる場所があることこそが、長命を長寿として尊ぶ意識を生み出していたといえます。

　家族の老いを看取るために、武士は「看病断《かんびょうことわり》」とよばれる休暇の取得を認められていました。実際にこの制度を利用して親や親族の命の最期を見届けていた武士の姿を確認できます。[2] 看病の中心はそばを離れずに付き添うという行為にありましたが、武士も庶民も当主は家族のほか、人を雇って付き添いに対応する例が見られます。延命措置といえる医療の技術がなく、看取りの年月は現在に比べて短期であったことが、介護を大きな「問題」として背負わないですんだ背景にあったことは確かです。一方、老いの看取りを単独で担わない家と地域社会のシステムは、歴史から学んでよいことでしょう。

## コラム15　老人ホームに住むという選択

●神前裕子

『平成二七年版　高齢社会白書』[1]によると「日常生活を送る上で介護が必要になった場合に、どこで介護を受けたいか」という質問への回答は、男女とも「自宅」が多いものの（女性は三〇%、男性は四二%）、「介護老人福祉施設」「病院など医療機関」「介護老人保健施設」などをあわせると自宅以外での介護を希望する者が約半数となっています。少子化、高齢化、高齢者の独居化が進行する日本では、終の住みかとして老人ホームを選択する人が増えるのは、自然の流れだと思われます。

二〇一五年時点では、主に次のような高齢者用の施設があります。まず、介護保険法によって定められた公的介護施設として「介護老人福祉施設（特別養護老人ホーム）」「介護老人保健施設（老健）」「介護療養型医療施設」の三種があります。この三施設の入所には要介護認定を受けることが必要ですが、施設不足は深刻です。特別養護老人ホームは五一万人が入居していますが、待機者が五二万人もあり、要介護3以上に認定されなければ入所できなくなりました。その他の施設としては、「有料老人ホーム（健康型／住宅型／介護付き）」「サービス付き高齢者向け住宅」「グループホーム」「軽費老人ホーム」などがあります。これらの施設はそれぞれ、入居者側の条件（自立～要介護）、施設側の条件（提供されるサービス、設備、費用など）が多様であり、利用者は自分に合う施設を選ぶことになります[2]。民間企業が経営する有料老人ホームやサービス付き高齢者向け住宅は増加していますが、公的施設に比べると費用が高いなどの問題があります。経済格差が広がり、貧困状態にある高齢者が二〇%に上る現在、入居一時金だけで数十万～数千万円必要な有料老人ホームには誰もが入れるとはいえません。公的施設の充実は喫緊の課題です。

新たな試みとして、住み慣れた自宅で最期まで暮らすことを支援する多様な方法が提案されています。例えば、長年ターミナルケアに携わってきた医師の山崎章郎ら[3]は、地域でのネットワークをつくり「医療と看護と介護」を受けるシステムを実現させています。日本では二〇六〇年には高齢化率がほぼ四〇%になると予測されています。自宅か施設か医療かという三択ではなく、個人のライフスタイルに合う最期の場所が選べるような政策が求められています。

# 終章　少子高齢社会の命と心
## ――現在とこれから

●高橋恵子

この終章では、章とコラムの記述をもとに、日本における人口変動という数（量）の変化によって、日本人の人間の命についての心や行動という質がどのように変化したか、どのような議論が起こったか、そして、残された問題は何かを考えてみます。以下では、議論や問題に関連する章やコラムにできるだけ言及しています。関心をもたれた観点から、もう一度それぞれにあたっていただけるとよいと思います。

## *1*　日本の少子高齢社会の現実

### 日本の人口問題の特異性

まず、日本が直面している人口問題とは何かを整理してみましょう。日本の人口問題として注目されるのは、超少子化、超高齢化、そして、人口減少という人口の量の変化です。たしかに、二〇一五年の国勢

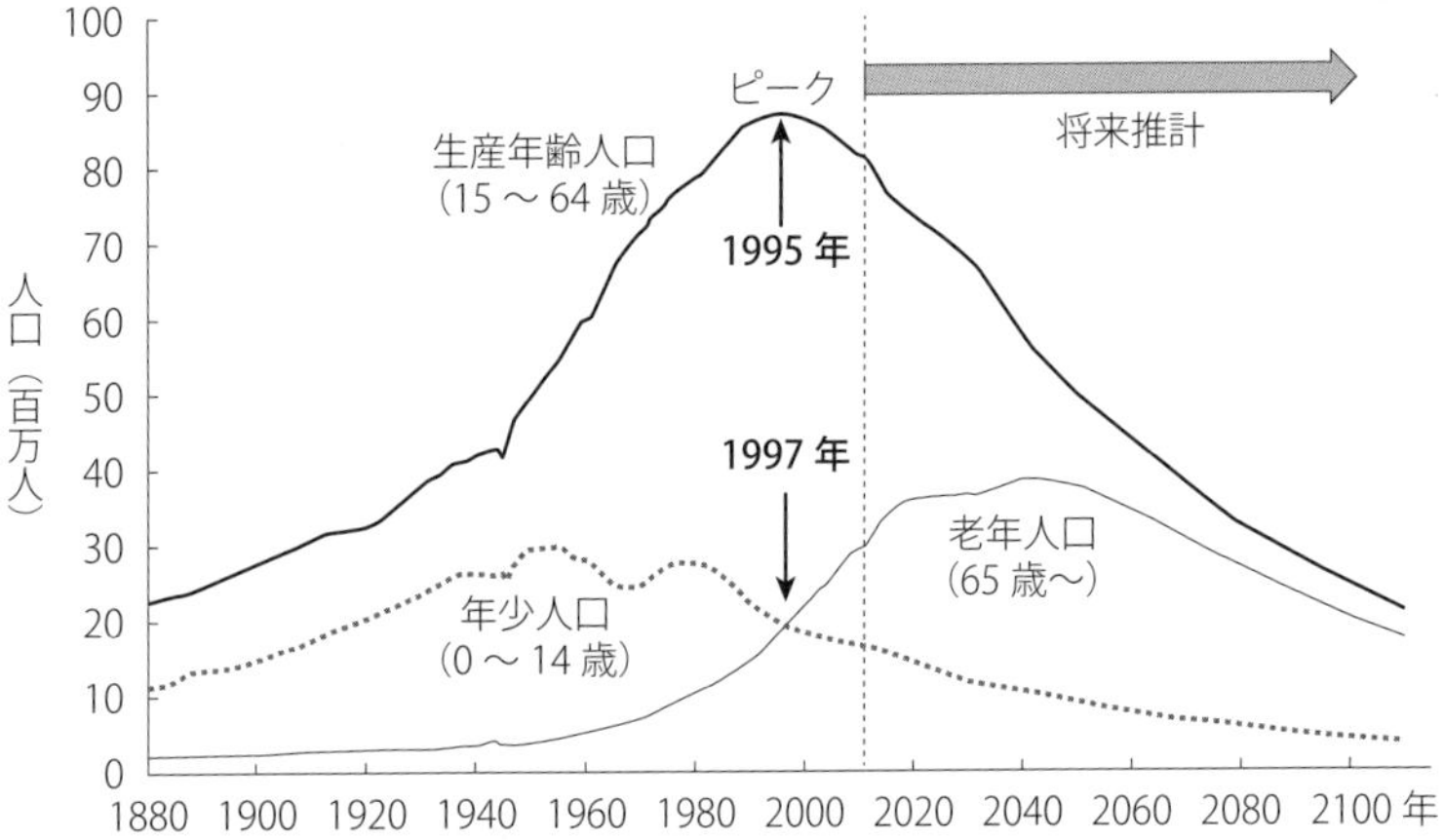


**図終-1　少子化，高齢化，人口減少の推移** (1)

調査は（調査を始めた一九二〇年以来）日本の人口がこの五年間ではじめて減少に転じたことを明らかにしました。人口学者の別府（コラム2参照）は、これに地域差があることも指摘しています。たしかに、国勢調査は人口が集中する地域、過疎化する地域、高齢率の高い地域などの差異があることを示しています。

日本の人口の推移の特徴を**図終―1**がよく示しています。日本の人口全体が今後も減少していくと予測され、年少人口（一四歳以下）と生産年齢人口（一五～六四歳）の割合が急激に減り、老年人口（六五歳以上）の割合が増えるということです。

加えて日本の人口の特徴は、前例のない速さで高齢化が進んだことです。高齢化率が七%から倍の一四%になるには、フランスは一一五年、スウェーデンは八五年もかかりました。比較的高齢化が早かったとされるイギリスでも四七年、ドイツでも四〇年であったそうです。これに対して、日本ではわずか二四年（一九七〇年から一九九四年）という速さでこれが進みました。その上、平均寿命も急速に長くなったという特徴が加わります（コラム12参照）。この長命をもたらしたのは医学の進歩でした。乳児の死亡率が改善されたことと、成人期での感染症による死亡率が下がったことによるといわれています。

どの政府も人口の減少を国力の危機だと深刻にとらえて手を打ってきました。例えば、日本では一九三一年の満州事変からの一五年戦争の戦時下には、労働力と兵力を増強するために「産めよ殖やせよ」がスローガンになり、不妊を問題にし、産まれた子を無事に育てる母性・母親役割を重視するなどの政策がとられました。現政府も人口の減少を問題視し、特に少子化対策として多くの政策——不妊治療の経済的支援、育児休業制度の利用促進、待機児童の解消、児童手当の支給、家族の日・週間の設定、学校教育での家族の大切さの強調など——をしています。しかし、一向に出生率が上がる気配がありません。このような対処療法的な政策ではなく、根本的な仕組みの変更を迫られているのだと思われます。それは、高齢者対策についてもいえましょう。福祉についても抜本的な政策の変更が必要で、一時金を配布するなどでは問題の解決になりません。第8章では介護政策の変遷を述べています。

超少子化、超高齢化、そして、人口減少という人類がまだ経験していない社会で、それぞれの個人が九〇年の人生をどのように生きるか、という問題に日本人は直面しています。そこで何が起きているのか。以下では本書の各章がハイライトした問題を整理してみましょう。

## 2　命の誕生の現在

### 命は「授かる」から「つくる」へ、「命の選別」へ

第1章、第2章、コラム5、6の執筆者たちが指摘しているように、子どもが「授かり物」だと考える時代はほぼ終わったと考えてよいでしょう。日本では社会的に不利な扱いを受ける婚外子を嫌い、結婚して出産するという考えがまだ強いのですが、子どもが愛情の結晶であるとか、子は夫婦の鎹《かすがい》であるという考えは薄れてきたと思われます（コラム8参照）。子どもは親の都合で、時期や数を選んで「つくる」ものになりました。しかも、「つくる」ときには質の良い子をという、「命の選別」がなされ始めていることも見逃せません。これをよく示しているのが、出生前診断や生殖補助医療のもとで行われている事実です。

二〇一三年から、採血だけで胎児の染色体や遺伝子の異常のスクリーニングが可能な「新型出生前診断」が日本でも受けられるようになりました。これには健康保険が使えず高額ですが、晩婚であったり、出産を遅らせてきたりした女性が産まれてくる子どもの健康を心配して、二〇一四年には一万人がこの検査を受けたとのことです。この検査で異常が見つかった場合には、さらに、くわしい検査を受け、根治できない異常が見つかった場合には、九割の妊婦が産まない選択をしたことも報告されています。第2章を執筆した玉井は、現在一年に一〇〇万人誕生している乳児数から見れば、この数はわずかですが、今後は増えていくであろうと予測しています。将来さらに出世前診断の精度が上がれば、産まない選択、つまり、「命の選別」の範囲が広がることが考えられます。

第1章、第2章で述べられているように、生殖補助医療の技術の進歩は著しいものがあります。第一子を産む年齢の平均が三〇歳を超えていますので、不妊治療を希望する夫婦は多いと考えられます。日本産科婦人科学会の資料によると、二〇一二年にはのべ三三万件の不妊治療がなされましたが、そのうち成功したのはわずか一割程度だったということです。

日本国内で広く容認されている不妊治療は、人工授精は夫側に問題がある場合、また、体外受精は配偶者間においてです。そして、他の女性による代理出産は認められていません。このような制約のある国内での治療ではうまくいかず、それでも子どもを望む人々は生殖ビジネスを頼って、海外の精子バンク、卵子ドナー、そして、代理母親などを利用しています。高い報酬を払っているとはいえ、海外の貧しい女性たちを犠牲にして、命を誕生させていることになります。さらに問題は、日本の親たちが不妊治療や生殖ビジネスを利用したことを子どもに告げない傾向があるために、子どもが自分の出自を知ることができないという人権問題が生じていることです（コラム6参照）。

## 血縁のない命を育む――特別養子縁組の場合

不妊治療を望み、また、それによって誕生したことを子どもに告げない主な理由は、日本人が親子の〝血縁〟を重視する社会通念をもつせいだと思われます。したがって、日本では、養子を迎えたり里子を引き受けたりすることが、不妊治療と並ぶ子どもをもつための選択肢にはなっていません。

現在でも日本では〝家〟の存続のための養子縁組が盛んで、養子大国といわれるほどです。この場合には、多くは血縁のある親戚間での縁組がなされます。実父母との関係は維持され、戸籍上は「養子」と記されます。これに対して、特別養子縁組――結婚している夫婦が六歳未満の血縁のない子ども（他児）を裁判所の審判を経て「実子」として育てる――は、年間約六〇〇件程度で、日本の養子縁組のわずか一％でしかありません。[2] 第4章で特別養子縁組について述べています。特別養子縁組をまとめているのは民間団体で、国の支援はありません。一年に三〇〇〇人の赤ちゃんが遺棄されたり虐待されたりして乳児院に保護されていますが、そのうち、特別養子になるのは年間四〇〇人ほどです。つまり、九割近い乳児は社会養護施設で暮らすことになります。

現在、二万八〇〇〇人の子どもが社会養護施設で生活していて、この数が増加し続けています。日本では養親よりも里親になることが推奨され、国から委託費などが支給され、四三〇〇人が里子として暮らしています。しかし、これも国際比較をしてみると、きわめて少数であることがわかります。日本人は家族というシステムに思い入れが強く、子どもの順調な発達には家庭の役割が大きいとし、心理的、経済的なセーフティネットとして重視しています。しかし、これは、自分の（つまり自分と血縁のある）家族が重要であると考えているにすぎず、どの子にとっても家庭が必要だという考えではないことがわかります。

## 3　親子関係の変質――少子高齢社会の親と子

### 産まれた命は大切にされているか

現在の日本で、せっかくつくった命が大切にされているか、子どもの「生存及び発達を可能な最大限の範囲において確保」されているか（子どもの権利条約第六条）と問われたら、否と答えざるをえない問題が山積しています。

まず、貧困です（コラム3参照）。六人に一人の子どもが貧困状態におかれ、とりわけ母子家庭では半数以上が「当たり前の生活ができない」という貧困状態で生活しています。政府は対策として「子どもの貧困対策の推進に関する法律」を施行し、「子供の貧困対策に関する大綱」を閣議決定するなどしていますが、理念やスローガンにとどまっていて、実効性がある対策ではなく、貧困率は悪化しています。

次に、児童虐待です（コラム9、10参照）。児童相談所が扱った事例だけでも二〇一四年度には虐待が八万九〇〇〇件に上り、これは過去最多だということです。二〇一三年の統計では六九人の子どもが虐待によって命を落としています。子どもの人権が守られているとはとてもいえない状況です。

そして、母親の育児不安です（第6章参照）。せっかく子どもを産んでも、母親が精神的に追い詰められて子殺しや心中に至る事例も後を絶ちません。育児不安とは、子どもの健康や心理についての育児上の不安ではありません。専業の母親たち、すなわち、育児・家事以外で自己実現を求めることを断念した女性たちが、自分のアイデンティティの確立に苦しむ不安や焦燥感の問題だというのです。これが日本に特有の症状だというのですから見逃がせません。序章でくわしく論じたように、伝統的な性別役割分業が今日の社会に生きる人間にはあっていないことを示しているといえましょう。

家族史の研究者やフェミニストたちは、「女性抑圧のすべての根源は近代化にある」とします[3]。女性を家に閉じ込めてシャドウワークを強要したのは、日本でいえば明治政府の政策であったと指摘しています。近代化、つまり、産業革命以後の職住分離を安定させるための政策であったというのです。そして、女性と育児・家事を結びつけるために、「女性には母性がある」「育児は女性の天職だ」「母の手で育つことが子どもに幸せと順調な発達をもたらす」などという強力なメッセージが送られ続けました。こうして、〝おふくろ〟や〝家内〟が誕生しました。この経緯については序章と第7章でくわしく述べています。こうしてつくられた「育児は母の手で」という強固な社会通念が現在もまかり通り、それを引き受けた専業の母親たちは育児不安に苦しむことになっているのです。

## 「少子の子ども」と「長命の親」との関係

第7章で舩橋は、子育ても介護もすべてを家族の責任だとする日本の〝家族主義〟を問題にしています。形式上、例えば、死んでも戸籍筆頭人であり続ける父親は、〝家長〟とされてはいるものの実際の存在感はなく、強固な母子密着状態ができあがります。育児における父親不在の影響については、序章、第5章、第6章で述べている通りです。

強力な家族主義の思想のもとで、良い母親になることを引き受けてしまった女性は、子どもが成人しても母親であることを終わらせることが難しくなります。『母性』という小説で湊かなえは[4]、〝能う限り〟の愛情を注ぐ母親を描いていて、その姿はじつに不気味です。日本の母親は「自分を犠牲にして育ててくれた恩に報いなければならない」と、子どもを拘束すると指摘されています[5]。これが、親の介護のために学校を中退する若者や介護離職をする人を生む背景にあるのでしょう。この家族主義が〝在宅介護〟でという政策のよりどころにもなっています。本書では、柏木が序章とコラム16で、老親と子どもの資源の流れを変える必要性を説いています。

## 高齢者介護の現在

現在の日本で介護が必要な人はどのくらいいるでしょうか。例えば、内閣府の資料によると、介護保険制度を使いたいと申請し、二〇一二年度末に要介護者、または、要支援者と判定された人は六五〜七四歳では四・四％にあたる六九万人でした。ところが、七五歳以上になるとこれが三一・四％にもなり四七七万人に上っています。後期高齢期になると要介護者が急増することがわかります。そして、これは二〇〇一年度から見ると二倍近くに増えたことになります。長命者が増えたこともありましょうが、家族以外の介護者をも受け入れるという考え方が進んだということでしょう（第8章、コラム13参照）。

しかし、介護保険制度は在宅重視の制度ですので、家族介護者が必要です。高齢者を誰が介護しているかを調べると、同居している家族（配偶者、子ども、子どもの配偶者、父母、その他の親族）が六四％を占め、家族が主要な介護者になっていることがわかります。しかも、その七割が女性です。親が倒れると介護のために転職や離職をせざるをえなくなります。親の世代も少子化世代であるところから手の空いている子どもがいません。厚生労働省の二〇一二年の統計では、介護のために転職や離職をした人は一年間に一〇万人を超え、その八割が女性でした。しかも、二〇一三年の厚生労働省の調査によれば、六五歳以上の介護者が五割を超えました。いわゆる「老老介護」が珍しくなくなったということです。こうした介護の実情については序章でも述べています。この状況が高齢者の虐待や時には殺人にまで及ぶ事例を生んでいます。このように少子高齢社会の日本では、長命であることを喜べない、長命が長寿であるとは言い切れないのが現状です。

## 4　高齢者の命の終わり方

### 命の終え方

私たちは人生の終わりをどうするかと問われるようになりました。第9章の大谷は、「死ぬときぐらい好きにさせてよ」という二〇一六年正月の目を引く企業広告を取り上げ、この思いはいまや多くの人に共有されているのではないかとしています。ぽっくりと生を終えることを願う〝ぽっくり信仰〟は日本全国に見られるそうです。しかし、ぽっくりと逝けるとは限りません。終末の処置についての意志を明確にしておかなければ、進歩した医療が延命装置（人工呼吸装置や口を通さずに水分や栄養を補給する胃ろう装置など）を使って、当人が望まなくても身体の死を引き延ばすからです。

マスメディアでも〝終活〟が話題にされ、高齢者は命の終わり方について意志表示をするべきだとされるようになってきました。人生の終わり方の指南書では、延命治療の希望、介護の希望、尊厳死の選択、臓器提供や検体の決心、葬儀や墓の希望、遺産・相続、遺言の書き方などの項目を挙げて、意志を明らかにしておくことが勧められています。このように、命の終わり方と後始末についても当人の意志を表明する時代になりました（第10章参照）。しかし、一方では、貧困や病のためにおそらく不本意な死を迎える高齢者があるのも事実で、死についても社会・経済格差が大きく広がっています。

### 高齢者の貧困

最近、他界した親の年金を偽って受け取っていたという高齢の子どもの事件が報告されました。日本の高齢者（六五歳以上）の貧困率は二〇％を超えています。これは、ＯＥＣＤ（経済協力開発機構）加盟二五カ国で比べると七位の高さです。生活困窮者を支援するＮＰＯ法人の藤田孝典[6]は、社会的に孤立し、人間らしい余生や最期を送ることができない、つまり、普通に暮らすことができない〝下流老人〟は、現在推定で六、七〇〇万人はいるであろうといいます。現役時代の年収が四〇〇万円程度あったいわゆるホワイトカラー労働者でも、予期しない〝事故〟（例えば、失業、自分や家族の病気・怪我、離婚、親の介護）が起こると、下流老人になると警告しています。現政府は、社会保障関連の費用の削減を始めています。医療費と介護保険の変更（コラム13参照）や五二万人が入居を待っているという特別養護老人ホームの不足（コラム15参照）などは高齢者の生活の質を下げています。

## 5 人口についての問題

### 二つの人口問題

各章の執筆者が述べているように、日本の超少子化、超高齢化、人口減少は簡単には止まらないと考えるべきでしょう。少子化も高齢化も人間が努力して実現してきた科学技術、医療、教育、そして、福祉や人権思想の普及など、人間の努力の賜だともいえます。たしかに不老長寿はいつの時代も人類の夢であったでしょう。ところが、総力を挙げて、それが実現されてくるにつれて、新たに取り組むべき課題が見つかったというわけです。少なくとも二つの課題が、本書の執筆者のみなさんの努力で明らかになりました。

第一は、人間の生命への介入はこれでよいのかという問題にどう答えるかです。本書では、人間が生命の誕生や終末に介入することが可能になったことを明らかにしました。必要な子どもだけをつくり、衰えた生命にはみずから決着をつけようという時代になりました。遺伝子に〝問題〟があると判断すると産むことをやめ、尊厳死の思想が共有され、安楽死を認める国や地域も出てきました。つまり、生命が「物質」と見なされるようになったといえましょう。ここで突きつけられているのは、人間の生命への介入をこのまま進めてよいのかという問題です。

第二は、人間が子孫を残すことに以前ほど高い価値を見出さなくなったという問題です。地球上の多くの地域で、一人の女性が産む子どもが一・五人を割るという過度の少産が進行しています。子孫を残すという生物としての特徴への関心を、なぜ人間は弱めているのかという問題です。

以下では、この二つの問題を考えてみましょう。

## 問題①――「命の選別」と殺生の罪、優生思想

生殖補助医療による「産む」「産まない」の選択、終末期の決断、安楽死の選択、脳死の判定、臓器移植、再生医療などの生命への人間の介入は、何を根拠にされているのでしょう。これらの問題については、生命倫理の徹底した議論が不可欠だと思われます。日本ではこの議論を棚上げし、曖昧なままにして、医療や技術が使われています。

第2章の玉井、第3章の太田、第9章の大谷がこの問題の議論をしています。太田は、日本での胎児・嬰児の命への介入の歴史を江戸時代からたどっています。経済的な理由から出生制限として行われてきた子返し（間引き）が仏教の殺生の罪にあたるという規範が人々の間に浸透するのに二〇〇年以上を要した

としています。そして、堕胎を禁じる刑法堕胎罪が制定されました。

一方、欧米での「産む・産まない」の選択の議論には、一九世紀末にイギリスの遺伝学者フランシス・ゴルトンが提唱した優生学があります。ゴルトンは家畜の品種改良と同じように、人間にも人為的選択を適用すればより良い社会ができると主張しました。つまり、〝人口の質の向上〟を考えたのです。

この考えを実行したナチス・ドイツの断種法にならって、日本では一九四〇年に「国民優生法」（悪質な遺伝的疾患者の増加を防ぎ、健全な資質をもつ者を増やす法）が制定されました。そして、戦後の一九四八年にはこれが「優生保護法」（断種を非遺伝的疾患にも拡大し、中絶規制を緩和した法）になりました。これによってハンセン病者の隔離が強化され、断種を強制したりもしたのです。現在は、一九九六年に制定された「母体保護法」があります。この法律は、母体の生命と健康を保護することを目的とし、一定の条件を備えた場合（身体的または経済的理由により母体の健康を著しく害するおそれのある場合、レイプによって妊娠した場合）には不妊手術または人工妊娠中絶を認めると定めています。フェミニストや障害者団体の強い反対があって、「遺伝的な疾患を理由とする中絶」は外されました。現在は刑法の堕胎罪をそのままにして、生殖補助技術では母体保護法を緩めて解釈していることになります。議論が必要であることは明らかでしょう。

### 問題②――何が少子化を加速させているのか

なぜ、日本の少子化対策は効果がないのでしょうか。世界には、イギリス、フランス、スウェーデンなど、いったん一・五を割った合計特殊出生率を、政策的努力によって二・〇近くにまで回復させた国があります。これらの国々と比べて、日本での対策の成果が上がらない理由を考えてみましょう。

第一の理由として考えられるのは、本書の執筆者たちが直接、間接に指摘しているように、政策が現在の女性の心理や能力を軽視しているからだと思われます。序章で論じたように伝統的な性別役割分業の思想から解放されていません。つまり、政策が反フェミニズム的であることです。第5章で指摘されているように、子どもの経済的価値も、かつてのような社会的価値も重視されなくなりました。現在は、子どもを産むかどうか、つまり、つくるかどうかは、個人の選択の問題であって、政治が立ち入ることではないことが明確になりました（コラム4参照）。不妊治療を助成したり、「希望出生率」を掲げたり、三世代同居住宅の建築費を補助するなどと、政治が安易に介入するべきではありません。

教育や体験を通して自己意識を明確にし、自己実現を望んでいる女性は、「結婚―出産―母親による子育て」を一体のものとして考える強固な社会通念があることに気づき、あるいは、自身がこの通念を知らぬうちに内面化していることにも気づいています。そして、結婚そのものに警戒心をもつようにもなっています。結婚は人生の選択肢の一つになり、誰もが結婚する皆婚時代は終わったのです。そして、たとえ結婚しても晩婚になり、出産を遅らせたり、産まない決心をしたりもします（コラム8参照）。したがって、当然、少子化になります。

女性の意識の変化や能力を理解し尊重した対策が必要なのです。「結婚―出産―母親による子育て」を前提に進められている政策に、とりわけ女性たちは「否」を突きつけているのです。さらにいえば、女性たちが求めているのは、〝女性向き〟〝子ども対象〟の小手先の対策ではなく、男女ともがワーク・ライフ・バランスを享受できるような社会・経済体制の抜本的な改革なのです。

ＯＥＣＤ加盟の二四カ国の資料では、女性の労働参加率と合計特殊出生率との間には関連があることを報告しています。つまり、女性の労働参加率が高いほど、出生率が高いのです。これらの国々が女性の労

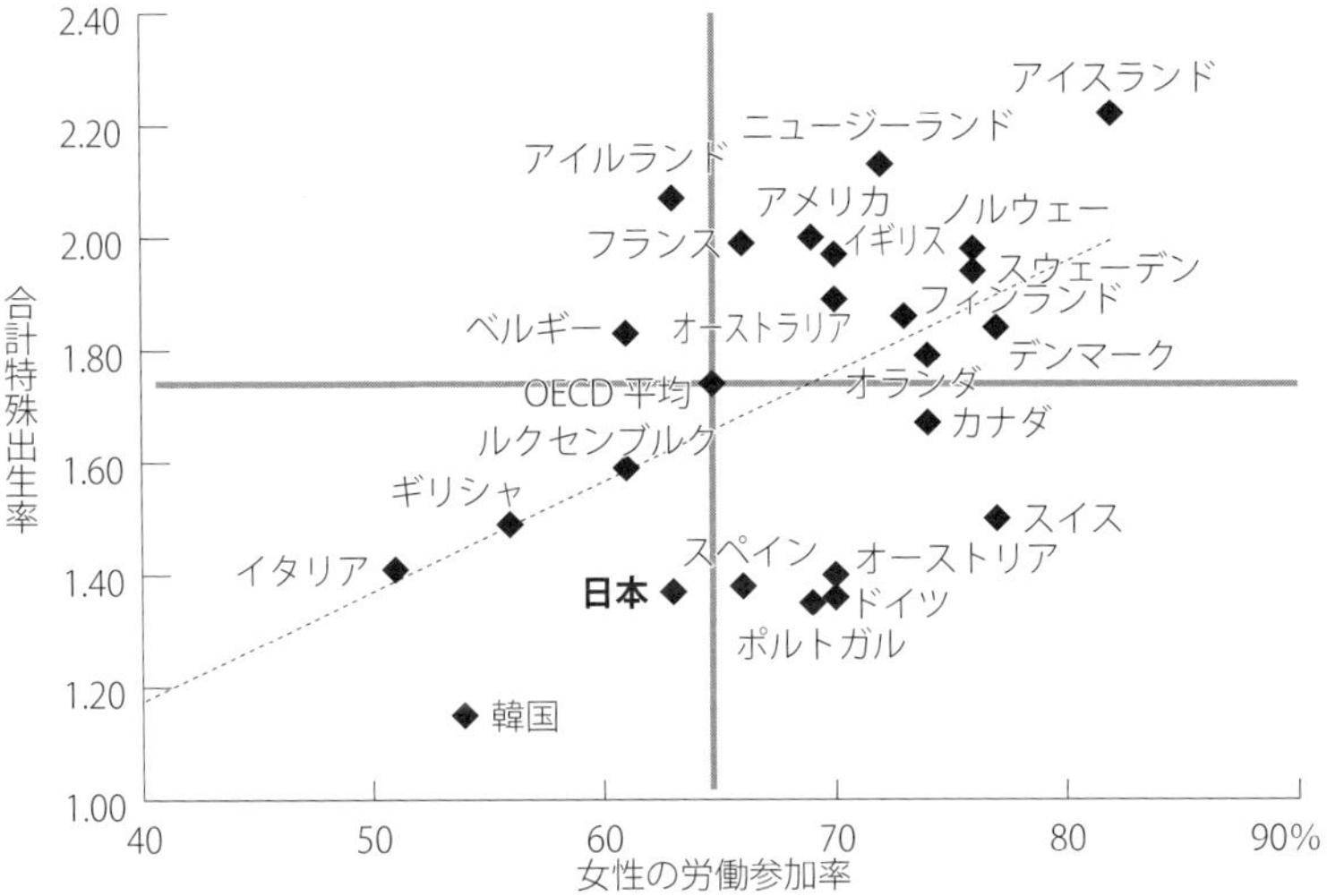


**図終-2　女性の労働参加率と合計特殊出生率**(7)

注：破線は回帰直線。

働参加率を上げるために、労働の仕組みや男女の働き方そのものにメスを入れた改革から日本が学ぶことは多いはずです。

**図終―2**に見る通り、日本は働く女性が増えたといわれますが、世界的に見れば女性の労働参加率も低く出生率も低いのです。日本政府は「すべての女性が輝く社会づくり」「女性の活躍を加速させる」「ライフ・ワーク・バランスの実現を」などの〝理念〟を表明しているだけで、社会の仕組みを根本から改善する具体的な施策を示しえていません。企業には要望しているだけで、実行しなくても罰則があるわけではありません（コラム7参照）。あるいは、待機児童を減らせばよいとばかりにさまざまな規定を緩めていますが、保育環境の質の悪化に親たちは不安を募らせ、心ある専門家は問題であると警鐘を鳴らしています。

少子化対策が成果を上げえない第二の理由は、日本の政策や制度が個人ではなく家族を単位としてつくられていることです。この問題は第7章で議論されています。しかも、日本は先進国ではいまや珍しくなった「男性稼ぎ主型」の政策をとり続けています。すべての人は世帯主のいる家族に属しているとして、実際にはすでに三割程度になっている夫婦と子どもがつくる「標準家族」を社会の最小単位として法律や制度がつくられています。税制、健康保険、介護保険、社会政策、そして、企業の賃金体系などが、世帯単位で行われています。家族は給付を受ける単位ですので、社会的リスクを担う単位にもなり、セーフティネットだとも見なされます(8)。

つまり、困ったら家族が何とかするべきだという政策です。しかし、母子家庭の母親は昼も夜も働いても、子どもを十分には養えません。強い親権が認められていて、例えば、虐待の恐れがあっても引き取ると主張する親に子どもが引き渡され、命を奪われる事例が出てきます。実親の承諾が得られずに特別養子にできないなどの不都合も生じています。日本の政策は、このような家族主義を世界の流れに逆行して実行し、さらに強化しようと学校教育の内容まで変更しようともしています(9)。

少子化対策の効果が上がらない第三の理由は、政治が経済的な困難の回復に根本的な手を打たないからです。税金のかけ方、社会保障や教育などへ公的財政の配分、男女ともの働き方や賃金の仕組みの変更などが急務だという経済学者の声が大きくなってきています。すでに指摘したように、日本では経済格差が広がり、いまや、日本人の一六・一%が相対的貧困状態にあり、さらに悪化しています。相対的貧困とは、二〇一二年の計算では一二二万円以下の所得で暮らすということです(コラム3参照)。二〇一五年三月時点の生活保護受給者は二一七万人でこれは過去最多になっています。非正規労働を強いられている若い親たちは、ほんのわずかな児童手当や思いつきのような〝簡素な給付措置〟などでは、とても子どもを育てられないことを知っています。子どもを一人つくった夫婦が二人目を躊躇する理由の第一は「子育てや教育にお金がかかりすぎる」(六〇%)という経済的な理由であったと報告しています。経済格差が想像以上に広がり、人々の行動や心に大きく影響していることがわかります。

## 6　人口変動と人間――人口の心理学の課題

超少子化、超高齢化、そして、人口減少というかつてない人口現象が起こっている現在の日本で、人間の命について何が起こっているのか、これを考えるために必要だと思われるテーマを選び、最もふさわしい研究者や実践家に執筆をお願いして、本書ができあがりました。各章とコラムによって、もしも望めば、〝必要な命だけを選別することができ、高齢で回復の見込みがないときは尊厳を重視してみずから命に決着をつけることができ、そして、葬儀は不要で墓もいらないとすることができる〟というような「命の取り扱い」が可能であることが明らかにされました。

しかし、同時に、執筆者たちは、この「命の取り扱い」についての可能性には、無視することのできない難点があることも指摘しています。その多くは、生命についての新しい可能性を体験してみた当事者からの声です。それはまさに人口の心理学が取り組むべき課題です。

### 「産む・産まない」の決断の波紋

第1章で小泉と平山は、不妊治療や生殖補助医療という最先端の医療に翻弄されている女性たちの苦しみを指摘しました。女性たちが「子どもを産んで一人前」というすでに克服したはずの価値観をいまも引き受けて治療の苦痛に耐えていること、そして、治療がうまくいかず妊娠できないとわかったとき、「自分には価値がない」と自己否定に陥っていること、などの事実は見逃せません。ここではまるで時間が止まっているようです。妊娠についての社会通念や苛酷なスティグマに苦しむ女性が現在もいることに、なお、厳しい目を向けていく必要があることがわかります。

生命の誕生に関わる不妊治療、生殖補助医療、そして、第3章の玉井が紹介した遺伝子診断などでは「産むこと」にもっぱら関心が払われ、その医学的技術の進歩が先行し、それを体験する人間、特に女性たちに起こっている心身の苦痛がないがしろにされています。

さらに、これらの医療では「産まない」選択を促している側面があることも重視する必要があるでしょう。それが体験者の心の負担になっているからです。実際、精神科医の香山リカは、遺伝子診断によって「産まない」という〝命の選択〟をした女性たちが後悔や罪悪感に長く悩まされ、なかにはうつ状態に陥っている場合があることを報告しています。[10] 当事者の声を聴くことが必要です。

### 人間が育んできた文化、知恵との融合と衝突

第2章の玉井、第9章の大谷、第3章の太田は、それぞれに遺伝子診断、尊厳死・安楽死、堕胎についての思想を問題にしています。玉井は、いわゆる障害も多様性の一つとして受け入れる力を人間は育んできたではないかと指摘し、遺伝子診断は人間の多様性への挑戦だとしています。そして、人間の力がとうてい及ばない多様性が起こりうることを示唆しています。大谷はナチス・ドイツが安楽死によって「人口の質の向上」を目指していたことを思い起こさせ、そして、優生思想が現在も完全には払拭されていないことを警告しています。さらに太田は、仏教の「殺生の罪」の思想と近代社会が発展させた「生命についての価値観」と「子どもの人権」という考え方とが相俟って、日本の堕胎の習俗が罪だと認識されるようになったとしています。

第10章の小谷は、葬儀もしない、墓もいらないという考え方が引き起こしている、遺された者の困惑を報告しています。大切な人の死を〝無〟とは受け取れない人間にとって、墓が「死者をしのぶ装置」になると注目しています。それは、第11章の森岡が死を「生者との別れ」であるが、会いたいと願っている「死者と交わること」であると述べている心境にも通じるでしょう。この指摘は、超高齢期には合理性の追求を超えた神秘的・超越的境地があることを明らかにしている最新の研究[11]を支持するものだといえます。

## 感情との摩擦

人間の生と死の問題を割り切っては処理できないという執筆者の指摘に共通しているのは、あまりにも急速に極端に進んだ科学技術に人間の感情がうまくついていけていないという戸惑いだともいえます。長く終末期医療に携わっている医師の大井玄は、認知症の場合にも胃ろう装置をつけるかどうか本人の意志を確かめるべきだといいます。認知症でも「いや」かどうかという感情的な判断が可能で、それが重要だと述べています[12]。

「あの人は感情的な人だ」「感情が知性を妨害する」などと、感情が人間の知的働きを妨害すると否定的に考えるのは感情の一面的なとらえ方だと、現在の心理学では考えます[13]。心理学では、感情は〝人や物事についての評価的な反応（好き、嫌いなど）である〟と定義します。ある音楽を聴いて感動したり、特定の絵画にひどく心を惹かれたりもするでしょう。あるいは、ある事柄について理解はしても、どうしても好きにはなれない、親しみがもてないというようなこともあるでしょう。このような評価をしているのが感情で、人間の生活にとってきわめて重要な働きをしています。感情による評価がポジティブであることは私たちの生活の質にとって大切です。感情は人間の生活を意味づけ、豊かにします。執筆者たちは、人口

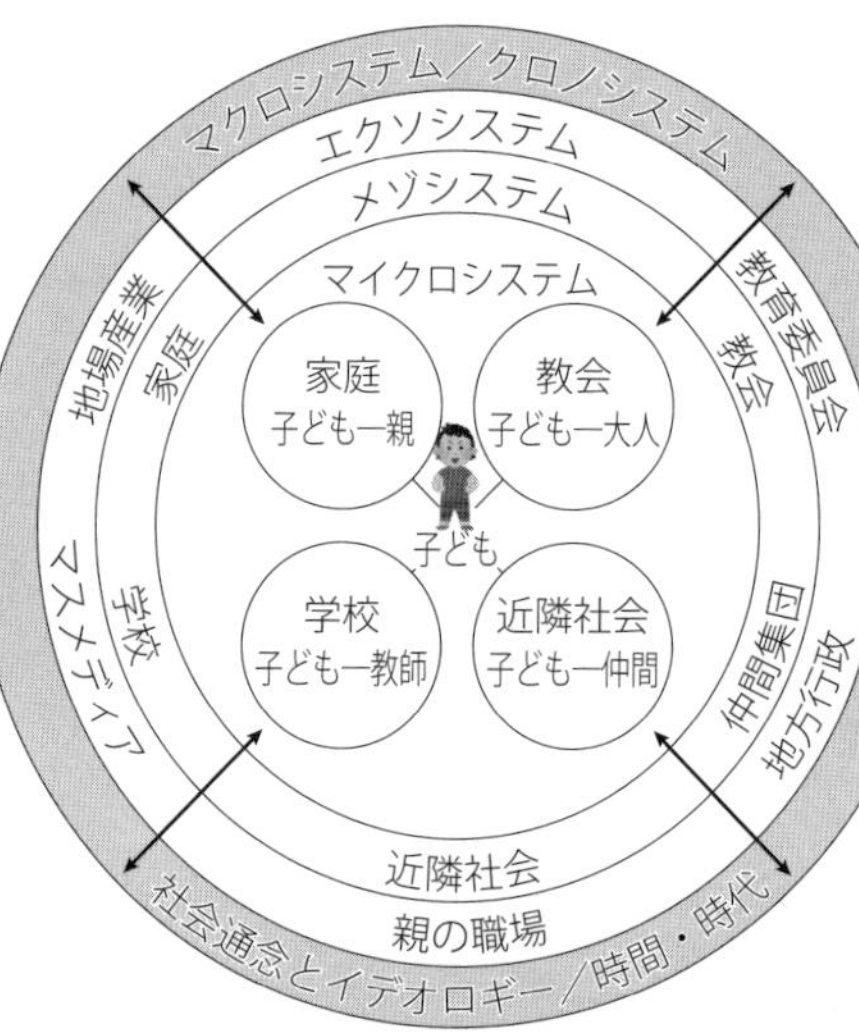


**図終 -3　ブロンフェンブレナーによる環境についての生態学的モデル**[15]

現象が引き起こした生と死についての大胆な革命的ともいえる変化には、このような人間の感情と相容れないものがあると指摘しているのです。

## 人口革命という環境と人間の発達

人間を取り巻く環境が発達にどのように影響するかを研究してきたのが心理学、特に発達心理学です。アメリカのユリー・ブロンフェンブレナー[14]は発達に関わるすべての環境を整理して、**図終―3**のような〝生態学的モデル〟を提案しました。彼は人間の生活をありのままに見ると、多くの環境要因が直接・間接に発達に関わっていると主張しました。図の中央に描かれた子どもが発達する主人公です。環境はマイクロシステムとよばれる子どもがじかに参加する身近な環境（家庭や学校など）、これらの身近な環境間の関係（学校と家庭での規律の違いなど）についてのメゾシステム、子どもの生活からは遠いようでも重要な環境（マスメディアや地域の特徴など）であるエクソシステム、そして、最も遠い環境でありながら、じつはすべての環境を包み込んでそれぞれのシステムを通して人間に影響を与えているマクロシステム（風土、文化、時代精神など）とクロノシステム（時の経過）を考えることが必要だとしました。クロノシステムとは人と環境との交渉では〝時〟を考えることが重要だと強調したものです。中央にいる子どもが年を重ねれば、環境の意味や接し方が変わります。そしてまた、時の経過によって環境が変わること（親の死、経済的不況、戦争など）もあり、それが発達に大きく影響するとしたのです。

このブロンフェンブレナーのモデルは多くの研究者に歓迎されましたが、すべての環境を同時に扱うことが難しいこともあって、環境の人間への影響の多くの研究は、環境のうちのどれかを切り取って問題にしてきました。例えば、マイクロシステムの中での研究（乳幼児と母親の関係が子どもの人間関係の発達にどのように影響するか）やエクソシステムの一部を扱う研究（あるテレビ番組の視聴と言葉の発達の関係を見る）などに限られてきました。あるいは、マクロシステムを扱う研究（日本人とアメリカの対人行動の発達差を見る）、クロノシステムの重要性を示した研究（世界恐慌が若者に与えた影響を見る）などもありはしますが、ブロンフェンブレナーが指摘したような五つのシステムが同時に、直接・間接に、どのように人間の発達に関わるかを問題にすることはほとんどありませんでした。

これに対して本書では、人口現象、つまり、少子化、高齢化、人口減少という人口の量的変化、それに伴う命についての考え方の質的変化、という環境（マクロシステム）と時間（クロノシステム）の大きな変化は、現代の日本人の生活にとってきわめて重大だと考えました。この変化が日本人を取り巻く環境のあちらこちらに浸み込んでいて、誰もがこの環境から逃れられません。私たちはこのマクロシステムとクロノシステムの変化は、人間の生と死という根本的な問題に集約され、現在の日本人の心と行動をとらえているのではないかと考えました。

それを明らかにするために、人間の生と死についての心と行動を扱う人口の心理学という新しい視点を提案しました。序章で述べたように、発達の主人公は人間であり、人間は自分に合った環境を選び取っていくものですが、人口変動の時代に生活していると、この時代のもつ時代精神、文化にいやでも触れ、影響を受けることは避けられません。

本書では、専門の異なる研究者や実践家に、人口の心理学の視点をもって生命について論じていただくようお願いしました。その結果、前述のように、人口現象に応じて人間の心と行動が革命的とよぶほどに変わってきたこと、そして、このマクロ・クロノシステムの中で人間の心がこれまでにない新しい悩みを抱えることになったことも明らかになりました。

## これから──根本的な問題

人口問題について日本人が直面している根本的ともいうべき問題はどのようなものでしょう。

第一の問題は、超少子化、超高齢化、人口減少ははたして問題なのかという問いです。各章の執筆者が明らかにしてきたように、この人口現象は人間が望んで進めてきた科学、哲学的な考察、そして、教育が実現したものです。若い労働力が減少することは、たしかに日本の国力という点から考えれば問題かもしれませんが、地球規模で考えたときにはどうなのかという問いも立ててみる必要があるでしょう。地球全体の資源から見れば地球上の人間は明らかに多すぎるからです。日本の勢力を世界に拡大するという発想ではなく、国境を超えて地球全体の幸せを考えるというこれまでに培ってきたヒューマニズムの精神を生かさなければなりません。地球規模で考えれば、超少子化、超高齢化、人口減少は悪いことではありません。今後の人口現象についての議論の中にこの観点を入れることが必要でしょう。

第二の問題は、少子化対策や高齢者の介護問題などへの日本政府の対策もマスメディアの取り上げ方ももっぱら女性に向けられていることです。そして、女性もいつしかそれを受け入れて現状に耐えているふしがあります。女性たちは不妊や不妊治療に苦しみ、育児に専念すれば自尊心やアイデンティティの確立に悩み、待機児童の多さに翻弄され、非正規労働を引き受け、介護離職を余儀なくされるなどして、人口問題の犠牲になっていることが執筆者たちによって明らかにされました。言わずもがなのことですが、人口問題は単なる女性の問題ではありません。すべての人が人間のあり方について再考すること、そして、社会の仕組み、制度、政策などを根本的に変革する勇気をもつことを私たちに迫っているのです。

## コラム16　親孝行は美徳か？――親子間の資源の流れ再考

●柏木惠子

少子高齢化は、個人の人生だけではなく親と子の関係にも大きな影響を与えています。親が長命になり、子どもには長く親がいる状態（高いもち親率）をもたらしました。いまや成人し、就職、結婚後も親が健在で、子の親でありながら、同時に子どもである立場をもつ人が多くなったのです。しかも、親は健康で、経済力も子より勝っている場合が少なくありません。成人した子が「親元で暮らす」ことが、親子双方にとって便利で快適だというわけです。他の先進諸国に比べて〝親元暮らし〟が日本に多い背景には、親と子は強い格別の絆で結ばれるとし、相互に助け合う関係をよしとするという家族観・親子観があります。

「相互に助け合う」とは、①親が子を育てる、②子が老いた親を介護・扶養する（＝親孝行）を意味します。人間の子は無力な状態で誕生しますので、子の養育は必須で、親は子育てをします。これに対して、親の介護（＝親孝行）は長らく当然のこととして実行されてきましたが、調査によると、介護は「社会的制度・施設がやるべきだが、それが不十分であるので子どもがしている」という意見が大勢を占めています。

この変化を親不孝で嘆かわしいとする向きもありましょうが、そうとはいえません。親子の関係は、親子間の資源投資の問題と見ることができます。親がもつ資源（経済、体力、気力、時間など）を子どもに、いつ（まで）、どのくらい投資するかという投資戦略の問題です。この戦略は①循環型と②リレー型に大別できます。①は、子の養育が必要なときに子に投資し、親が衰えたときには子が自分の資源を親に投資する、というもので、資源が親から子、子から親へと循環するものです。②は、親は子の養育に資源を投資し、子が自立したら投資を打ち切り、自分の老後資金として保存し、自立した子は親になったら、その子に投資する、というものです。つまり、資源は「親から子へ」の一方向のリレーで、子の自立を契機に親子間の資源の流れは消滅します。

多子で短命だったときは、育児する親と介護する子という形でうまくいっていた循環型が、少子そして長命（＝長い介護）という状況はこれを危うくしています。少子高齢化は、親子間の投資戦略を循環型からリレー型に移行する必要と、親子の関係と生き方の再考を促しています。

# コラム17　長命化で厳しさを増す親と子のライフプラン

●畠中雅子

長命化は喜ばしい反面、必要となる老後資金が高額化することも意味します。高齢期の家計収支は赤字になる家庭が多いので、リタイアしてからの年数が長くなればなるほど赤字が累積され、蓄えておかなければならない老後資金も増えていくからです。

赤字額が増えている現実は、家計調査年報からも読み取れます。例えば、二〇〇〇年の家計調査年報では、高齢無職世帯の赤字額はひと月三万五七六八円でした。その赤字額が二〇一四年には、ひと月五万九六一〇円にまで膨らんでいます。六五歳からの人生が二五年残されているとすれば、ひと月二万三八四二円も赤字が増えている現実は、七〇〇万円を超える赤字増を生じさせていることにつながります。

赤字が増えている原因の一つに、年金をはじめとする社会保障制度の脆弱化が挙げられます。日本の場合、高齢化のスピードが速いために緩やかな制度改正が難しく、高齢者の負担増も含めた制度改正を繰り返しています。税制についても、増税に向けて改正されているものがあります。例えば亡くなった人の財産が多かった場合に、財産を受け取った人に課せられる相続税も、二〇一五年に、厳しくなったばかりです。高齢期の生活に関わる負担増を含めた制度改正は、人口構成比からいっても避けられない現実になっているわけです。

現在の高齢期世代では、「社会人になったら定職に就いて、定年まで働き続けるのが当たり前」という価値観をもつ人が多いと思います。一方で、そのような価値観は普遍的とはいえなくなっている現実も感じているはずです。年度による変動はあっても、若い世代の就職難は解消されていませんし、企業側が新卒採用や正社員登用を抑えている事実に変わりはありません。新卒のときには正社員になったものの、離職してフリーターになったり、転職したりして収入が減るなど、自分の収入では暮らせない子どもの生活を支える高齢の親が増えています(1)。

定職に就いていない子ども世代の多くは、「親が亡くなること＝自分たちの生活も行き詰まること」を恐れています。親側はいままでより厳しい生活状況の中で、自分たちの老後の生活を守りつつ、十分な収入のない子どもの生活まで面倒をみなければならなくなっているわけです。十分な収入を得られない子どもは結婚という選択も厳しくなり、より少子化が進んでしまうのが現実といえそうです。

# あとがき

本書はたくさんの方々のご協力によって完成しました。心から感謝申し上げます。

まず、執筆者の方々は、生と死についての人口の心理学という新しい切り口に戸惑われたかと思います。その上に、学術論文風ではなく一般の方々にわかりやすい記述を、という難しい注文もさせていただきました。それにもかかわらず、私たちの度重なるお願いを受け入れていただき、貴重な原稿を寄せていただきました。そして、私たちの予想を超えた大切な問題が提起され、おかげさまで興味深い一冊となりました。編者冥利に尽きます。ありがとうございました。

ちとせプレスの櫻井堂雄さんには、それぞれのトピックの最高の執筆者をと〝暴走する〟編者におつき合いいただき、専門の異なる大勢の執筆者へのお願いや連絡をしていただくというご苦労をおかけしました。そして、本書の内容がうまく伝わるようにと、きめ細かく編集作業を進め、また、貴重なご意見をいただき、本書を完成に漕ぎつけてくださいました。ありがとうございました。

発達心理学を専門とする二人の編者はこれまで先輩（柏木）と後輩（高橋）の間柄を生かして、いくつもの仕事をともにし、また、折に触れて「いま、気になること」を話し合ってきました。そして最も最新の「気になること」が結実したのがこの本です。数年前から柏木が構想していた人口の心理学を具体化するべく提案すればよいのではないかと思い立ちました。これは楽しい挑戦でした。

そして、私たちの挑戦の背中を押してくれたのが、ちとせプレスの櫻井さんです。櫻井さんとは有斐閣編集部においでの頃からいくつかの仕事をご一緒させていただき、その真摯で確かな仕事ぶりにはいつも感服してきました。その櫻井さんの、新しい出版社、ちとせプレスをぜひ応援したいと考えたのです。

本書を、ちとせプレスの出発の一冊としていただき、大変に光栄です。ちとせプレスの今後のご発展を心から期待しています。

高橋　恵子
柏木　惠子

**追記**

カバーを柏木のパッチワークで飾ることにしました。

これはパウル・クレーの作品を下絵にした彼へのオマージュです。

畠中雅子 (2012).『高齢化するひきこもりのサバイバルライフプラン――親亡き後も生きのびるために』近代セールス社

(3) 山崎章郎・二ノ坂保喜・米沢慧 (2012).『病院で死ぬのはもったいない――〈いのち〉を受けとめる新しい町へ』春秋社

### ◆終章

(1) 佐藤龍三郎・金子隆一 (2015).「ポスト人口転換期の日本――その概念と指標」『人口問題研究』**71**, 65-85.

(2) 森口千晶 (2012).「日本はなぜ「子ども養子小国」なのか――日米比較にみる養子制度の機能と役割」井堀利宏・金子能宏・野口晴子編『新たなリスクと社会保障――生涯を通じた支援策の構築』東京大学出版会, pp. 53-71.

(3) 上野千鶴子 (1994).『近代家族の成立と終焉』岩波書店

(4) 湊かなえ (2012).『母性』新潮社

(5) 山村賢明 (1971).『日本人と母――文化としての母の観念についての研究』東洋館出版社

(6) 藤田孝典 (2015).『下流老人――一億総老後崩壊の衝撃』朝日新書

(7) 内閣府男女共同参画局 (2012).『男女共同参画会議基本問題・影響専門調査会報告書』

(8) 白波瀬佐和子 (2010).『生き方の不平等――お互いさまの社会に向けて』岩波新書

(9) 高橋惠子 (2015).「家族についての素朴信念からの解放のために――発達心理学からの提案」『日本家庭科教育学会誌』**58**, 3-11.

(10) 香山リカ (2013).『新型出生前診断と「命の選択」』祥伝社新書

(11) 増井幸恵・権藤恭之・河合千恵子・呉田陽一・高山緑・中川威・高橋龍太郎・藺牟田洋美 (2010).「心理的well-beingが高い虚弱超高齢者における老年的超越の特徴――新しく開発した日本版老年的超越質問紙を用いて」『老年社会科学』**32**, 33-47.

(12) 大井玄 (2015).『呆けたカントに「理性」はあるか』新潮新書

(13) 戸田正直 (1992).『感情――人を動かしている適応プログラム』東京大学出版会

(14) Bronfenbrenner, U., & Morris, P. A. (2006). The bioecological model of human development. In R. M. Lerner (Ed.), *Handbook of child development*, 6th ed. (*Vol. 1*, pp. 793-828). Wiley.

(15) Cole, M., & Cole, S. R. (2001). *The development of children*, 4th ed. Worth Publishers, p. 19.

### ◆コラム 17

(1) 斎藤環・畠中雅子 (2012).『ひきこもりのライフプラン――「親亡き後」をどうするか』岩波ブックレット

http://www.mhlw.go.jp/toukei/list/list54-57.html
(2) 平均寿命（2013年）は厚生労働省「簡易生命表」，健康寿命（2013年）は厚生労働省「健康日本21（第二次）分析評価事業　現状値の年次推移」。

### ◆第10章

(1) 小谷みどり (2010).「お墓のゆくえ」『Life Design Report』Summer, 4-15.
(2) 島田裕巳 (2014).『0葬――あっさり死ぬ』集英社
(3) 小谷みどり (2015).「偕老同穴，今は昔？」『Life Design Report』Spring, 49-52.
(4) 第一生命経済研究所 (2015).「人付きあいに関する意識調査」
(5) 鈴木岩弓ほか (2011).「お墓に関する意識調査」
(6) 小谷みどり (2010).「死者祭祀の実態」『Life Design Report』Spring, 28-35.
(7) 小谷みどり (2010).「お墓のゆくえ」『Life Design Report』Summer, 4-15.

### ◆コラム13

(1) 内閣府 (2015).『平成27年版　高齢社会白書』日経印刷

### ◆第11章

(1) 森岡清美 (2006).「高齢期の発達は可能か――発達主体の目標と希望」内田伸子編『誕生から死までのウェルビーイング――老いと死から人間の発達を考える』金子書房，pp. 77-85.
(2) 天野正子 (2014).『〈老いがい〉の時代』岩波新書
(3) 大谷大学編 (2003).『清沢満之全集8巻　信念の歩み――日記』岩波書店，p. 392.
(4) 城山三郎 (2010).『そうか，もう君はいないのか』新潮文庫，p. 139.
(5) 垣添忠生 (2009).『妻を看取る日――国立がんセンター名誉総長の喪失と再生の記録』新潮社，pp. 130, 134.
(6) 森岡清美 (2012).『「無縁社会」に高齢期を生きる』佼成出版社，p. 195.

### ◆コラム14

(1) 貝原益軒 (1961).『養生訓・和俗童子訓』岩波文庫，p. 32.
(2) 柳谷慶子 (2011).『江戸時代の老いと看取り』山川出版社

### ◆コラム15

(1) 内閣府 (2015).『平成27年版　高齢社会白書』日経印刷
(2) 週刊朝日MOOK (2015).『高齢者ホーム2016』朝日新聞出版

費補助金（基礎研究C）（2010年度～2013年度），東京女子大学女性学研究所の共同研究助成（2012年度～2014年度）により行われた。

**◆コラム 11**

（1） 深谷昌志 (2012).『日本の母親・再考』ハーベスト社

（2） 深谷昌志 (2015).「子どもの中の幸福感と未来像」『児童心理』3月号。

**◆第 9 章**

（1） 宝島社企業広告，2016年
http://tkj.jp/company/ad/2016/

（2） 川上武 (2002).「21世紀の死と生死観」川上武編『戦後日本病人史』農山漁村文化協会，pp. 685-731.

（3） Williams, R. H. (Ed.) (1973). *To live and to die: When, why, and how*. Springer-Verlage.

（4） 太田典礼 (1973).『安楽死のすすめ ―― 死ぬ権利の回復』三一書房。太田典礼の安楽死思想については，大谷いづみ (2005).「太田典礼小論 ―― 安楽死思想の彼岸と此岸」『死生学研究』5, 99-122を参照。

（5） 大谷いづみ (2008).「生権力と死をめぐる言説」島薗進・竹内整一編『死生学とは何か』死生学1，東京大学出版会，pp. 53-73.

（6） 大谷いづみ (2010).「「尊厳死」思想の淵源 ―― J・フレッチャーのanti-dysthamasia概念とバイオエシックスの交錯」小松美彦・香川知晶編『メタバイオエシックスの構築へ ―― 生命倫理を問いなおす』NTT出版，pp. 207-233.

（7） 太田典礼 (1984).「第8集に寄せて」日本尊厳死協会編『安楽死論集　第8集』人間の科学社，pp. 5-16.

（8） ブルーレイ版（発売：20世紀フォックス・ホーム・エンターテイメントジャパン）にはいくつかの特典映像が添付されいるが，そのうちの1つがNEVER LET ME GO Told & Not Told: The Secrets of Never Let Me Go（2010, Special Treats Productions）。カズオ・イシグロや主演の3人のほか，脚本のアレックス・ガーランド，マーク・ロマネク監督などへのインタビューが収められている。

（9） 加藤典洋 (2011).「ヘールシャム・モナムール ―― カズオ・イシグロ『わたしを離さないで』を暗がりで読む」『群像』66(5), 155-165.

（10） 大江健三郎 (1995).『あいまいな日本の私』岩波新書

**◆コラム 12**

（1） 厚生労働省「生命表」

(6)　山村賢明 (1971).『日本人と母 ── 文化としての母の観念についての研究』東洋館出版社
(7)　田間泰子 (2001).『母性愛という制度 ── 子殺しと中絶のポリティクス』勁草書房
(8)　舩橋恵子 (2009).「母性神話」神原文子・杉井潤子・竹田美知編『よくわかる現代家族』ミネルヴァ書房，pp. 132-133.
(9)　水村美苗 (2012).『母の遺産 ── 新聞小説』中央公論新社
(10)　信田さよ子 (2008).『母が重くてたまらない ── 墓守娘の嘆き』春秋社
(11)　森有正 (1972).『木々は光を浴びて』筑摩書房

### ◆コラム 10

(1)　厚生労働省「子ども虐待による死亡事例等の検証結果等について」報告書
(2)　植松正 (1951).「嬰児殺に関する犯罪學的研究」『刑事法の理論と現実 2』有斐閣，pp. 183-231.

### ◆第 8 章

(1)　染谷俶子 (1997).『過疎地域の高齢者 ── 鹿児島県下の実態と展望』学文社
(2)　厚生労働省「人口動態統計」より。
(3)　1920 年は厚生省 (1987).『昭和 61 年版　厚生白書』p. 9，1992 年は厚生省大臣官房政策課監修 (1994).『21 世紀福祉ビジョン ── 少子・高齢社会に向けて』第一法規出版，p. 53 より作成。
(4)　染谷俶子 (2000).「変貌する高齢者と家族の役割」染谷俶子編『老いと家族 ── 変貌する高齢者と家族』ミネルヴァ書房，pp. 1-10.
(5)　厚生労働省 (2014).「平成 25 年度　国民生活基礎調査」による。
(6)　厚生省・厚生労働省「国民生活基礎調査」より。
(7)　清水浩昭 (1992).『高齢化社会と家族構造の地域性 ── 人口変動と文化伝統をめぐって』時潮社
(8)　染谷俶子 (2011).「有料老人居住施設の入居ニーズに関する日米比較」『東京女子大学比較文化研究所紀要』**72**, 31-68.
　染谷俶子 (2015).「オーストラリア高齢者居住施設の入居者調査」『東京女子大学社会学年報』**3**, 57-68.
(9)　染谷俶子 (1999).『オーストラリアの高齢者福祉 ── 豊かな国の豊かな老後』中央法規
(10)　染谷俶子編 (2015).『アジアにおける高齢者扶養意識の変貌 ── 介護役割を担う女性の世代間比較』東京女子大学女性学研究所。当調査は，文部科学省の科学研究化，有職化の視点から」『家族心理学研究』**14**, 139-150.
(16) 菊地ふみ・柏木惠子 (2007).「父親の育児 ── 育児休業をとった父親たち」『文京学院大学人間学部研究紀要』**9**, 189-207.
(17) 佐藤淑子 (2015).「ワーク・ライフ・バランスと乳幼児を持つ父母の育児行動と育児感情 ── 日本とオランダの比較」『教育心理学研究』**63**, 345-358.
(18) 柏木惠子 (2011).『父親になる，父親をする ── 家族心理学の視点から』岩波ブックレット
(19) 総務省統計局 (2011).『平成 23 年社会生活基本調査のはなし』
(20) (14) の柏木・若松 (1994) を参照。
(21) 根ヶ山光一・柏木惠子編 (2010).『ヒトの子育ての進化と文化 ── アロマザリングの役割を考える』有斐閣
(22) 厚生労働省「雇用均等基本調査」より。
(23) 平山順子 (1999).「家族を「ケア」するということ ── 育児期の女性の感情・意識を中心に」『家族心理学研究』**13**, 29-47.
(24) 内閣府 (2009).『平成 20 年度 少子化施策利用者意向調査に向けた調査報告書』

**◆コラム 9**

(1) 厚生労働省 (2015).「児童相談所での児童虐待相談対応件数」
(2) 厚生労働省 (2013).『子ども虐待による死亡事例等の検証結果等について（第 9 次報告）』
(3) 内閣府 (2014).『平成 26 年版 子ども・若者白書』
(4) 柏木惠子・平木典子編 (2014).『日本の夫婦 ── パートナーとやっていく幸せと葛藤』金子書房

**◆第 7 章**

(1) 根ヶ山光一 (2006).『〈子別れ〉としての子育て』NHK ブックス
(2) 宮本みち子 (2004).『ポスト青年期と親子戦略 ── 大人になる意味と形の変容』勁草書房
(3) 盛山和夫 (1993).「「核家族化」の日本的意味」直井優・盛山和夫・間々田孝夫編『日本社会の新潮流』東京大学出版会，pp. 3-28.
(4) 水野紀子 (2003).「日本における家族の観念」日仏法学会編『日本とフランスの家族観』有斐閣，pp. 32-62.
(5) 沢山美果子 (1979).「近代日本における「母性」の強調とその意味」人間文化研究会『女性と文化 ── 社会・母性・歴史』白馬出版，pp. 164-180.

◆第 6 章

（1） 村田ひろ子・荒牧央 (2015).「家庭生活の満足度は，家事の分担次第？ ── ISSP 国際比較調査「家庭と男女の役割」から」『放送教育と調査』12 月号，8-20.

（2） （1）を参照。

（3） 牧野カツコ (1993).「育児不安」森岡清美・塩原勉・本間康平編『新社会学辞典』有斐閣，p. 36.

（4） 厚生労働省 (2003).『平成 15 年版　厚生労働白書』

（5） 数井みゆき・無藤隆・園田菜摘 (1996).「子どもの発達と母子関係・夫婦関係 ── 幼児を持つ家族について」『発達心理学研究』7, 31-40.

（6） 奈良間美保・兼松百合子・荒木暁子・丸光恵・中村伸枝・武田淳子・白畑範子・工藤美子 (1999).「日本版 Parenting Stress Index（PSI）の信頼性・妥当性の検討」『小児保健研究』58, 610-618.

（7） 白井利明 (1997).『時間的展望の生涯発達心理学』勁草書房

（8） 小坂千秋・柏木惠子 (2007).「育児期女性の就労継続・退職を規定する要因」『発達心理学研究』18, 45-54.

（9） （8）を参照。

（10） 総務省統計局 (2013).「女性・高齢者の就業状況 ── 「勤労感謝の日」にちなんで」

http://www.stat.go.jp/data/shugyou/topics/topi740.htm

（11） 牧野カツコ (1982).「乳幼児をもつ母親の生活と〈育児不安〉」『家庭教育研究所紀要』3, 34-56.

（12） 柏木惠子・平山順子・目良秋子・小坂千秋・平賀圭子・飯島絵理 (2003).『育児期女性の就労中断に関する研究 ── なぜ仕事を辞めるのか？辞めるとどうなるのか？』埼玉県男女共同参画推進センター共同研究報告書

柏木惠子・平木典子編 (2009).『家族の心はいま ── 研究と臨床の対話から』東京大学出版会

（13） 財団法人こども未来財団 (2000).「子育て負担感の状況」『子育てに関する意識調査事業調査報告書』

（14） 東洋・柏木惠子・ヘス, R. D. (1981).『母親の態度・行動と子どもの知的発達 ── 日米比較研究』東京大学出版会

柏木惠子・若松素子 (1994).「「親となる」ことによる人格発達 ── 生涯発達的視点から親を研究する試み」『発達心理学研究』5, 72-83.

（15） （14）の柏木・若松（1994）を参照。

永久ひさ子・柏木惠子 (2000).「母親の個人化と子どもの価値 ── 女性の高学歴

◆第 5 章

（1） 厚生労働省 (2015).「第 2 回 21 世紀成年者縦断調査（平成 24 年成年者）及び第 12 回 21 世紀成年者縦断調査（平成 14 年成年者）の概況」
http://www.mhlw.go.jp/toukei/saikin/hw/judan/seinen15/

（2） 高木紀子 (2000).「現代における母と青年期娘の関係」白百合女子大学修士論文

（3） 内閣府 (2015).『平成 27 年版　少子化社会対策白書』
http://www8.cao.go.jp/shoushi/shoushika/whitepaper/measures/w-2015/27webgaiyoh/html/gb1_s1-1.html

（4） 柏木惠子・永久ひさ子 (1999).「女性における子どもの価値 ── 今，なぜ子を産むか」『教育心理学研究』47, 170-179.

（5） （4）および，永久ひさ子・柏木惠子 (2000).「母親の個人化と子どもの価値 ── 女性の高学歴化，有職化の視点から」『家族心理学研究』14, 139-150 より作成。

（6） （4）を参照。

（7） （3）を参照。

（8） （5）を参照。

（9） （5）の永久・柏木（2000）より作成。

（10） 厚生労働省 (2010).「第 9 回 21 世紀成年者縦断調査」
http://www.mhlw.go.jp/toukei/saikin/hw/judan/seinen12/dl/28-9c_2.pdf

（11） 厚生労働省 (2014).「平成 26 年度雇用均等基本調査」
http://www.mhlw.go.jp/toukei/list/71-26r.html

（12） 厚生労働省 (2014).『平成 25 年度育児休業制度等に関する実態把握のための調査研究事業報告書』
http://www.mhlw.go.jp/file/06-Seisakujouhou-11900000-Koyoukintoujidoukateikyoku/zentaiban.pdf

（13） 柏木惠子 (2011).『父親になる，父親をする ── 家族心理学の視点から』岩波ブックレット

（14） （13）を参照。

◆コラム 8

（1） 国立社会保障・人口問題研究所 (2010).「第 14 回出生動向基本調査」。18〜34 歳未婚者のうち何％の人が各項目を主要な結婚の利点（2 つまで選択）として考えているかを示す。

◆コラム 6
(1)　坂井律子・春日真人 (2004).『つくられる命 ── AID・卵子提供・クローン技術』NHK 出版
才村眞理 (2008).『生殖補助医療で生まれた子どもの出自を知る権利』福村出版

◆第 4 章
(1)　湯沢雍彦編 (2007).『要保護児童養子斡旋の国際比較』日本加除出版
(2)　NHK (2014).「クローズアップ現代　“親子”になりたいのに…～里親・養子縁組の壁～」1 月 15 日
(3)　林浩康研究代表者 (2015).『厚生労働科学研究費補助金政策科学総合研究事業　国内外における養子縁組の現状と子どものウエルビーイングを考慮したその実践手続きのあり方に関する研究』平成 26 年度総括・分担研究報告書
(4)　矢満田篤二・萬屋育子 (2015).『「赤ちゃん縁組」で虐待死をなくす ── 愛知方式がつないだ命』光文社新書
(5)　厚生労働省社会保障審議会児童部会 (2015).『新たな子ども家庭福祉のあり方に関する専門委員会報告案（たたき台）』
http://www.mhlw.go.jp/file/05-Shingikai-12601000-Seisakutoukatsukan-Sanjikanshitsu_Shakaihoshoutantou/0000105473.pdf
(6)　NPO 法人「環の会」ウェブサイト
http://wa-no-kai.jp/
(7)　富田庸子・古澤頼雄 (2004).「Open Adoption 家族における育て親の態度 ── 子ども・子育て観と夫婦関係」『中京大学心理学研究科・心理学部紀要』3(2), 37-52.

◆コラム 7
(1)　杉浦浩美 (2009).『働く女性とマタニティ・ハラスメント ──「労働する身体」と「産む身体」を生きる』大月書店
(2)　連合非正規労働センター (2013).「マタニティ・ハラスメント（マタハラ）に関する意識調査」
http://www.jtuc-rengo.or.jp/news/chousa/data/20130522.pdf
(3)　厚生労働省 (2015).「妊娠等を理由とする不利益取扱いに関する調査の概要」
http://www.mhlw.go.jp/file/05-Shingikai-12602000-Seisakutoukatsukan-Sanjikanshitsu_Roudouseisakutantou/0000104041.pdf

離と再生』叢書 産む・育てる・教える 3，藤原書店，pp. 159-162.
(2)　太田素子 (2007).『子宝と子返し ── 近世農村の家族生活と子育て』藤原書店
　太田素子 (2011).『近世の「家」と家族 ── 子育てをめぐる社会史』角川学芸出版
(3)　太田素子 (2006).「「子返し」をめぐる言説 ── 葛藤する主体の誕生」太田素子・森謙二編『〈いのち〉と家族 ── 生殖技術と家族 1』早稲田大学出版部，pp. 131-132.
(4)　(2) を参照。
(5)　鈴木由利子 (2006).「堕胎・間引きと子どもの命」太田素子・森謙二編『〈いのち〉と家族 ── 生殖技術と家族 1』早稲田大学出版部，pp. 140-170.
　恩賜財団母子愛育会編 (1975).『日本産育習俗資料集成』第一法規
　文化庁編 (1977).『日本民俗地図 V ── 出産・育児』国土地理協会
　文化庁編 (1980).『日本民俗地図 VII ── 葬祭・墓制』国土地理協会
(6)　太田素子編 (1997).『近世日本マビキ慣行史料集成』刀水書房
(7)　(3) を参照。
(8)　塚本学 (1983).『生類をめぐる政治 ── 元禄のフォークロア』平凡社（2013 年，講談社学術文庫）
(9)　『改田屋輿右ェ門狂歌集』土佐文学復刻集成 8，高知県立図書館，1971 年 10 月。改田屋輿右ェ門は，宝暦・明和年間（1751～1772 年）に土佐で活動した狂歌師。
(10)　千葉徳爾・大津忠男 (1983).『間引きと水子 ── 子育てのフォークロア』農山漁村文化協会
(11)　(2) の太田（2007）を参照。
(12)　太田素子 (1994).『江戸の親子 ── 父親が子どもを育てた時代』中公新書, pp. 72-82.
(13)　遠野市立博物館 (2001).『供養絵額 ── 残された家族の願い』
(14)　(13) を参照。
(15)　波平恵美子 (1996).『いのちの文化人類学』新潮社
(16)　横山浩司 (1986).『子育ての社会史』勁草書房
　沢山美果子 (2013).『近代家族と子育て』吉川弘文館
(17)　夏目漱石 (1950).「土について」長塚節『土』新潮文庫，pp. 433-434.
(18)　(3) を参照。
(19)　岩田重則 (2009).『〈いのち〉をめぐる近代史 ── 堕胎から人工妊娠中絶へ』吉川弘文館

e3.
(7) Letourneau, J. M., Ebbel, E. E., Katz, P. P., et al. (2012). Pretreatment fertility counseling and fertility preservation improve quality of life in reproductive age women with cancer. *Cancer*, **118**, 1710-1717.
(8) Loren, A. W., Mangu, P. B., Beck, L. N., et al. (2013). Fertility preservation for patients with cancer: American Society of Clinical Oncology Clinical Practice Gudeline update. *Journal of Clinical Oncology*, **31**, 2500-2510.
(9) 丘の上のお医者さん
http://okanouenooisyasan.com
(10) 平山史朗 (2013).「不妊と結婚生活」『家族心理学年報』**31**, 57-68.

### ◆コラム 4

(1) 荻野美穂 (2014).『女のからだ ── フェミニズム以後』岩波新書
(2) 中山まき子 (2015).『出産施設はなぜ疲弊したのか ── 日母産科看護学院・医療法改定・厚生諸政策のあゆみ』日本評論社
(3) 柘植あづみ (2000).「女性の人権としてのプロダクティヴ・ヘルス／ライツ」『国立婦人教育会館研究紀要』**4**, 9-14.

### ◆第 2 章

(1) 柄刀一 (2000).『if の迷宮』光文社
(2) 佐々木愛子 (2015).「わが国における出生前検査の現状（出生前検査に関する遺伝相談 現状整理）」『日本医事新報』**4768**, 25-30.
(3) 坂井律子 (1999).『ルポルタージュ出生前診断 ── 生命誕生の現場に何が起きているのか？』日本放送出版協会
坂井律子（2013）『いのちを選ぶ社会 ── 出生前診断のいま』NHK 出版
(4) 佐々木愛子ほか (2010).「日本における出生前診断の動向（2003〜2008 年）」『日本産科婦人科学会雑誌』**62**, 658.

### ◆コラム 5

(1) 西平 直 (2015).『誕生のインファンティア ── 生まれてきた不思議，死んでゆく不思議，生まれてこなかった不思議』みすず書房

### ◆第 3 章

(1) 太田素子 (1992).「老年期の誕生」宮田登・中村桂子編『老いと「生い」── 隔

◆コラム3

（1） 可処分所得とは，勤労所得，金融所得などから税・社会保険料を引き，年金，児童手当などの公的給付を足した「手取り所得」をいいます。

（2） 阿部彩 (2015).「貧困統計ホームページ」
http://www.hinkonstat.net

（3） 学力：耳塚寛明 (2009).「お茶の水女子大学委託研究・補完調査について」文部科学省
http://www.mext.go.jp/b_menu/shingi/chousa/shotou/045/shiryo/__icsFiles/afieldfile/2009/08/06/1282852_2.pdf
健康：阿部彩 (2013).「子どもの健康格差の要因 ── 過去の健康悪化の回復力に違いはあるか」『医療と社会』**22**, 255-269.
肥満：Kachi, Y., Otsuka, T., & Kawada, T. (2015). Socioeconomic status and overweight: A population-based cross-sectional study of Japanese children and adolescents. *Journal of Epidemiology*, **25**, 463-469.

（4） 近藤克則 (2005).『健康格差社会 ── 何が心と健康を蝕むのか』医学書院

（5） 内閣府 (2015).『平成 27 年版　少子化社会対策白書』

（6） 厚生労働省 (2015).「生活保護の被保護者調査（平成 27 年 9 月分概数）の結果を公表します」報道資料 2015 年 12 月 2 日

（7） 児童扶養手当とは，低所得のひとり親世帯に対する現金給付をいいます。

◆第1章

（1） 平山史朗 (2015).「生殖医療は福音か？ ── 親と子どもにとっての意味」平木典子・柏木惠子編『日本の親子 ── 不安・怒りからあらたな関係の創造へ』金子書房, pp. 227-247.

（2） 柳田薫 (2005).「生殖補助医療の限界 ── 生殖補助医療の成績」『医学のあゆみ』**213**, 183-187.

（3） 日本産科婦人科学会登録・調査小委員会 (2013).『ART データブック』
http://plaza.umin.ac.jp/~jsog-art/2013data_201601.pdf

（4） 齊藤英和 (2012).「わが国における生殖補助医療（ART）の現状」『母子保健情報』**66**, 13-17.

（5） 小泉智恵・中山美由紀・上澤悦子ほか (2005).「不妊検査・治療における女性のストレス」『周産期医学』**35**, 1377-1383.

（6） Malchau, S. S., Loft, A., Larsen, E. C., et al. (2013). Perinatal outcomes in 375 children born after oocyte donation: A Danish national cohort study. *Fertility and Sterility*, **99**, 1637-1643.

(13)（9）を参照。
(14) 平山順子 (1999).「家族を「ケア」するということ ── 育児期の女性の感情・意識を中心に」『家族心理学研究』13, 29-47.
(15) 無藤清子 (2006).「高齢者の家族介護者・介護家族支援者における重要な視点 ── ジェンダー・センシティヴな家族心理学的・家族療法的視点」『東京女子大学紀要論集』57, 125-154.
(16) 水村美苗 (2012).『母の遺産 ── 新聞小説』中央公論新社
(17) 沖藤典子 (2015).『老妻だって介護はつらいよ ── 葛藤と純情の物語』岩波書店
(18) 柏木惠子 (2013).『おとなが育つ条件 ── 発達心理学から考える』岩波新書
(19)（18）を参照。
(20) 目黒依子・矢澤澄子・岡本英雄編 (2012).『揺らぐ男性のジェンダー意識 ── 仕事・家族・介護』新曜社
(21) 大野祥子 (2016).『「家族する」男性たち ── おとなの発達とジェンダー規範からの脱却』東京大学出版会
(22) 下仲順子・中里克治・河合千恵子 (1990).「老年期における性役割と心理的適応」『社会老年学』31, 3-11.
渡邊恵子 (1998).「女性・男性の発達」柏木惠子編『結婚・家族の心理学 ── 家族の発達・個人の発達』ミネルヴァ書房, pp. 233-292.

◆コラム 1

(1) 柏木惠子 (2001).『子どもという価値 ── 少子化時代の女性の心理』中公新書
柏木惠子 (2009).「文明と子どもの命／親の"愛"── 歴史と文学に学ぶ心理学」『こころの未来』3, 16-21, 京都大学こころの未来研究センター
(2) デューラー, A.（前川誠郎訳）(2009).『自伝と書簡』岩波文庫
(3) バッハ, M. A.（山下肇訳）(1997).『バッハの思い出』講談社学術文庫
オースティン, J.（新井潤美訳）(2004).『ジェイン・オースティンの手紙』岩波文庫

◆コラム 2

(1) 河野稠果 (2007).『人口学への招待 ── 少子・高齢化はどこまで解明されたか』中公新書
津谷典子・樋口美雄編 (2009).『人口減少と日本経済 ── 労働・年金・医療制度のゆくえ』日本経済新聞出版社
鈴木隆雄 (2012).『超高齢社会の基礎知識』講談社現代新書

# 文献・注

＊ URL は 2016 年 3 月時点。


◆序章

(1) Kashiwagi, K. (2016). Demographic psychology: The combination of a super-aging society and a low birth rate. 一般社団法人日本発達心理学会編（岩立志津夫・子安増生・根ヶ山光一編集委員）*Frontiers in developmental psychology research: Japanese perspectives.* ひつじ書房，pp. 3-18.

(2) 井上輝子・江原由美子編 (1999).『女性のデータブック〔第 3 版〕』有斐閣，p. 3.

(3) 数井みゆき・無藤隆・園田菜摘 (1996).「子どもの発達と母子関係・夫婦関係 —— 幼児を持つ家族について」『発達心理学研究』7, 31-40.

(4) 浅井美智子・柘植あづみ編 (2004).『つくられる生殖神話 —— 生殖技術・家族・生命』サイエンスハウス

柘植あづみ (2012).『生殖技術 —— 不妊治療と再生医療は社会に何をもたらすか』みすず書房

(5) 中山まき子 (1992).「妊娠体験者の子どもを持つことにおける意識 —— 子どもを〈授かる〉・〈つくる〉意識を中心に」『発達心理学研究』3, 51-64.

中山まき子 (2001).『身体をめぐる政策と個人 —— 母子健康センター事業の研究』勁草書房

(6) 国立社会保障・人口問題研究所 (2010).「第 14 回出生動向基本調査　結婚と出産に関する全国調査」

(7) アリエス，P.（杉山光信・杉山恵美子訳）(1980).『〈子供〉の誕生 —— アンシャン・レジーム期の子供と家族生活』みすず書房

アリエス，P.（成瀬駒男訳）(1990).『死を前にした人間』みすず書房

(8) 山田昌弘 (1999).『パラサイト・シングルの時代』ちくま新書

(9) 厚生労働省 (2014).「平成 25 年　国民生活基礎調査の概況」

(10) 内閣府 (2015).『仕事と生活の調和（ワーク・ライフ・バランス）レポート 2015』

(11) 内閣府 (1999).『平成 11 年版　男女共同参画白書』p. 46。UNDP "Measures of unrecorded economic activities in fourteen countries" 中データおよび総務庁「社会生活基本調査報告」（平成 8 年）より作成。

(12) 春日キスヨ (2001).『介護問題の社会学』岩波書店

主要著作：『昭和の子ども生活史』（黎明書房，2007 年），『日本の母親・再考』（ハーベスト社，2011 年）

**菅原育子**（すがわら・いくこ）　担当：コラム 12

2005 年，東京大学大学院人文社会系研究科博士課程単位取得退学。博士（社会心理学）。現在，東京大学高齢社会総合研究機構特任講師。

主要著作：『女性のからだとこころ —— 自分らしく生きるための絆をもとめて』（分担共同執筆，金子書房，2012 年），「中高年者の就業に関する意識と社会参加 —— 首都圏近郊都市における検討」（共同執筆，『老年社会科学』**35**, 321-330，2013 年）

**神前裕子**（こうざき・ゆうこ）　担当：コラム 13，15

2007 年，聖心女子大学大学院文学研究科博士後期課程修了。博士（心理学）。現在，聖心女子大学文学部専任講師。

主要著作：『アクティブラーニングで学ぶジェンダー —— 現代を生きるための 12 の実践』（分担執筆，ミネルヴァ書房，2016 年）

**柳谷慶子**（やなぎや・けいこ）　担当：コラム 14

1981 年，お茶の水女子大学大学院人文科学研究科修士課程修了。現在，東北学院大学文学部教授。

主要著作：『近世の女性相続と介護』（吉川弘文館，2007 年），『江戸時代の老いと看取り』（山川出版社，2011 年）

**畠中雅子**（はたなか・まさこ）　担当：コラム 17

2000 年，駒澤大学大学院経済学研究科博士後期課程満期退学。現在，ファイナンシャルプランナー。

主要著作：『お金のきほん　2010-2011 年増補改訂版』（オレンジページ社，2010 年）

**別府志海**（べっぷ・ともみ）　担当：コラム 2

2003 年，麗澤大学大学院国際経済研究科博士課程修了。博士（経済学）。現在，国立社会保障・人口問題研究所情報調査分析部室長。

主要著作：『世界の人口開発問題』（分担執筆，原書房，2012 年），『人口減少と少子化対策』（分担執筆，原書房，2015 年）

**阿部　彩**（あべ・あや）　担当：コラム 3

1995 年，タフツ大学フレッチャー法律外交大学院修了。Ph. D.。現在，首都大学東京都市教養学部教授。

主要著作：『子どもの貧困 ── 日本の不公平を考える』（岩波書店，2008 年），『子どもの貧困Ⅱ ── 解決策を考える』（岩波書店，2014 年）

**西平　直**（にしひら・ただし）　担当：コラム 5

1990 年，東京大学大学院教育学研究科博士課程修了。博士（教育学）。現在，京都大学大学院教育学研究科教授。

主要著作：『エリクソンの人間学』（東京大学出版会，1993 年），『無心のダイナミズム ──「しなやかさ」の系譜』（岩波書店，2014 年）

**加藤英明**（かとう・ひであき）　担当：コラム 6

2004 年，横浜市立大学医学部卒業。内科医。

**杉浦浩美**（すぎうら・ひろみ）　担当：コラム 7

2008 年，立教大学大学院社会学研究科博士後期課程修了。博士（社会学）。現在，埼玉学園大学大学院子ども教育学研究科専任講師。

主要著作：『働く女性とマタニティ・ハラスメント ──「労働する身体」と「産む身体」を生きる』（大月書店，2009 年），『なぜ女性は仕事を辞めるのか ── 5155 人の軌跡から読み解く』（分担執筆，青弓社，2015 年）

**本田由紀**（ほんだ・ゆき）　担当：コラム 8

1994 年，東京大学大学院教育学研究科博士課程単位取得退学。博士（教育学）。現在，東京大学大学院教育学研究科教授。

主要著作：『「家庭教育」の隘路 ── 子育てに強迫される母親たち』（勁草書房，2008 年），『社会を結びなおす ── 教育・仕事・家族の連携へ』（岩波書店，2014 年）

**平木典子**（ひらき・のりこ）　担当：コラム 9

1964 年，ミネソタ大学大学院修士課程修了。現在，統合的心理療法研究所顧問。

主要著作：『アサーションの心 ── 自分も相手も大切にするコミュニケーション』（朝日新聞出版，2015 年），『日本の親子 ── 不安・怒りからあらたな関係の創造へ』（共編，金子書房，2015 年）

**川﨑二三彦**（かわさき・ふみひこ）　担当：コラム 10

1975 年，京都大学文学部卒業。現在，子どもの虹情報研修センターセンター長。

主要著作：『児童虐待 ── 現場からの提言』（岩波書店，2006 年），『日本の児童虐待重大事件 2000-2010』（共編，福村出版，2014 年）

**深谷昌志**（ふかや・まさし）　担当：コラム 11

1965 年，東京教育大学大学院教育学研究科博士課程修了。教育学博士。現在，東京成徳大学名誉教授。

**富田庸子**（とみた・ようこ）　担当：第4章

2011年，神戸大学大学院総合人間科学研究科後期課程単位取得退学。現在，鎌倉女子大学児童学部准教授。

主要著作：『ヒトの子育ての進化と文化 ── アロマザリングの役割を考える』（分担共同執筆，有斐閣，2010年），『生命の教養学IX　成長』（分担執筆，慶應義塾大学出版会，2013年）

**永久ひさ子**（ながひさ・ひさこ）　担当：第5章

1997年，白百合女子大学大学院文学研究科博士課程修了。博士（心理学）。現在，文京学院大学人間学部教授。

主要著作：『よくわかる家族心理学』（分担執筆，ミネルヴァ書房，2010年），『夫と妻の生涯発達心理学 ── 関係性の危機と成熟』（分担執筆，福村出版，2016年）

**加藤邦子**（かとう・くにこ）　担当：第6章（共著）

2010年，お茶の水女子大学大学院人間文化研究科後期博士課程修了。博士（社会科学）。現在，川口短期大学教授。

主要著作：『子育て世代，応援します！ ── 保育と幼児教育の場で取り組む "親の支援" プログラム』（共編，ぎょうせい，2006年），『子どもと地域と社会をつなぐ家庭支援論』（共編，福村出版，2015年）

**舩橋惠子**（ふなばし・けいこ）　担当：第7章

1979年，東京大学大学院社会学研究科博士課程修了。博士（社会学）。現在，静岡大学名誉教授。

主要著作：『赤ちゃんを産むということ ── 社会学からのこころみ』（日本放送出版協会，1994年），『育児のジェンダー・ポリティクス』（勁草書房，2006年）

**染谷俶子**（そめや・よしこ）　担当：第8章

1980年，Graduate School of Social Work and Social Research, Bryn Mawr College, USA より，Ph. D. in Social Work and Social Research を取得。現在，聖隷クリストファー大学大学院教授，University Putra Malaysia 老年学研究所客員教授。

主要著作：『英国年金生活者の暮らし方 ── 事例調査から見た高齢者の生活』（ミネルヴァ書房，2005年），『まだ老人と呼ばないで』（日本経済新聞出版社，2010年）

**大谷いづみ**（おおたに・いづみ）　担当：第9章

2006年，立命館大学大学院先端総合学術研究科一貫制博士課程修了。博士（学術）。現在，立命館大学産業社会学部教授。

主要著作：『はじめて出会う生命倫理』（共編，有斐閣，2011年），『医療倫理教育』（分担執筆，丸善，2012年）

**小谷みどり**（こたに・みどり）　担当：第10章

1993年，奈良女子大学大学院家政学研究科修了。博士（人間科学）。現在，第一生命経済研究所主席研究員。

主要著作：『だれが墓を守るのか ── 多死・人口減少社会のなかで』（岩波書店，2015年）

**森岡清美**（もりおか・きよみ）　担当：第11章

1950年，東京文理科大学研究科修了。文学博士。現在，東京教育大学名誉教授。

主要著作：『真宗教団と「家」制度』（創文社，1962年），『家族周期論』（培風館，1973年）

## 執筆者紹介（執筆順）

**柏木惠子**（かしわぎ・けいこ）　担当：編者，序章，第6章（共著），コラム1，コラム16
1960年，東京大学大学院人文科学研究科博士課程単位取得退学。教育学博士。現在，東京女子大学名誉教授。
主要著作：『子どもという価値 ── 少子化時代の女性の心理』（中央公論新社，2001年），『家族心理学 ── 社会変動・発達・ジェンダーの視点』（東京大学出版会，2003年），『日本の男性の心理学 ── もう1つのジェンダー問題』（共編，有斐閣，2008年），『家族を生きる ── 違いを乗り越えるコミュニケーション』（共編，東京大学出版会，2012年），『おとなが育つ条件 ── 発達心理学から考える』（岩波書店，2013年）

**高橋惠子**（たかはし・けいこ）　担当：編者，終章，コラム4
1968年，東京大学大学院教育学研究科博士課程修了。教育学博士。現在，聖心女子大学名誉教授。
主要著作：『人間関係の心理学 ── 愛情のネットワークの生涯発達』（東京大学出版会，2010年），『第二の人生の心理学 ── 写真を撮る高齢者たちに学ぶ』（金子書房，2011年），『発達科学入門（全3巻）』（共編，東京大学出版会，2012年），『絆の構造 ── 依存と自立の心理学』（講談社，2013年）

**小泉智恵**（こいずみ・ともえ）　担当：第1章（共著）
1998年，白百合女子大学大学院文学研究科博士後期課程単位取得退学。博士（心理学）。現在，国立成育医療研究センター研究所副所長室研究員。
主要著作：『発達家族心理学を拓く ── 家族と社会と個人をつなぐ視座』（分担執筆，ナカニシヤ出版，2008年），『日本の夫婦 ── パートナーとやっていく幸せと葛藤』（分担執筆，金子書房，2014年）

**平山史朗**（ひらやま・しろう）　担当：第1章（共著）
1993年，広島大学教育学部卒業。現在，東京HARTクリニック臨床心理士，生殖心理カウンセラー。
主要著作：「不妊症外来でのカウンセリング」（『精神療法』**40**(5), 2014年），『日本の親子 ── 不安・怒りからあらたな関係の創造へ』（分担執筆，金子書房，2015年）

**玉井真理子**（たまい・まりこ）　担当：第2章
1991年，東北大学大学院教育学研究科博士後期課程単位取得退学。保健学博士。現在，信州大学医学部准教授。
主要著作：『遺伝相談と心理臨床』（共編，金剛出版，2005年），『遺伝医療とこころのケア ── 臨床心理士として』（日本放送出版協会，2006年）

**太田素子**（おおた・もとこ）　担当：第3章
1975年，お茶の水女子大学大学院人文科学研究科修士課程修了。現在，和光大学現代人間学部教授。
主要著作：『子宝と子返し ── 近世農村の家族生活と子育て』（藤原書店，2007年），『近世の「家」と家族 ── 子育てをめぐる社会史』（角川学芸出版，2011年）

人口《じんこう》の心理学《しんりがく》へ——少子高齢社会の命と心

2016年7月5日　第1刷発行

編　者　柏木 惠子
　　　　高橋 惠子
発行者　櫻井 堂雄
発行所　株式会社ちとせプレス
〒154-0001
東京都世田谷区池尻 2-31-20　清水ビル 5F
電話　03-4285-0214
http://chitosepress.com
装　幀　髙林 昭太
印刷・製本　大日本法令印刷株式会社


ISBN 978-4-908736-00-1　C1011